SCIENCES
SVT PHYSIQUE-CHIMIE
1re L, ES

Programme 2011

SVT

Directeur d'ouvrage

Michel Dreyer

Auteurs

Fabrice Bertrand
Émilie Dentz
Christine Deutschmann
Nicole Dewitz
Maryline Gallizia
Catherine Gueth
Benoît Thiebaut

Physique-chimie

Directeur d'ouvrage

Alexia Varin

Auteurs

Xavier Bataille
Julien Brebion
Frederik Brunel
Ludivine Héliot
Sylvain Leclerc
Alain Le Rille
Freddy Minc
Katia Riché
Sophie Schigand

8, RUE FÉROU 75278 PARIS CEDEX 06
WWW.EDITIONS-BELIN.COM

Belin: ÉDITEUR INDÉPENDANT DEPUIS 1777

Les auteurs et les éditions Belin tiennent à remercier les personnes suivantes pour leur aide à la réalisation du manuel : Mme Aquilina (proviseur du lycée Galilée, Gennevilliers), Didier Abadie (chef des travaux du lycée Galilée, Gennevilliers), Caroline Bazot (P.-G. de Gennes-ENCPB, Paris), Audrey Buch (lycée Pierre-de-Coubertin, Meaux) , Rita Delaitre (lycée Pierre-de-Coubertin, Meaux), Daniel Gerber (lycée André-Maurois, Bischwiller), Laurent Freyss (pour des photographies réalisées à la demande), Adrien Pelletier (conseiller grandes cultures biologiques, Chambre d'Agriculture d'Alsace), Anne Puech (lycée Pierre-de-Coubertin, Meaux), Jérôme Redouté (neurobiologiste, Institut des sciences cognitives), Lucas Salomon (neurobiologiste et spécialiste des drogues, actuellement enseignant de SVT), Guillaume Sescousse (neurobiologiste, Institut des sciences cognitives), Hervé This (physico-chimiste, INRA), Catherine Vidal (neurobiologiste, Institut Pasteur), Gina Villeronce (lycée Pierre-de-Coubertin, Meaux), Serge Wunsch (chercheur en neurosciences), Nathalie Zimmermann (service documentation de la Chambre d'Agriculture d'Alsace).

ISBN : 978-2-7011-5888-4

SOMMAIRE

Sommaire détaillé p. 4

LE PROGRAMME 2011 ET LE NOUVEAU MANUEL DE SCIENCES 1re L ET ES *

* Bulletin officiel spécial n° 9 du 30 septembre 2010

Thème 1 Représentation visuelle

Connaissances du programme	Chapitres du manuel
L'œil : système optique et formation des images Conditions de visibilité d'un objet. Approche historique de la conception de la vision. Modèle réduit de l'oeil. Lentilles minces convergentes, divergentes. Éléments caractéristiques d'une lentille mince convergente : centre optique, axe optique, foyers, distance focale. Construction géométrique de l'image d'un petit objet-plan donnée par une lentille convergente. ***L'œil, accommodation, défauts et corrections*** ***Formation des images sur la rétine ; nécessité de l'accommodation.*** Punctum proximum et punctum remotum. Défauts de l'œil : myopie, hypermétropie et presbytie. Principe de correction de ces défauts par des lentilles minces ou par modification de la courbure de la cornée ; vergence.	
Des photorécepteurs au cortex visuel La vision du monde dépend des propriétés des photorécepteurs de la rétine. L'étude comparée des pigments rétiniens permet de placer l'Homme parmi les Primates. Le message nerveux visuel emprunte des voies nerveuses jusqu'au cortex visuel. ***La transmission synaptique*** La perception repose sur la transmission de messages nerveux, de nature électrique, entre neurones, au niveau de synapses, par l'intermédiaire de substances chimiques : les neurotransmetteurs. ***Aires visuelles et perception visuelle*** L'imagerie fonctionnelle du cerveau permet d'identifier et d'observer des aires spécialisées dans la reconnaissance des couleurs, ou des formes, ou du mouvement. ***Aires cérébrales et plasticité*** La reconnaissance d'un mot écrit nécessite une collaboration entre aires visuelles, mémoire et des structures liées au langage. ***Les perturbations chimiques de la perception*** Certaines substances hallucinogènes perturbent la perception visuelle. Leur action est due à la similitude de leur structure moléculaire avec celle de certains neurotransmetteurs du cerveau auxquels elles se substituent. Leur consommation entraîne des troubles du fonctionnement général de l'organisme, une forte accoutumance ainsi que des « flash-back » imprévisibles.	
Couleurs et arts Colorants et pigments. Approche historique. Influence d'un ou plusieurs paramètres sur la couleur de certaines espèces chimiques. Synthèse soustractive ; synthèse additive. Application à la peinture et à l'impression couleur.	

Thème 2 Nourrir l'humanité

Connaissances du programme	Chapitres du manuel
Vers une agriculture durable au niveau de la planète ***Pratiques alimentaires collectives et perspectives globales*** L'agriculture repose sur la création et la gestion d'agrosystèmes dans le but de fournir des produits (dont les aliments) nécessaires à l'humanité. Dans un agrosystème, le rendement global de la production par rapport aux consommations de matière et d'énergie conditionne le choix d'une alimentation d'origine animale ou végétale, dans une perspective de développement durable. ***Une agriculture pour nourrir les Hommes*** L'exportation de biomasse, la fertilité des sols, la recherche de rendements et l'amélioration qualitative des productions posent le problème : des apports dans les cultures (engrais, produits phytosanitaires, etc.) ; des ressources en eau ; de l'amélioration des races animales et des variétés végétales par la sélection génétique, les manipulations génétiques, le bouturage ou le clonage ; du coût énergétique et des atteintes portées à l'environnement. Le choix des techniques culturales doit concilier la production, la gestion durable de l'environnement et la santé.	
Qualité des sols et de l'eau Le sol : milieu d'échanges de matière. Engrais et produits phytosanitaires ; composition chimique. Eau de source, eau minérale, eau du robinet ; composition chimique d'une eau de consommation. Critères physicochimiques de potabilité d'une eau. Traitement des eaux naturelles.	

Qualité et innocuité des aliments : le contenu de nos assiettes

Biologie des microorganismes et conservation des aliments

Certaines techniques de conservation se fondent sur la connaissance de la biologie des microorganismes, dont certains sont pathogènes, et visent à empêcher leur développement.

Conservation des aliments, santé et appétence alimentaire

La conservation des aliments permet de reculer la date de péremption tout en préservant leur comestibilité et leurs qualités nutritives et gustatives.
Les techniques de conservation peuvent modifier les qualités gustatives et nutritionnelles des aliments et provoquer parfois des troubles physiologiques chez le consommateur.

Conservation des aliments

Effet du dioxygène de l'air et de la lumière sur certains aliments.
Rôle de la lumière et de la température dans l'oxydation des produits naturels.
Conservation des aliments par procédé physique et par procédé chimique.

Se nourrir au quotidien : exemple des émulsions

Structure simplifiée des lipides.
Espèces tensioactives ; partie hydrophile, partie hydrophobe.
Formation de micelles.

Thème 3 Féminin/masculin

Connaissances du programme

Prendre en charge de façon conjointe et responsable sa vie sexuelle

La connaissance de plus en plus précise des hormones naturelles contrôlant les fonctions de reproduction humaine a permis progressivement la mise au point de molécules de synthèse qui permettent une maîtrise de la procréation de plus en plus adaptée, avec de moins en moins d'effets secondaires.
Ces molécules de synthèse sont utilisées dans : la contraception régulière (« la pilule ») ; la contraception d'urgence ; l'IVG médicamenteuse.
Elles sont également utilisées dans les techniques de procréation médicalement assistée (PMA) qui permettent ou facilitent la fécondation et/ou la gestation dans les cas de stérilité ou d'infertilité.
Les IST, causes de stérilité, et leur propagation au sein de la population peuvent être évitées par des comportements individuels adaptés.

Devenir homme ou femme

La mise en place des structures et de la fonctionnalité des appareils sexuels se réalise sur une longue période qui va de la fécondation à la puberté, en passant par le développement embryonnaire et fœtal.

Vivre sa sexualité

Le comportement sexuel chez les Mammifères est contrôlé, entre autres, par les hormones et le système de récompense.
Au cours de l'évolution, l'influence hormonale dans le contrôle du comportement de reproduction diminue, et corrélativement le système de récompense devient prépondérant dans la sexualité de l'Homme et plus généralement des primates hominoïdes.
Les facteurs affectifs et cognitifs, et surtout le contexte culturel, ont une influence majeure sur le comportement sexuel humain.

Chapitres du manuel

Thème 4 Le défi énergétique

Connaissances du programme

Activités humaines et besoins en énergie

Besoins énergétiques engendrés par les activités humaines : industries, transports, usages domestiques.
Quantification de ces besoins : puissance, énergie.

Utilisation des ressources énergétiques disponibles

Ressources énergétiques et durées caractéristiques associées (durée de formation et durée estimée d'exploitation des réserves).
Ressources non renouvelables : fossiles (charbon, pétroles et gaz naturels) ;
fissiles (Uranium : isotopes, $^{235}_{92}U$: isotope fissile).
Ressources renouvelables.
Le Soleil, source de rayonnement.
Centrale électrique thermique à combustible fossile ou nucléaire.
Réaction de combustion.
Réaction de fission. Réaction de fusion.
Le Soleil, siège de réactions de fusion nucléaire.
Exploitation des ressources renouvelables.

Conversion d'énergie

Optimisation de la gestion et de l'utilisation de l'énergie

Transport et stockage de l'énergie.
Accumulateur électrochimique et pile à combustible.
Sous-produits de l'industrie nucléaire. Décroissance radioactive.
Effet de serre.

Chapitres du manuel

THÈME

1 Représentation visuelle

1 Comment notre œil fonctionne-t-il ?

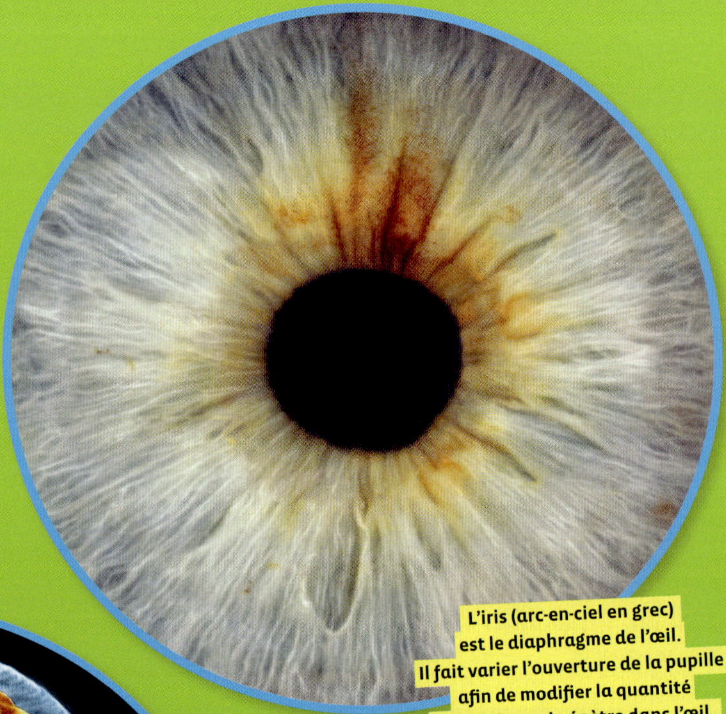

L'iris (arc-en-ciel en grec) est le diaphragme de l'œil. Il fait varier l'ouverture de la pupille afin de modifier la quantité de lumière qui pénètre dans l'œil.

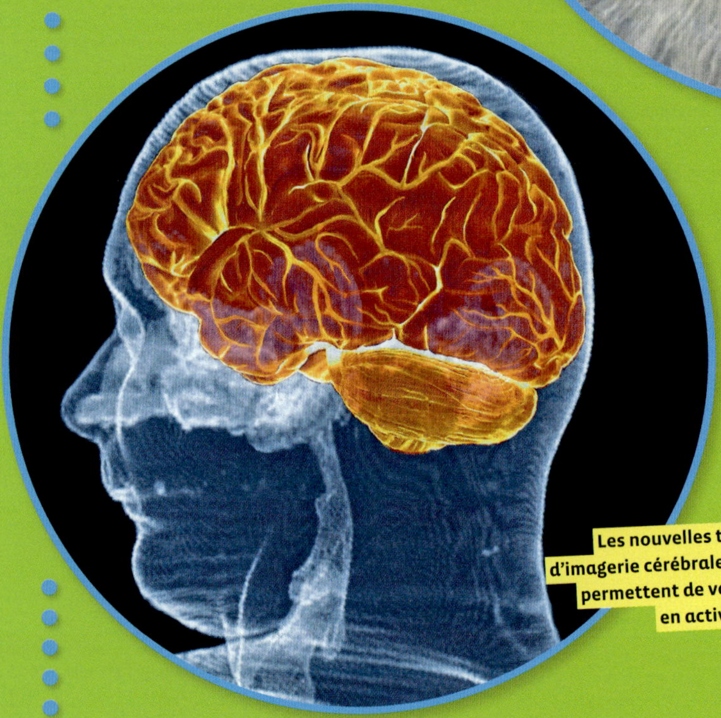

Les nouvelles techniques d'imagerie cérébrale (ici une IRM 3D) permettent de voir le cerveau en activité.

2 Quel est le rôle du cerveau dans la vision ?

3 Comment obtient-on une couleur ?

Depuis au moins 35 000 ans, l'Homme emploie des pigments à l'état naturel ou synthétisés, notamment pour l'expression artistique.

Sommaire

MOBILISER SES ACQUIS

1. Comment se propage la lumière ?

Un rayon laser vert envoyé depuis l'église Notre-Dame de la Garde (Marseille)

Une jeune fille qui regarde à travers un trou

1. Quel est le trajet suivi par la lumière dans l'air ?
2. Pourquoi seule la partie du visage de la jeune fille placée devant le trou est éclairée ?
3. Que se passe-t-il lorsque le rayon lumineux envoyé depuis Notre-Dame de la Garde arrive dans la mer ?

mots clés

Propagation de la lumière ;
Rayon lumineux ;
Source primaire ;
Source secondaire.

2. Qu'observe-t-on avec une lentille ?

Une personne qui regarde à travers une longue vue

Une diapositive projetée sur un écran

1. Que voit la personne à travers la longue vue ?
2. De quoi est composée une longue vue ?
3. Pourquoi l'image de la diapositive est-elle qualifiée de réelle ?

Lentille convergente ;
Lentille divergente ;
Image réelle.

Voir le Dico p. 187

CHAPITRE 1 Physique-chimie

L'œil et la vision

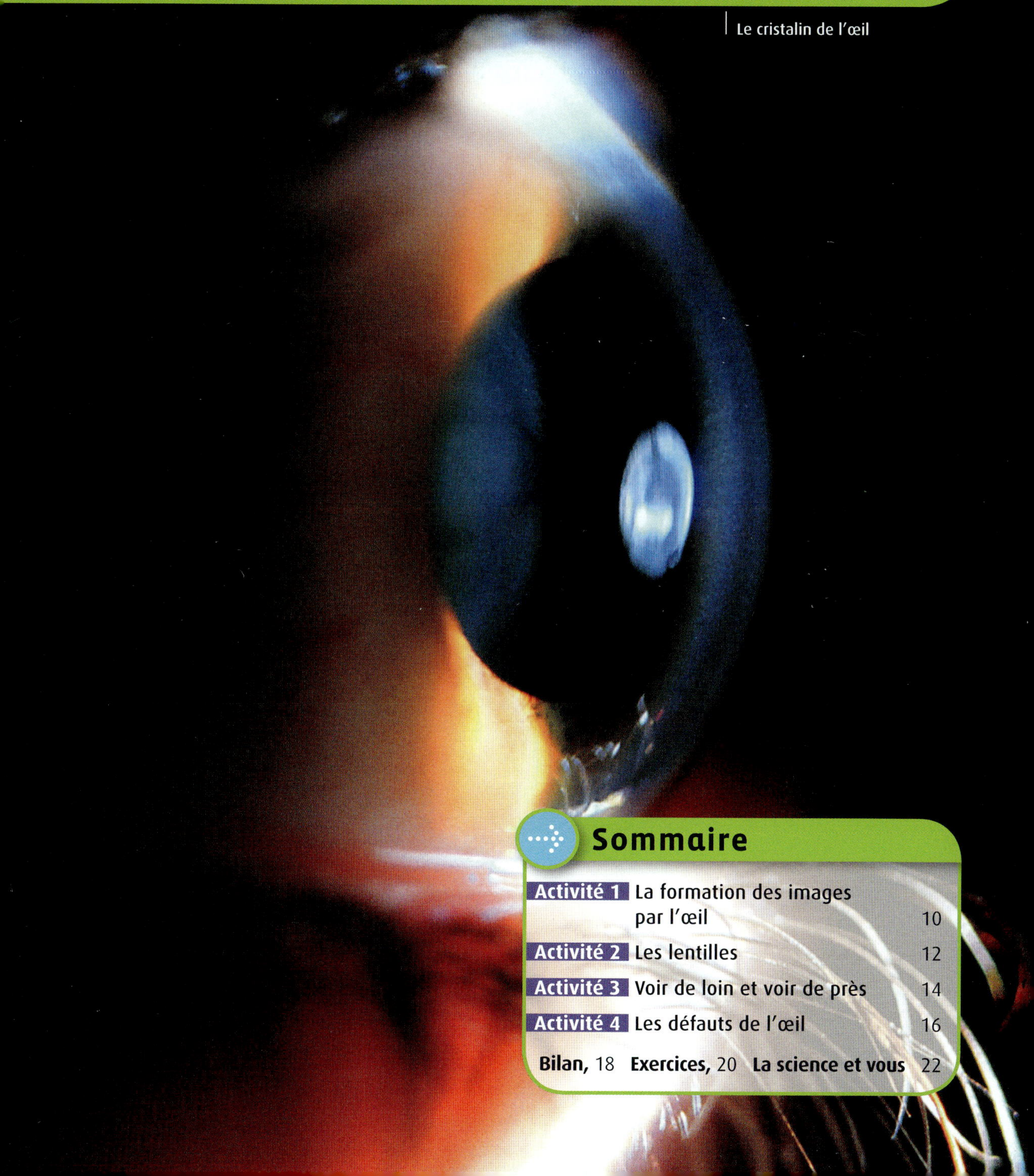

Le cristalin de l'œil

Sommaire

PHYSIQUE - CHIMIE

ACTIVITÉ 1

La formation des images par l'œil

L'œil est l'organe qui nous permet de voir le monde. Aujourd'hui, nous savons dans quelles conditions un objet peut être vu et comment se forme son image dans l'œil.

Comment notre œil voit-il ? Quelles sont les conceptions passées de la formation d'une image ?

Compétences : • *Exploiter les conditions de visibilité d'un objet.* • *Porter un regard critique sur une conception de la vision.* • *Décrire le modèle de l'œil réduit et le mettre en correspondance avec l'œil réel.*

Comprendre les conditions de la vision et son mécanisme

1 Des sources primaires et secondaires de lumière.
Pour pouvoir être vu, un objet doit émettre de la lumière. On distingue les sources primaires de lumière qui produisent leur propre lumière, des sources secondaires qui diffusent la lumière émise par une source primaire.

2 Les angles morts d'un camion.
Le conducteur du camion ne peut pas voir une voiture située dans l'angle mort à l'arrière de son véhicule.

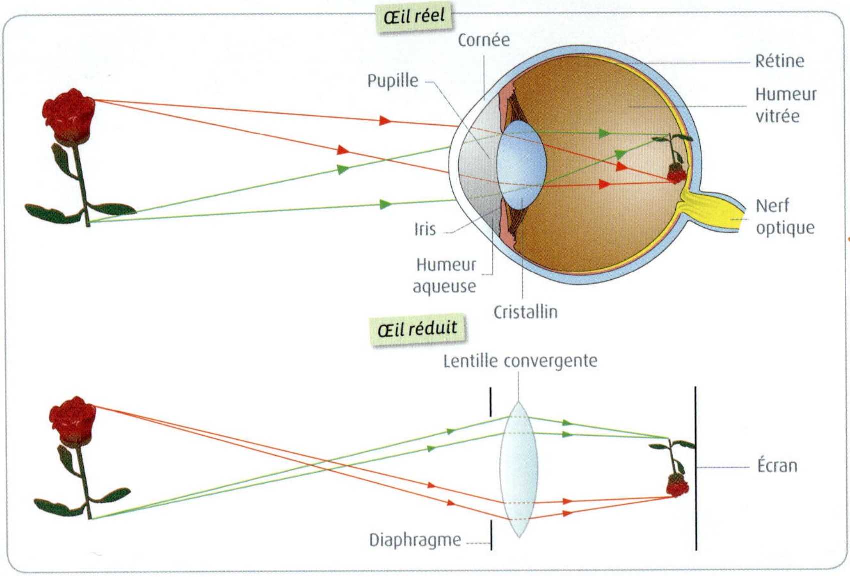

3 L'œil, un système optique.
Dans l'**œil réel**, la cornée, l'humeur aqueuse et le cristallin sont des milieux transparents qui dévient la lumière.
Sur le fond de l'œil, au niveau de la rétine, se forme une image inversée. L'information est ensuite transmise par le nerf optique au cerveau qui « interprète » les images.
L'**œil réduit** est constitué d'un diaphragme, d'une lentille convergente et d'un écran.

Des conceptions historiques de la vision

HISTOIRE DES SCIENCES

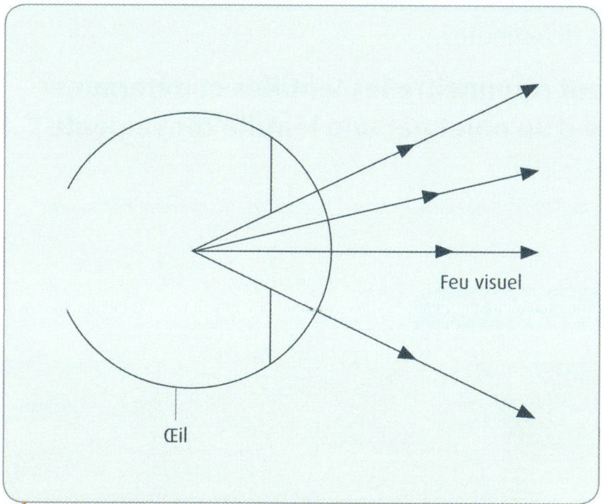

4 La conception de la vision pendant l'Antiquité.
Grâce à la lumière, une « émanation » (flèches) de l'œil, que Ptolémée (90 – vers 168) nomme le « feu visuel », se propage jusqu'aux objets pour en éprouver la forme et la couleur.

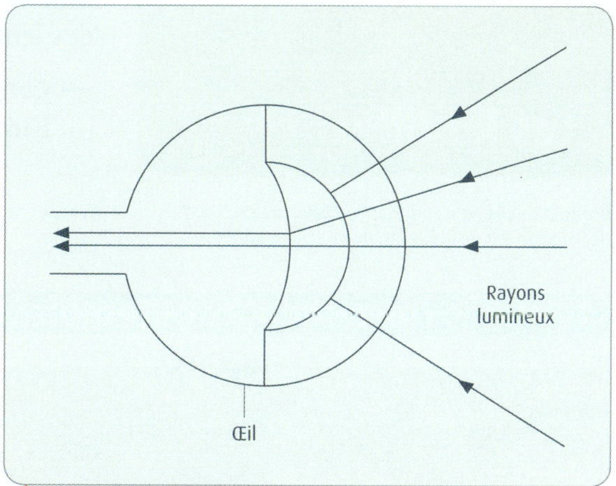

5 La conception de la vision au Moyen Âge.
Au xe siècle, Alhazen, savant perse, postule une propagation des rayons lumineux depuis les objets. Dans l'œil, la lumière reçue est transmise de façon rectiligne. Pour lui, l'image se forme à l'endroit, sur le nerf optique, au fond de l'œil.

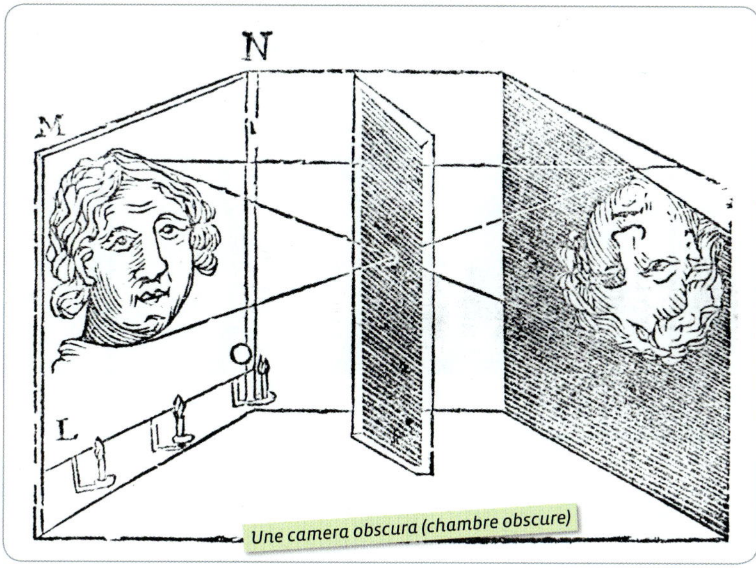

Une camera obscura (chambre obscure)

6 La conception de la vision au xvie-xviie siècle.
L'astronome Johannes Kepler (1571-1630) établit un parallèle entre l'œil et la chambre obscure, un instrument d'optique utilisé pour reproduire des paysages : les rayons lumineux pénètrent par un petit orifice (la pupille), puis se projettent sous la forme d'une image inversée sur l'écran (la rétine).
À la même époque, René Descartes (1596-1650) fait un lien entre les signaux lumineux de l'objet et les « replis internes » du cerveau.

EXPLOITATION

1 **DOC. 1** Le Soleil est-il une source primaire ou secondaire ? Et la Lune ?

2 **DOC. 2** Déduire de ce document la condition pour qu'un objet lumineux ou éclairé soit visible.

3 **DOC. 3** Mettre en correspondance les éléments de l'œil réduit avec ceux de l'œil réel.

4 **DOC. 4 ET 5** En quoi Alhazen remet-il en cause la conception du « feu visuel » de Ptolémée ?

5 **DOC. 5 ET 6** Quelle observation amène Kepler à réfuter l'hypothèse d'Alhazen selon laquelle l'image est à l'endroit au fond de l'œil ? Quel est alors le rôle du cerveau suggéré par Descartes ?

6 **EN CONCLUSION** Résumer le mécanisme de la vision, depuis l'objet jusqu'au cerveau.

Voir Dico p. 187

PHYSIQUE-CHIMIE

ACTIVITÉ 2

Les lentilles

Notre œil fonctionne, du point de vue optique, comme une lentille convergente. Il existe également des lentilles divergentes.

Comment reconnaître les lentilles et déterminer l'image d'un objet par une lentille convergente ?

Compétences : • Reconnaître la nature convergente ou divergente d'une lentille mince. • Déterminer la position, la grandeur et le sens de l'image d'un objet-plan donnée par une lentille convergente.

Lentilles convergentes et lentilles divergentes

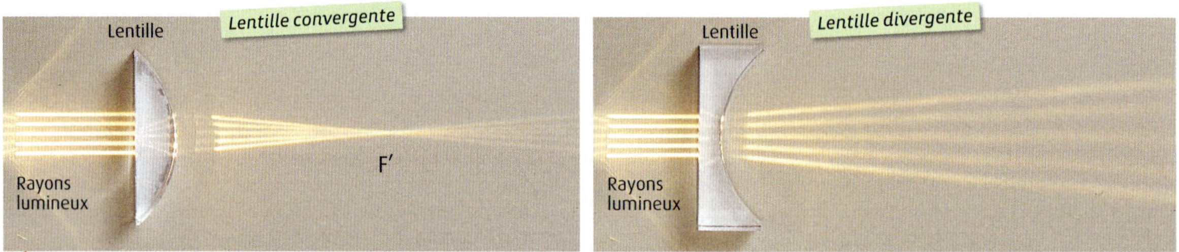

1 Un faisceau de lumière parallèle incident sur une lentille convergente et sur une lentille divergente.
Les rayons émergents se croisent en un point : le foyer image de la lentille, F′. Les opticiens caractérisent la lentille grâce à sa vergence, qui est l'inverse de la distance de la lentille à F′. Les lentilles convergentes ont une vergence positive, les lentilles divergentes ont une vergence négative. On mesure une vergence en dioptries (δ). Les lentilles sont dites minces si leur épaisseur est négligeable devant leur diamètre.

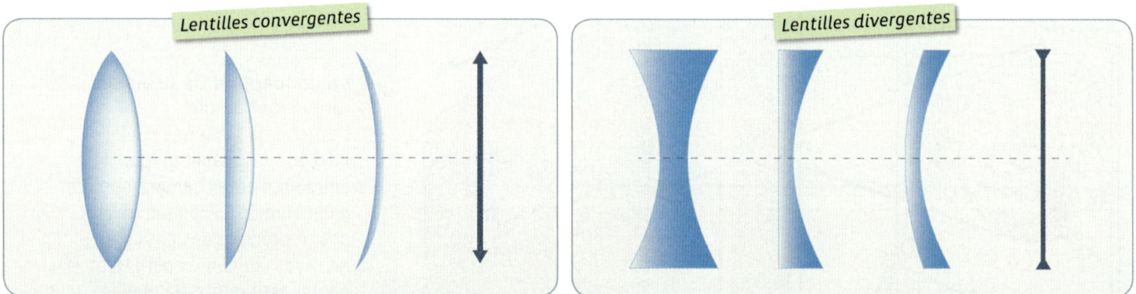

2 Divers profils de lentilles et représentations symboliques.

3 Une partition de musique vue à travers une lentille convergente et à travers une lentille divergente.

Formation d'une image par une lentille convergente

4 Un projecteur de cinéma. Un projecteur de cinéma forme une image agrandie de la pellicule sur l'écran grâce à la lentille convergente qu'il contient.

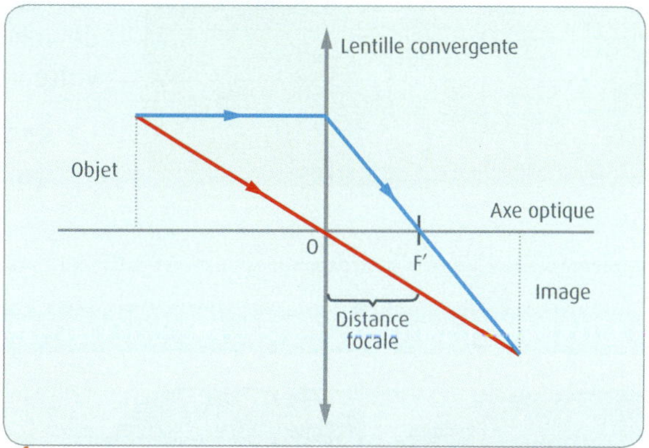

5 Tracé des rayons lumineux permettant de construire l'image d'un objet par une lentille convergente. Le rayon qui passe par le centre optique O de la lentille n'est pas dévié, le rayon incident parallèle à l'axe optique de la lentille émerge en passant par le foyer image de la lentille (F'). OF' est la distance focale f'.

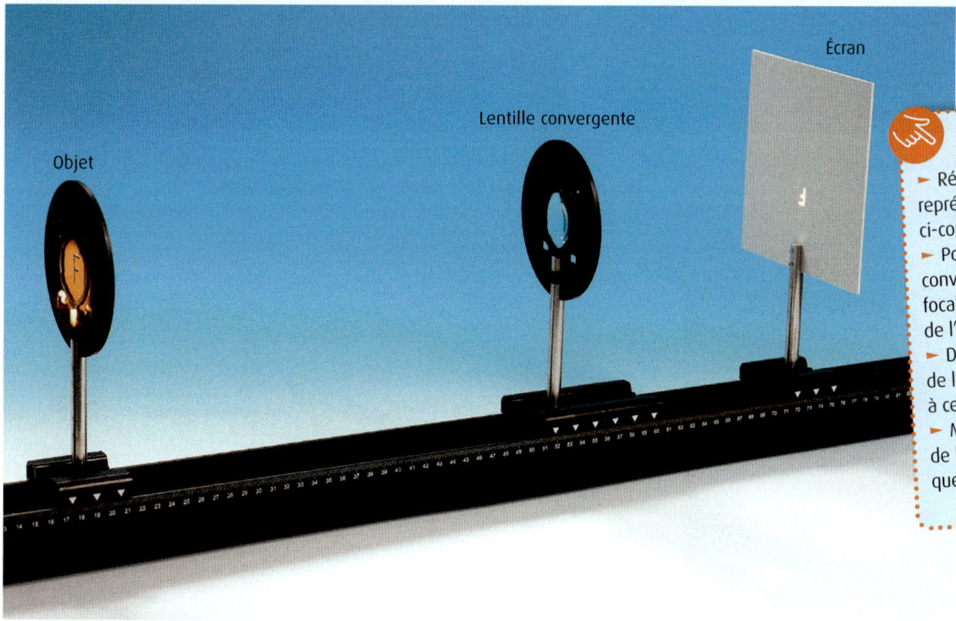

MANIPULER

- Réaliser le montage représenté sur la photo ci-contre.
- Positionner une lentille convergente de distance focale f' = 12,5 cm à 30 cm de l'objet.
- Déterminer la position de l'écran de façon à ce que l'image soit nette.
- Mesurer la distance de la lentille à l'écran, ainsi que la taille de l'image.

6 Obtenir l'image projetée sur un écran d'un objet lumineux par une lentille convergente.

EXPLOITATION

1 DOC. 1 Quel est l'effet d'une lentille convergente sur un faisceau de rayons parallèles ? Et celui d'une lentille divergente ?

2 DOC. 2 Comment reconnaître au toucher une lentille convergente d'une lentille divergente ?

3 DOC. 3 Pour agrandir l'image d'un objet, quelle sorte de lentille utilise-t-on ? Comment la nomme-t-on alors ?

4 DOC. 4 ET 5 Comment faut-il positionner la pellicule pour voir le film à l'endroit sur l'écran ?

5 DOC. 5 ET 6 Faire un schéma (1 cm sur le dessin correspondant à 5 cm dans la réalité) du montage. Déterminer graphiquement la position de l'image.

6 EN CONCLUSION Comparer la position et la taille de l'image sur le schéma réalisé et dans la réalité.

Voir Dico p. 187

PHYSIQUE - CHIMIE

ACTIVITÉ 3

Voir de loin et voir de près

Fixez votre index tout en l'éloignant le plus possible de votre œil. Puis mettez-le sur votre nez : il est difficile de voir votre doigt nettement. Regardez plus loin que votre index. Comment apparaît ce dernier ? Flou, bien sûr !

Comment l'œil parvient-il à voir des objets nets qu'ils soient proches ou éloignés ?

Compétences : • *Modéliser l'accommodation du cristallin.* • *Exploiter la relation liant la vergence et la distance focale.*

Observer la nécessité de l'accommodation

1 Des objets vus de plus ou moins loin par un œil emmétrope au repos.
Au repos, un œil emmétrope (c'est-à-dire sans défaut) forme une image nette d'un objet lointain (jusqu'à l'infini).

2 Des objets vus de plus ou moins loin par un œil emmétrope après accommodation.
En accommodant, un œil emmétrope arrive à visualiser des objets situés jusqu'à 25 cm environ.

3 Punctum remotum* et *punctum proximum
Le point le plus lointain visible par un œil au repos est le *punctum remotum*, le point le plus proche visible après accommodation se nomme *punctum proximum*.

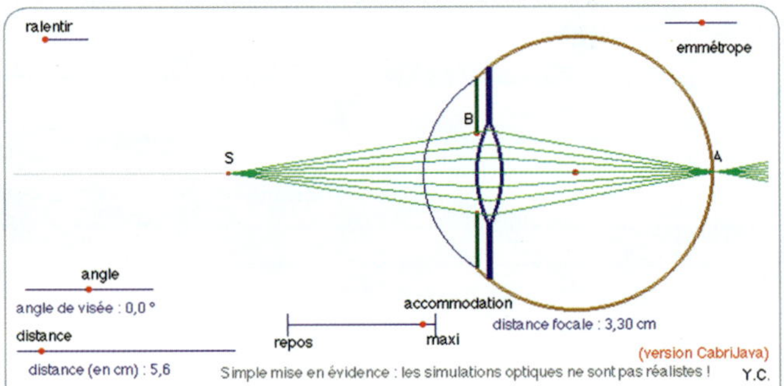

B2i

MANIPULER

- L'animation en ligne à l'adresse suivante permet de simuler l'accommodation d'un œil emmétrope : www.sciences.univ-nantes.fr/physique/perso/cortial/bibliohtml/oeilac_j.html
- Régler l'angle de visée sur 0°.
- Avec le curseur « distance », positionner S à moins de 10 cm.
- Observer le schéma en positionnant le curseur « accommodation » sur « repos ».
- Trouver la position du curseur « accommodation » qui permet la formation de l'image sur la rétine en A.

4 Comprendre la nécessité de l'accommodation.

Comprendre le mécanisme de l'accommodation

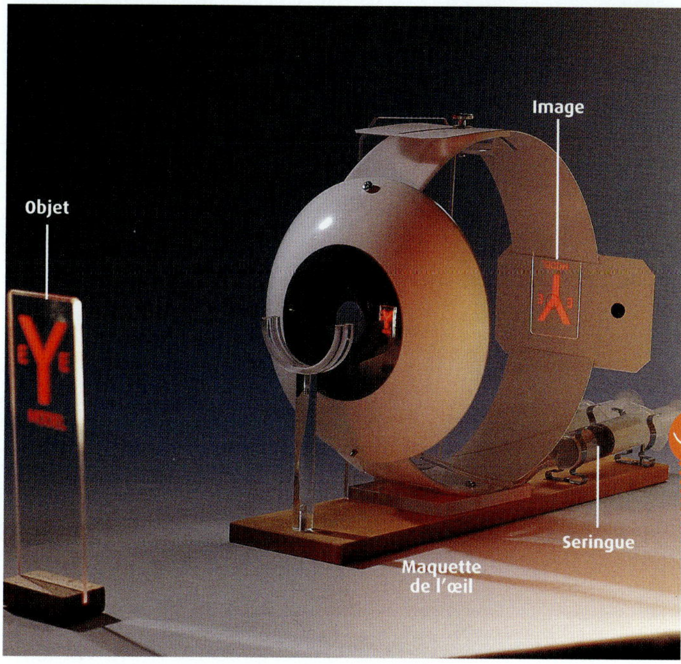

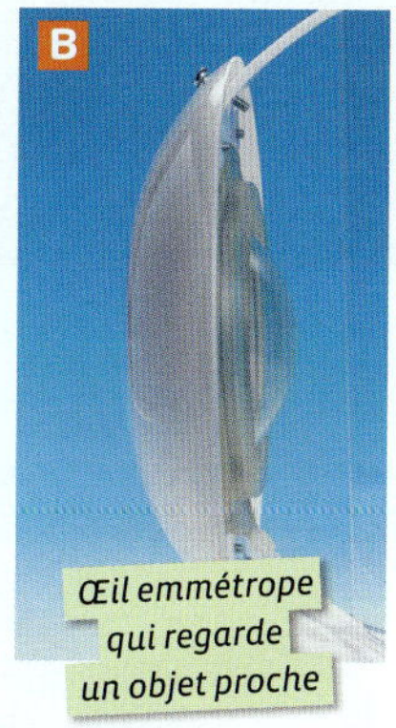

MANIPULER

- Positionner l'objet assez loin de l'œil pour former son image sur la rétine, la seringue étant pleine (cristallin peu bombé) (A).
- Rapprocher l'objet de l'œil et former son image sur la rétine en gonflant le cristallin grâce à la seringue (B).

5 **Modéliser l'accommodation.** Lors de l'accommodation, des muscles bombent le cristallin pour en modifier la vergence.

6 **Modélisation de l'accommodation par l'œil réduit.** Lors de l'accommodation, la distance lentille – écran de l'œil réduit reste identique, mais la distance focale f′ = OF′ varie.

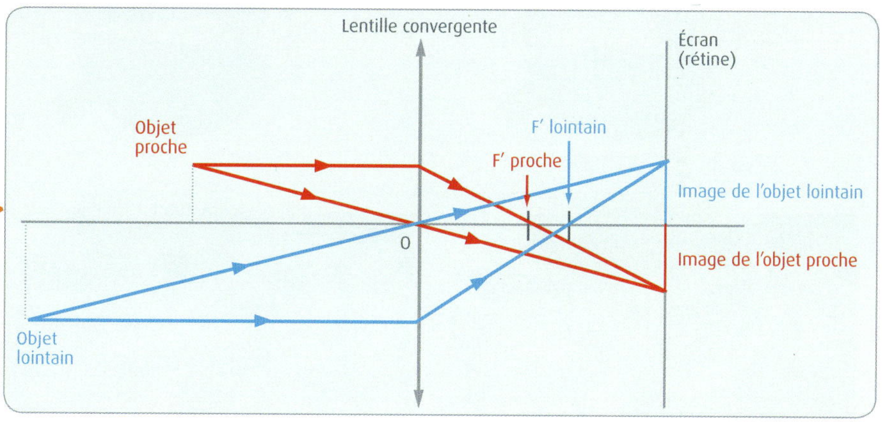

EXPLOITATION

1 **DOC. 1** Un œil emmétrope au repos voit-il nets des objets proches ?

2 **DOC. 2** Un œil emmétrope qui accommode voit-il nets des objets lointains ? Pourquoi l'accommodation est-elle nécessaire ?

3 **DOC. 1 À 3** Où se trouve le *punctum proximum* d'un œil emmétrope ? Et son *punctum remotum* ?

4 **DOC. 4 ET 5** Le cristallin est-il plus ou moins bombé lorsque l'œil regarde un objet plus proche ? Pourquoi regarder longtemps un objet proche fatigue ?

5 **DOC. 6** Lorsque l'œil regarde un objet plus proche, la distance focale de l'œil réduit est-elle plus ou moins grande ? Et son inverse, la vergence ?

6 **EN CONCLUSION** Quel est l'effet de l'accommodation sur l'œil ? L'œil est-il alors plus ou moins convergent ?

Voir Dico p. 187

PHYSIQUE - CHIMIE

ACTIVITÉ 4

Les défauts de l'œil

L'œil emmétrope (sans défaut) voit nets des objets proches aussi bien qu'éloignés. Ce n'est pas le cas pour les yeux myopes, hypermétropes ou presbytes.

Comment se caractérisent les défauts optiques des yeux et comment y remédier ?

Compétences : • Reconnaître la nature du défaut d'un œil à partir des domaines de vision et inversement. • Associer à chaque défaut un ou plusieurs modes de correction possibles.

L'hypermétropie et la myopie

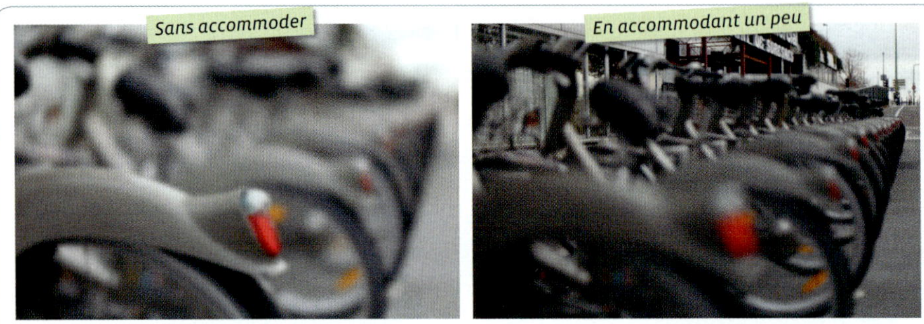

1 La vision d'un hypermétrope non corrigée. Sans accommodation, tous les plans sont flous, en accommodant, le plan lointain est net.

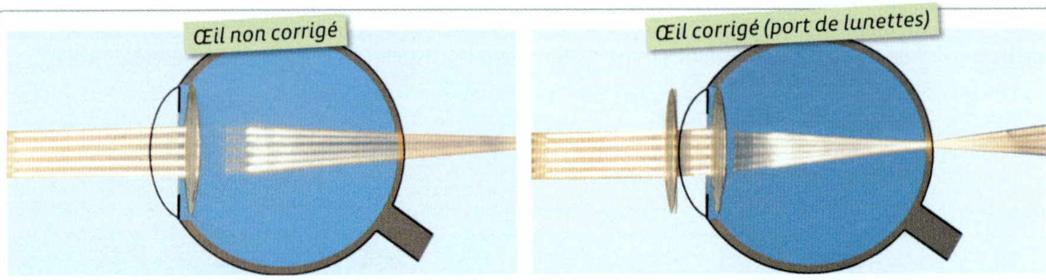

2 Correction de l'hypermetropie. L'hypermétropie est une anomalie due à un œil trop petit.

3 La vision d'un myope non corrigée. Sans accommodation, le plan moyen est net, en accommodant, le plan proche est net.

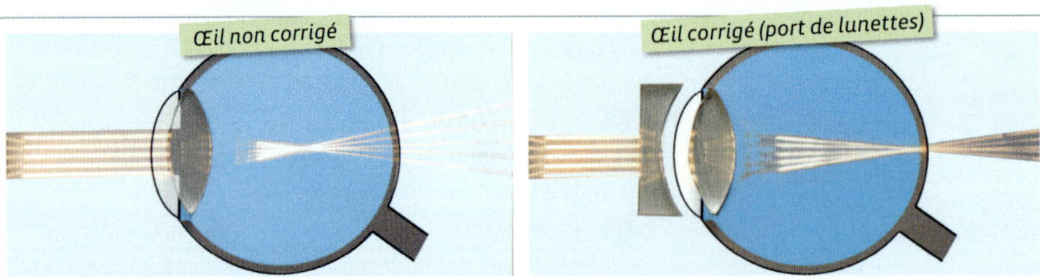

4 Correction de la myopie. La myopie est une anomalie due à un œil trop grand.

La presbytie

5 **La vision d'un objet proche par un œil emmétrope et par un presbyte.**

6 **Un presbyte qui regarde un objet lointain et un objet proche.**
Avec l'âge (à partir de 45 ans environ), le cristallin perd de la souplesse et les muscles ont plus de mal à le bomber. La presbytie est corrigée par le port de lunettes convergentes pour la vision de près.

7 **La correction de la presbytie par des verres progressifs.**
En assemblant les demi verres de ses deux paires de lunettes Benjamin Franklin a inventé les lunettes à double foyer ou verre progressif : la partie supérieure du verre (adaptée à la vision de loin) et la partie inférieure (adaptée à la vision de près) n'ont pas la même vergence.

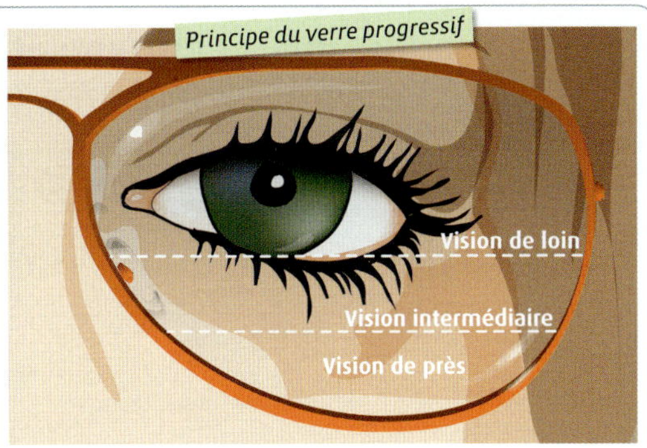

EXPLOITATION

❶ **DOC. 1 À 4** Un œil hypermétrope est-il trop ou pas assez convergent ? Un œil myope est-il trop ou pas assez convergent ? Quel type de verre correcteur doit porter un hypermétrope ? un myope ?

❷ **DOC. 5 À 7** Quel mécanisme de la vision est rendu difficile dans le cas de la presbytie ? Quel est l'effet de la presbytie sur le *punctum proximum* ?

❸ **DOC. 1 À 6** Sans correction, un presbyte peut-il voir net un objet lointain ? Et un hypermétrope ? Et un myope ?

❹ **DOC. 5 À 7** Comment doivent être les verres progressifs pour corriger à la fois la presbytie et la myopie ?

❺ **EN CONCLUSION** Résumer les défauts optiques de l'œil dans les cas de myopie, d'hypermétropie et de presbytie.

Voir Dico p. 187

BILAN

L'œil et la vision

L'œil : système optique et formation des images

- Dans un milieu transparent et homogène, la lumière se propage en ligne droite.
- Pour pouvoir être vu, un objet doit être source de lumière (**source primaire** comme le Soleil ou **secondaire** comme la Lune) et il ne doit y avoir aucun obstacle entre l'objet et l'œil. **[Activité 1]**
- La conception de la vision n'a pas toujours été juste. Pendant l'Antiquité par exemple, les philosophes pensaient que le « feu visuel » se propageait de l'œil vers l'objet. Au Moyen Âge, on considérait que l'image se formait à l'endroit sur le nerf optique. On sait aujourd'hui que les rayons lumineux se propagent de l'objet vers l'œil et que l'image formée sur la rétine est inversée. **[Activité 1]**
- L'œil peut être modélisé par différents instruments optiques.

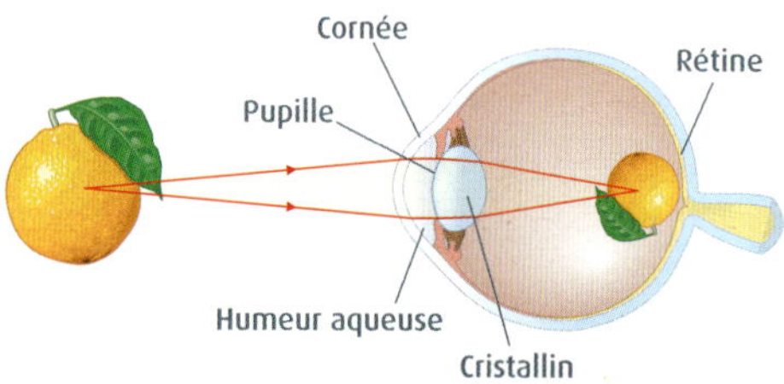

Schema de l'œil en coupe

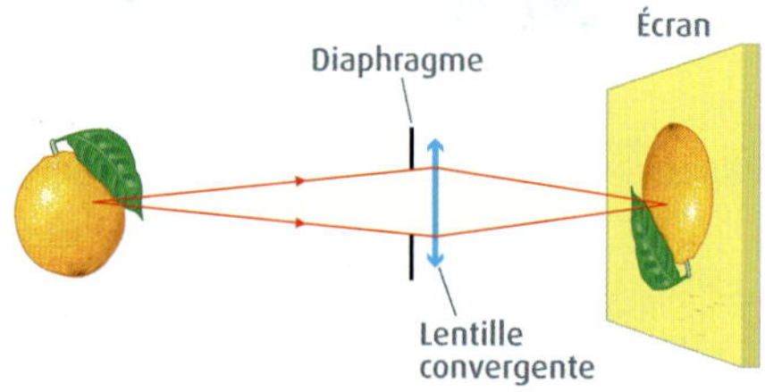

Modèle réduit de l'œil

Lentilles minces convergentes et divergentes

- Une **lentille** mince est un milieu transparent qui possède au moins une surface sphérique déviant la lumière.

Lentilles convergentes

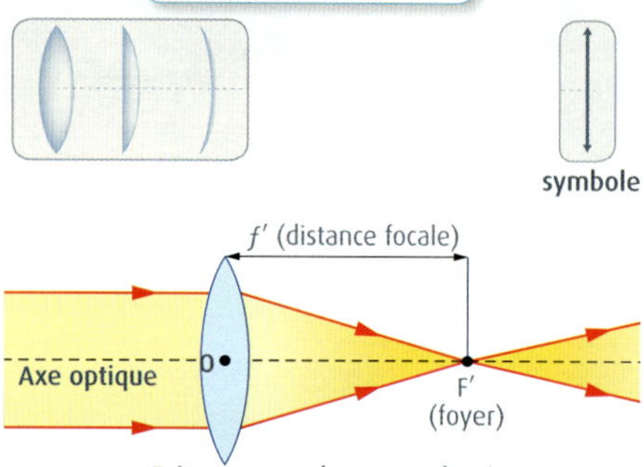

- Fait converger les rayons lumineux
- Grossit un objet proche

Lentilles divergentes

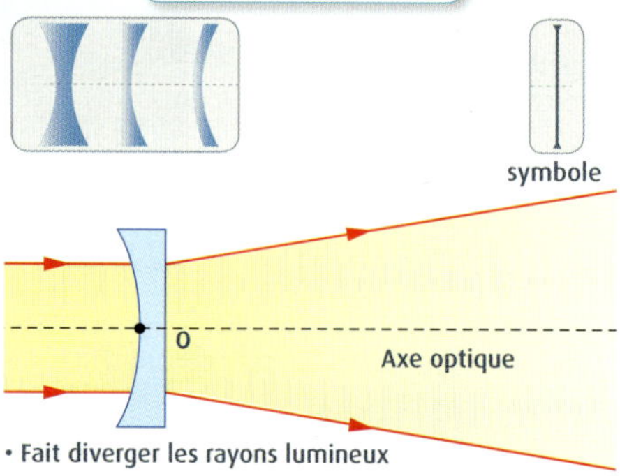

- Fait diverger les rayons lumineux
- Rétrécit un objet proche

- Tout rayon incident passant par le **centre optique** O n'est pas dévié.
- Tout rayon incident parallèle à l'axe optique émerge en passant par le **foyer image F**.
- La **distance focale** f′, en mètre, d'une lentille est la distance OF′=f′.
- Les opticiens utilisent une grandeur appelée **vergence** notée C. C'est l'inverse de la distance focale d'une lentille. Elle se mesure en **dioptries**, notée δ. **[Activité 2]**

Formation des images par une lentille convergente

• L'image A'B' d'un objet AB perpendiculaire à l'axe optique est obtenue en traçant deux rayons issus de B : le rayon incident passant par le centre optique O n'est pas dévié et le rayon incident parallèle à l'axe optique émerge en passant par le foyer image F'. **[Activité 2]**

• L'intersection des rayons lumineux sortants de la lentille donne l'image B' de B. L'image A' de A est sur l'axe optique de la lentille sur la perpendiculaire passant par B'.

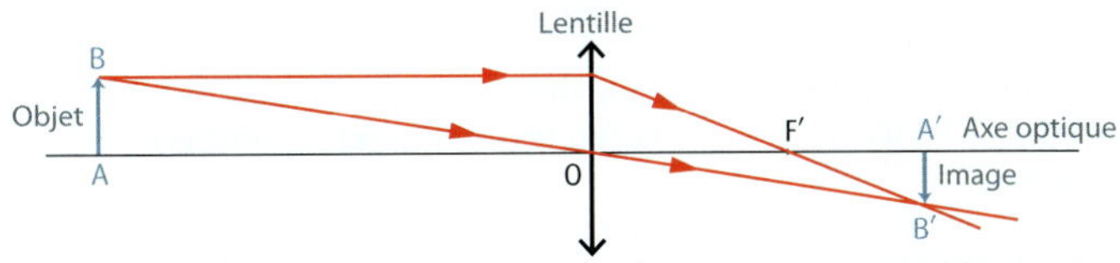

Construction de l'image d'un objet plan par une lentille convergente

Accommodation et défauts de l'œil

• Pour voir un objet net avec un œil normal, il faut que l'image de celui-ci soit formée sur la rétine.

• Le ***punctum remotum*** est le point que voit un œil au repos. Pour un œil normal (**emmetrope**), il est situé à l'infini. **[Activité 3]**

• L'**accommodation** est nécessaire pour voir nets des objets à différentes distances : l'œil modifie la courbure du cristallin, celui-ci est plus ou moins convergent.

• Le ***punctum proximum*** est le point le plus proche qu'un œil est capable de voir net. Pour un œil accommodant normalement, il est à peu près à 25 cm. **[Activité 3]**

• Si l'œil doit accommoder pour regarder un objet à l'infini, il est **hypermétrope** : il n'est pas assez convergent. Pour corriger ce type de défaut, il faut placer une **lentille convergente** devant l'œil.

• Si l'œil au repos voit un objet proche, il est **myope** : il est trop convergent et voit flous les objets éloignés. Pour corriger ce défaut, il faut placer une **lentille divergente** devant l'œil. **[Activité 4]**

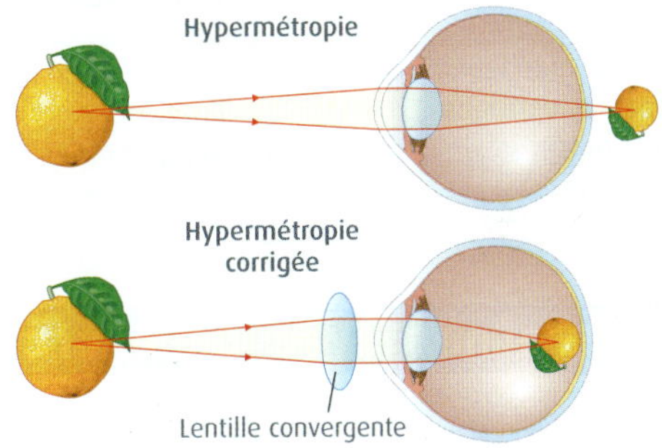

Œil hypermétrope et correction par une lentille

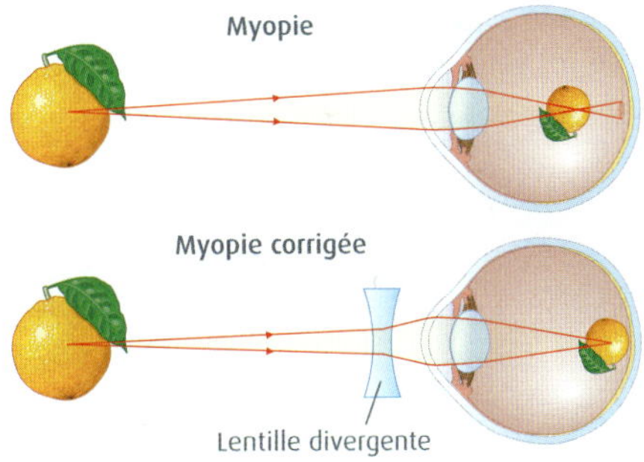

Œil myope et correction par une lentille

Mots clés du chapitre

Voir Dico p. 187

- Centre optique d'une lentille
- Dioptrie
- Distance focale f'
- Foyer image F' d'une lentille
- Emmétrope
- Hypermétropie
- Lentille convergente
- Lentille divergente
- Myopie
- Presbytie
- *Punctum proximum*
- *Punctum remotum*
- Source primaire de lumière
- Source secondaire de lumière
- Vergence d'une lentille

EXERCICES

Tester ses connaissances

1 Qui-suis-je ?

a. Je dévie les rayons lumineux d'un objet qui arrivent sur l'œil.
b. Je suis un organe de l'œil sensible à la lumière.
c. Je suis une lentille qui peut être utilisée en tant que loupe.
d. J'ai une forme creusée et je suis utilisée pour corriger la vue des myopes.
e. Je suis une grandeur utilisée par les opticiens et souvent notée sur une lentille.

2 QCM

Pour chaque proposition, identifier la (ou les) bonne(s) réponse(s).

1. Ces objets sont des sources primaires :
a. un écran d'ordinateur.
b. une voiture.
c. un ballon.
d. une fenêtre.
e. une étoile.

2. Ces conceptions de la vision sont valables aujourd'hui :
a. je vois un objet parce que mon œil envoie des rayons sur l'objet pour le détecter.
b. l'objet émet de la lumière récupérée par l'œil.
c. l'image formée sur la rétine de l'œil est à l'envers.

3. Pour une lentille, tout rayon incident :
a. passant par le centre optique O d'une lentille émerge parallèlement à l'axe optique.
b. passant par le centre optique O d'une lentille n'est pas dévié.
c. parallèle à l'axe optique émerge en passant par le foyer image F'.
d. parallèle à l'axe optique n'est pas dévié.

4. Un œil hypermétrope :
a. est un œil pas assez convergent.
b. se corrige à l'aide d'une lentille divergente.
c. peut regarder un objet lointain.
d. peut regarder un objet très proche.

S'entraîner avec un exercice guidé

3 L'accommodation de l'œil

Un touriste se trouve sur les Champs-Élysées à Paris la nuit. Gêné par les arbres sur le trottoir, il traverse la chaussée afin de bien distinguer l'Arc de Triomphe placé à une distance de 500 m. En baissant la tête pour consulter son guide touristique, il voit d'abord les feux arrière d'une voiture à 2 m de lui avant de lire son guide placé à une distance de 50 cm de ses yeux, lesquels ne portent pas de lunettes.

L'Arc de Triomphe sur les Champs-Élysées.

Un peu d'aide

• Saisir des informations
– Expliquer en quoi des arbres peuvent être une gêne pour la vue.
– Évaluer la distance entre les objets observés et le touriste.
– La vue du touriste n'est pas corrigée. Cela ne permet pas de conclure que sa vue est sans défaut.

• Mobiliser ses connaissances
– Rappeler les conditions de vision d'un objet.
– Rappeler la structure de l'œil.
– Rappeler le fonctionnement de l'accommodation.

• Mots clés
Accommodation, Hypermétropie, Myopie, Sources primaire et secondaire : voir le Dico p. 187.

1. Quelle est la raison optique qui pousse le touriste à traverser la chaussée ?
2. Classer les objets que le touriste observe en deux catégories de sources lumineuses.
3. Faire un schéma de l'œil du touriste en faisant apparaître les éléments optiquement importants.
4. Expliquer la transformation de l'œil du touriste quand celui-ci baisse la tête, depuis l'Arc de Triomphe jusqu'à son guide. Comment se nomme cette transformation ?
5. Si l'œil n'a pas de défaut, est-il au repos en observant l'Arc de Triomphe ? Et s'il est hypermétrope ?

OBJECTIF BAC
page 56

4 Différentes lentilles

Analyser un document et mobiliser ses connaissances

Cinq lentilles.

1. Classer les cinq lentilles en deux catégories.
2. Laquelle est la plus convergente ? Justifier.
3. Laquelle est la plus divergente ? Justifier.

5 L'œil myope

Réaliser un schéma et mobiliser ses connaissances

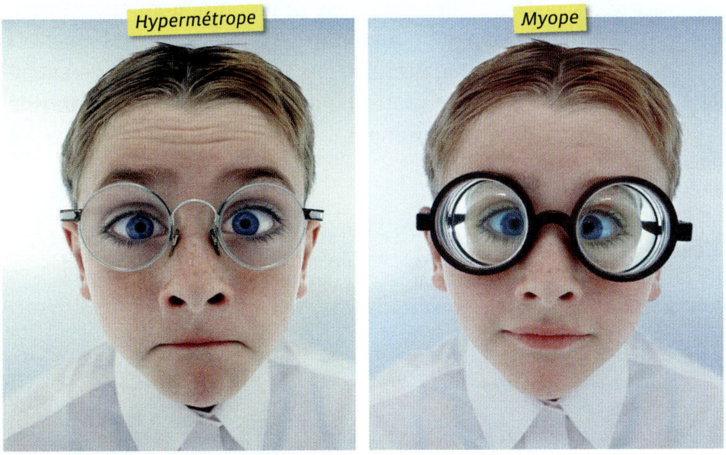

Des yeux vus à travers des lunettes.

1. Tracer la marche des deux rayons lumineux dans un œil myope modélisé par une lentille convergente et un écran.
2. L'œil myope au repos est-il plus ou moins convergent que l'œil normal au repos ?
3. Pour corriger cet œil myope, l'ophtalmologiste prescrit une lentille correctrice notée : « -5 δ ». Quelle information apporte le signe moins ? Quelle grandeur physique est associée à la valeur 5 ? Quelle unité représente la lettre grecque « δ » ?
4. Les yeux d'un myope à travers ses lunettes apparaissent petits, tandis que ceux d'un hypermétrope apparaissent gros. Pourquoi ?

6 La construction d'une image

Réaliser un schéma et raisonner

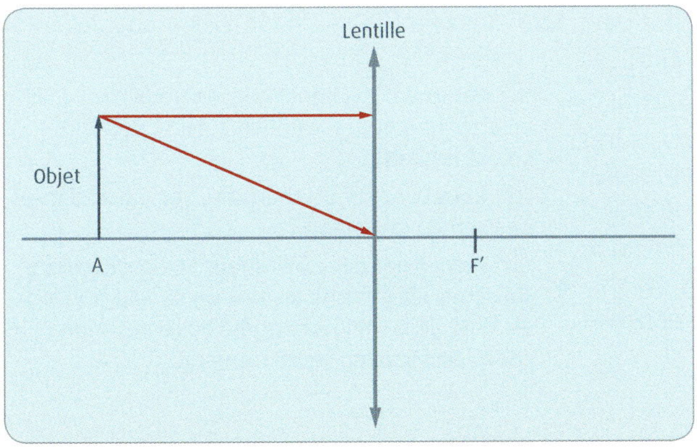

Un objet perpendiculaire à l'axe optique d'une lentille convergente.

1. Quels sont les noms des points O et F' ? Quelle est la distance f' ?
2. Reproduire le schéma et le légender.
3. Compléter le trajet des rayons lumineux.
4. Déterminer graphiquement la position de l'image.

La Science et vous

« Le commencement de toutes les sciences, c'est l'étonnement de ce que les choses sont ce qu'elles sont. »

ARISTOTE (384-322 av. J.-C.), philosophe grec

Science actualité

L'œil myope corrigé

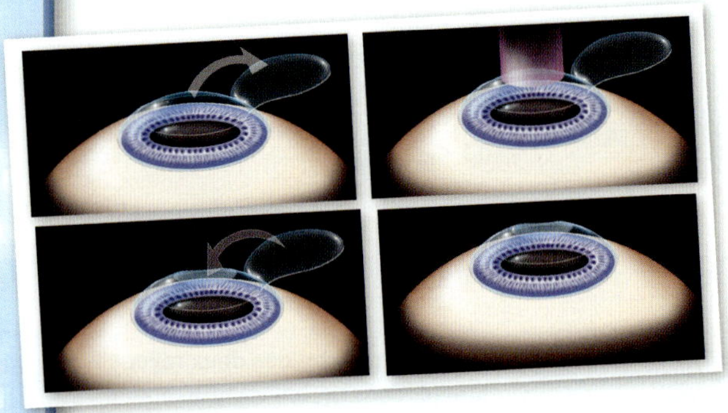

❶ Pourquoi l'intervention par la technique du Lasik permet-elle de corriger la myopie ?

❷ L'hypermétropie peut aussi être corrigée au laser. Rappelez ce qu'est l'hypermétropie et faites des recherches pour savoir comment elle peut être corrigée

❸ Faites des recherches sur un autre défaut de la vision, l'astigmatisme, et sa correction par laser.

http://www.healthhype.com/laser-eye-surgery.html

Si la première opération au laser de l'œil myope date de 1989, ce n'est qu'à partir de l'année 2000 que toute l'opération a pu être entièrement réalisée à l'aide d'un laser. La technique la plus courante est celle du Lasik : elle consiste à découper une mince couche de la cornée (160 micromètres), puis à appliquer le rayon laser sur la cornée ainsi mise à nu pour la rendre moins bombée, enfin de replacer la mince couche qui cicatrisera (voir ci-contre).
Cette intervention se pratique généralement pour une myopie importante (entre -4 et -10 dioptries) et n'est réalisée qu'une fois la vision de la personne stabilisée (après l'âge de 20 ans et une maternité pour les femmes).

PLUS LOIN AVEC INTERNET B2i

✔ http://ophtasurf.free.fr/lavue.htm

Enquête

Ces animaux qui ne voient pas comme nous

La nature a doté les chats d'une couche réfléchissante (*tapetum lucidum*) située au fond de l'œil. La lumière se réfléchit ainsi vers la rétine, ce qui permet d'amplifier la lumière reçue. Doté en outre d'une pupille pouvant se dilater énormément et d'un grand nombre de capteurs de lumière, le chat est un des animaux ayant la meilleure vision nocturne.

Autre exemple le caméléon, qui attrape ses proies avec sa langue et a donc besoin de connaître avec exactitude leur position. Pour pouvoir réaliser une mise au point très rapide, l'animal dispose d'une cornée convergente… et d'un cristallin divergent. L'avantage est double : au repos, l'œil est myope, ce qui lui permet de voir avec précision les proies à proximité, tandis que la divergence du cristallin accroît ses capacités d'accommodation pour observer nettement des objets plus éloignés.

❶ Comment expliquer que les yeux d'un chat éclairés la nuit par les phares d'une voiture soient brillants ?

❷ Retrouvez sur Internet d'autres particularités de l'œil du caméléon.

❸ Recherchez des explications aux observations suivantes : la mouche a une vision à 360 °C ; l'aigle est doté de la meilleure acuité du règne animal ; le cheval a un champ visuel très large.

PLUS LOIN AVEC INTERNET B2i

✔ www.futura-sciences.com/ (rechercher vision) ✔ www.essilor.fr/ ✔ www.snof.org/vue/animaux.html

Science et société

« Au volant, la vue c'est la vie »

En France, selon l'Association pour l'amélioration de la vue (ASNAV), 20 % des 40 millions de conducteurs ont un défaut visuel non corrigé ou mal corrigé et représentent donc un danger sur les routes, pour eux-mêmes et les autres ! Pour conduire, la vision périphérique est aussi indispensable que la vision centrale, car la notion de vitesse n'est pas fournie par les images vues de face, mais par celles qui défilent de chaque côté.

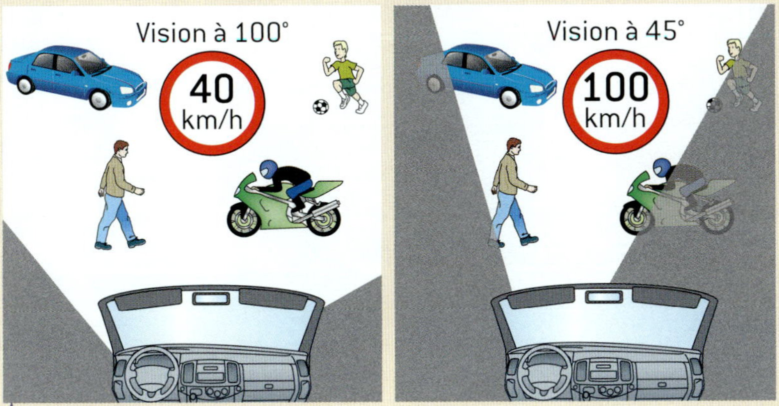

Le champ de vision selon la vitesse.

1. Sachant que pour une acuité visuelle de 10/10e, un panneau est lisible à 150 m, à quelle distance est-il visible pour une acuité de 1/10e ?
2. Comment varie la perception visuelle avec la vitesse ? Qu'en concluez-vous ?
3. Retrouvez sur Internet les aptitudes visuelles nécessaires pour obtenir le permis de conduire. Comment garder de bonnes capacités visuelles ?

PLUS LOIN AVEC INTERNET B2i

- http://ophtasurf.free.fr/articles/article9.htm
- www.asnav.org/biendansmavue.php
- http://ophtasurf.free.fr/v ue/conduite.htm

Art et Science

Vermeer et « La jeune fille à la perle »

Au XVIIe siècle, en Hollande, la jeune Griet est engagée comme servante dans la maison du peintre Johannes Vermeer. Elle en devient le modèle du tableau « La jeune fille à la perle ».

1. Citer les trois points lumineux sur le tableau qui permettent à Vermeer d'attirer l'œil du spectateur.
2. Observez bien la perle. Que peut-on déduire de l'image dans la perle quant à l'éclairage ?
3. Selon vous, comment Vermeer parvient-il à restituer l'instantanéité du portrait comme le ferait une photographie ?

PLUS LOIN AVEC INTERNET

- www.snof.org/art/art.html

« […] Ce tableau était différent de ses autres toiles. Seules y figuraient ma tête et mes épaules, sans table, ni rideaux, ni fenêtres, ni houppette pour m'adoucir l'ensemble et disperser l'attention. Il m'avait représentée avec les yeux grands ouverts. La lumière tombait sur mon visage, en laissant le côté gauche dans l'ombre. […] Le fond noir donnait l'impression que j'étais seule, même si, de toute évidence, je regardais quelqu'un. […] ■ »

Tracy Chevalier, *La jeune fille à la perle* (roman), Éditions Gallimard, 2002.

***La jeune fille à la perle*, tableau peint vers 1665, exposé au Mauritshuis de La Haye (Pays-Bas).**

MOBILISER SES ACQUIS

1. Quel est le rôle du système nerveux dans la perception de l'environnement ?

La perception visuelle

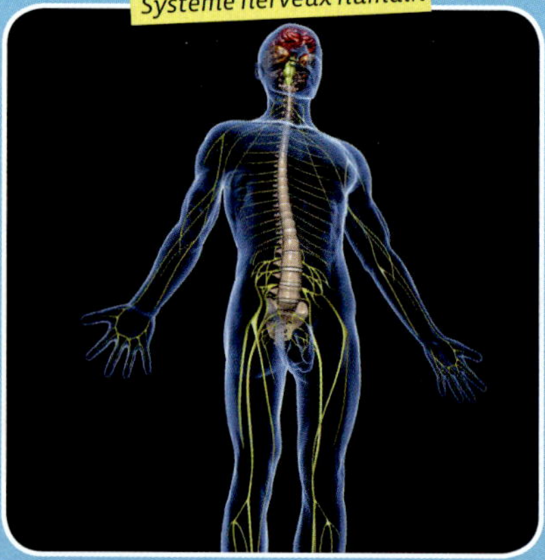

Système nerveux humain

Centres nerveux de la grenouille (partie haute)

1. Comment l'organisme détecte-t-il les informations de son environnement ?
2. Qu'est-ce que le système nerveux ? Qu'appelle-t-on centre nerveux ?

mots clés

Récepteur sensoriel : structure sensible à une stimulation de l'environnement.

2. Comment s'effectue la communication nerveuse ?

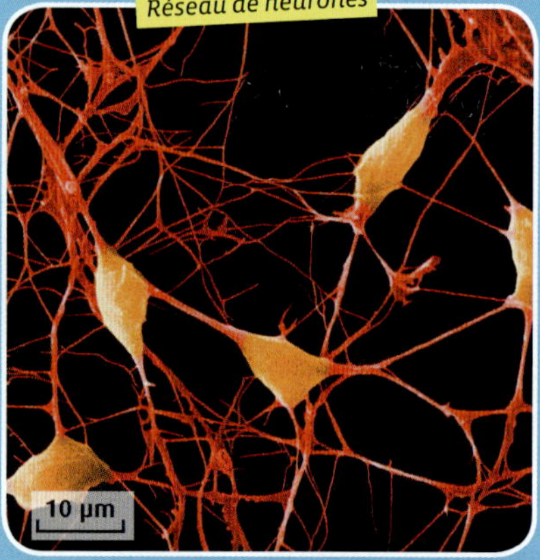

Réseau de neurones

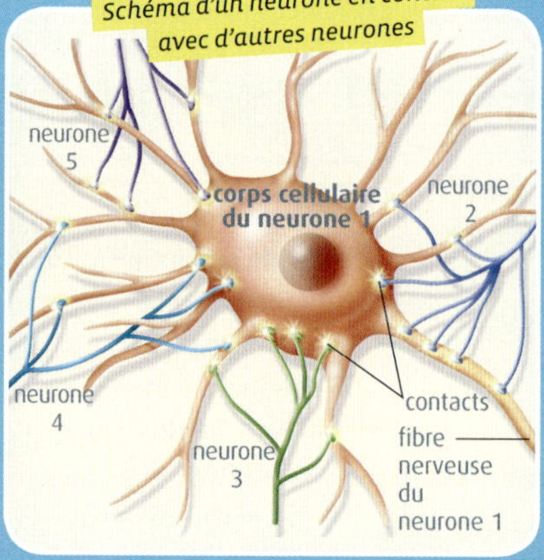

Schéma d'un neurone en contact avec d'autres neurones

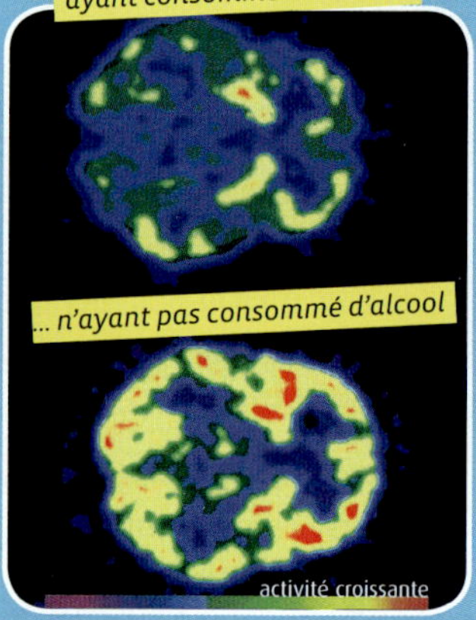

IRM du cerveau d'une personne ayant consommé de l'alcool

... n'ayant pas consommé d'alcool

1. Comment les neurones communiquent-ils les uns avec les autres ?
2. Rappeler le lieu et le mode d'action d'une drogue au niveau du système nerveux.
3. Quel est l'effet de l'alcool sur la perception du consommateur ?

Messager chimique : molécule assurant la transmission du message nerveux au niveau d'une synapse.

Neurone : cellule spécialisée dans la transmission de messages nerveux. Les prolongements des neurones forment les **nerfs**.

Synapse : zone de contact et de communication entre deux neurones.

CHAPITRE 2 Sciences de la Vie et de la Terre

De l'œil au cerveau

Un chimpanzé

Sommaire

SVT

ACTIVITÉ 1

L'œil et les cellules photoréceptrices

L'œil est un organe des sens spécialisé dans la vision. Il est sensible aux rayons lumineux qui parviennent jusqu'à la rétine où se forment les images.

Quelles caractéristiques de la rétine la rendent photosensible ?

Compétences : *• Déterminer les rôles des photorécepteurs dans la perception d'une image • Relier les caractéristiques de la vision à la répartition des photorécepteurs. • Justifier la place de l'Homme au sein des primates.*

Comprendre l'organisation de l'œil

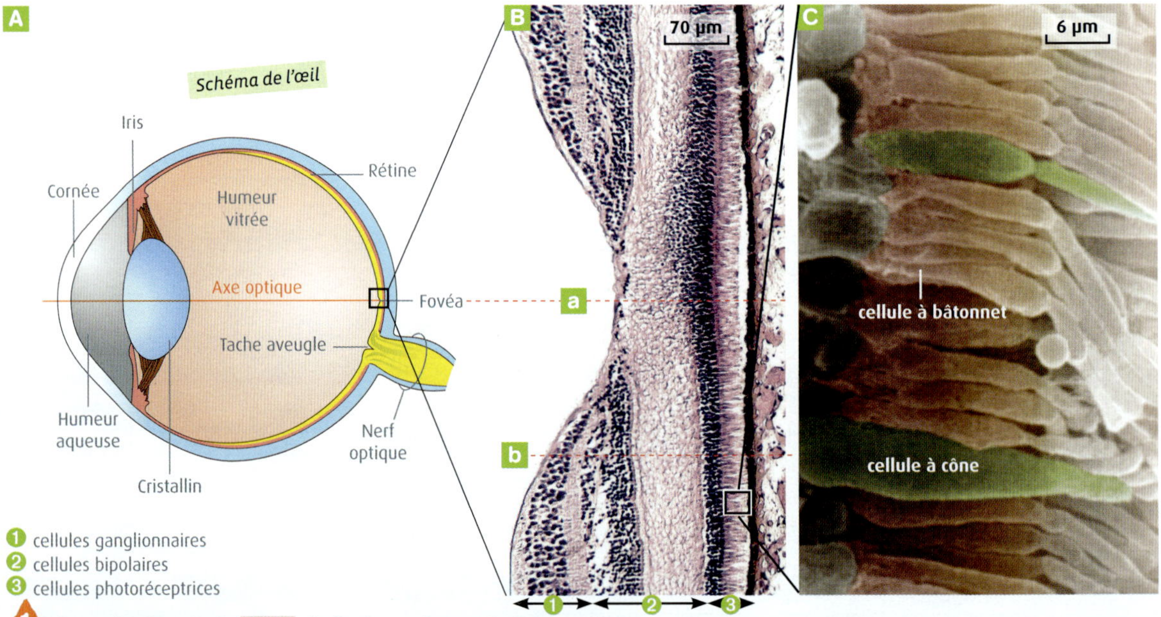

1 Organisation de la rétine de l'œil au niveau de l'axe optique.

Types de photorécepteurs (ou cellules photoréceptrices)	Cellule à cône 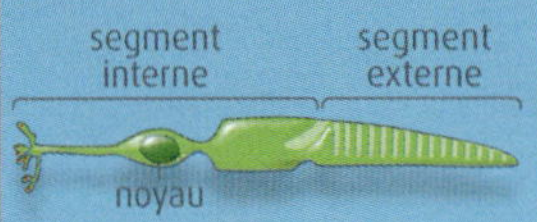	Cellule à bâtonnet 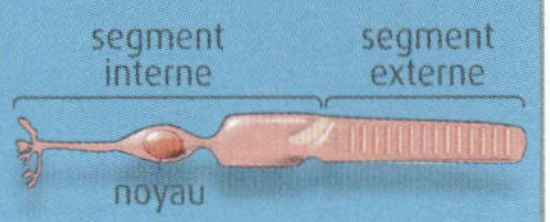
Pigments photosensibles* (molécules comprenant une opsine**)	3 types de cellules à cône caractérisés chacun par un type de pigment (avec opsine S, M ou L)	1 seul type de pigment, différent de ceux des cellules à cône
Sensibilité	Réagit à une intensité lumineuse forte (de l'ordre de 10^3 lux = lumière de jour)	Réagit à une intensité lumineuse faible (de l'ordre de 1 lux = lumière de nuit)
Type de vision	Perception des couleurs	Perception en nuances de gris

* présents dans le segment externe ** protéine

2 Propriétés des photorécepteurs.
Leurs pigments sont capables d'absorber les radiations lumineuses.

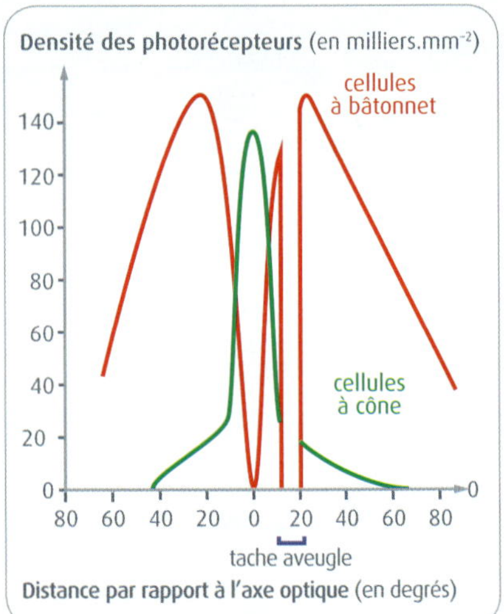

3 Répartition des photorécepteurs dans la rétine d'un œil.

Comprendre le rôle des pigments de l'œil

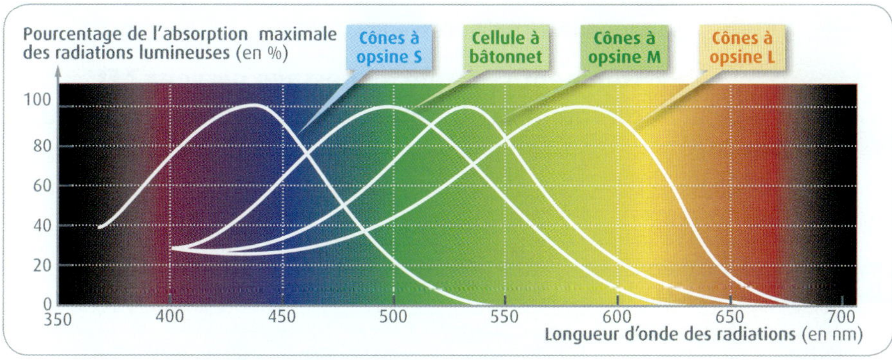

4 Absorption des radiations lumineuses par les pigments rétiniens en fonction de la longeur d'onde. Les pigments, comme toute molécule, n'absorbent qu'une partie du rayonnement et réfléchissent le reste.

5 La vision des couleurs chez les primates (simulations) : une grenouille vue par deux espèces différentes de primates.

6 Vision des couleurs chez les primates et gènes codant pour les opsines. Les trois opsines sont sensibles à des rayonnements différents (bleu, rouge, vert : voir doc. 4)

Mammifères	Primates de l'Ancien Monde*	Primates du Nouveau Monde*
Espèces	Chimpanzé, Gorille, Homme, etc.	Cébus, Saïmiri, etc.
Chromosomes et gènes des opsines des cellules à cône	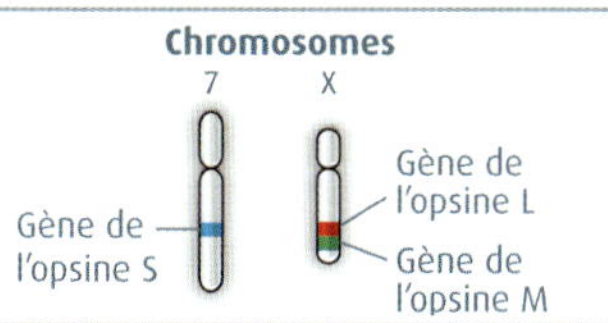	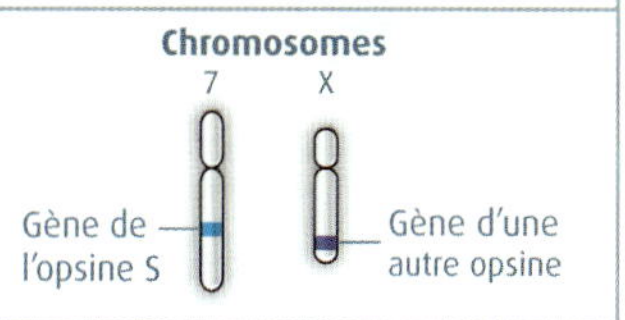
Type de vision	trichromatie	dichromatie

* Ancien Monde : Afrique, Europe et Asie ; Nouveau Monde : Amériques

EXPLOITATION

❶ **DOC. 1** Comparer l'organisation de la rétine en a et b de la coupe B et réaliser un schéma du doc. C.

❷ **DOC. 2 ET 4** Formuler une hypothèse explicative sur l'existence d'une vision diurne colorée et d'une vision crépusculaire en niveaux de gris.

❸ **DOC. 1 ET 3** Commenter la répartition des photorécepteurs sur le doc. 3 et justifier la dénomination de tache aveugle citée sur le doc. 1.

❹ **DOC. 5 ET 6** Justifier la place de l'Homme au sein du groupe des primates en exploitant les données du tableau.

❺ **EN CONCLUSION** Résumer en quoi les propriétés de la rétine sont responsables de notre vision du monde.

Voir Dico p. 187

SVT

ACTIVITÉ 2

De la rétine au cerveau

La lumière qui stimule les photorécepteurs de la rétine donne naissance à un message nerveux. Ce dernier se propage jusqu'au cerveau.

Comment se forme le message nerveux ? Et comment est-il transmis de la rétine au cerveau ?

Compétences : • Mettre en évidence la nature chimique de la transmission du message nerveux entre deux neurones. • Déterminer le rôle de l'organisation anatomique des voies visuelles dans la perception d'une image.

La naissance et la transmission du message nerveux

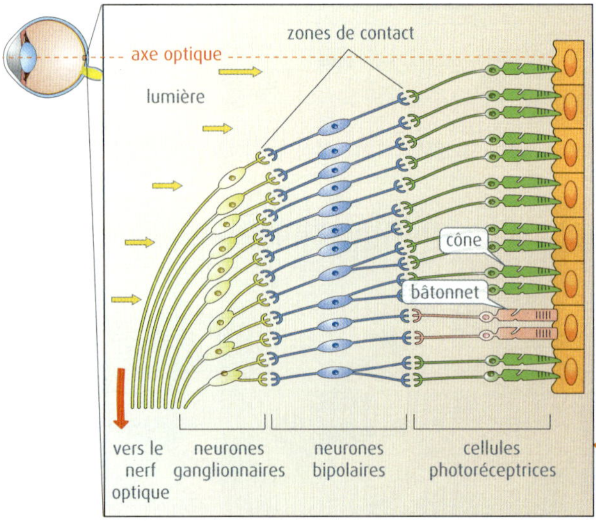

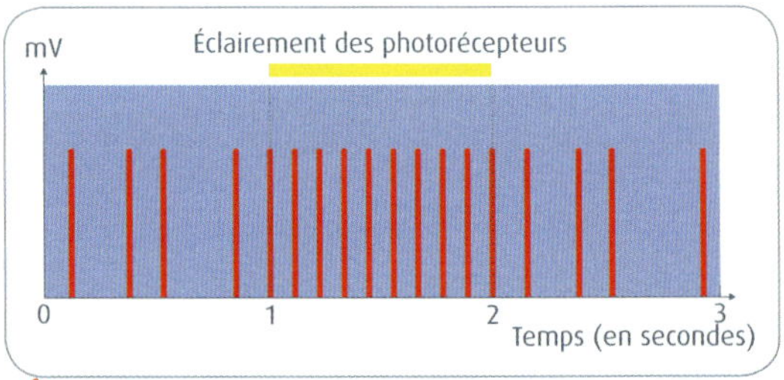

2 Réponse d'un neurone ganglionnaire après la stimulation des photorécepteurs. Sous l'effet de la lumière, l'état électrique de la membrane du neurone relié aux photorécepteurs change, provoquant la naissance d'un message nerveux de nature électrique.

1 Organisation cellulaire de la rétine de l'œil. Elle comprend environ 120 millions de photorécepteurs, 10 millions de neurones bipolaires et 1 million de neurones ganglionnaires (voir aussi doc. 1 p. 26).

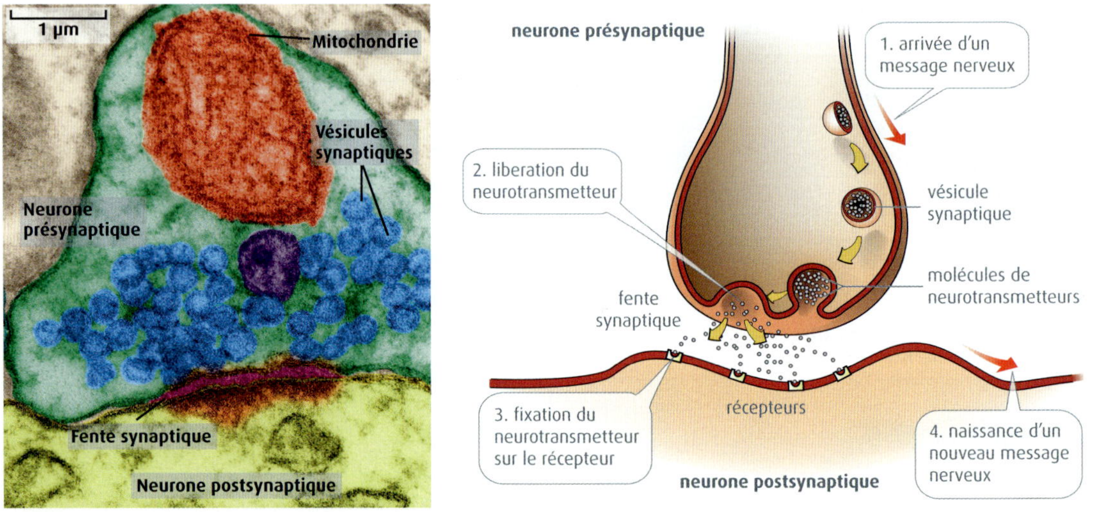

3 Image d'une synapse (électronographie) et schéma d'une synapse.
Le message nerveux de nature électrique qui naît au niveau de la rétine, après stimulation lumineuse des photorécepteurs, se transmet au cerveau par des chaînes de neurones. La zone de contact entre deux neurones est une synapse au niveau de laquelle des molécules d'un neurotransmetteur (une espèce chimique) assurent la transmission du message nerveux. Les neurotransmetteurs peuvent être de nature différente : glutamate au niveau de la rétine, sérotonine et autres dans le cerveau.

Du nerf optique aux aires visuelles

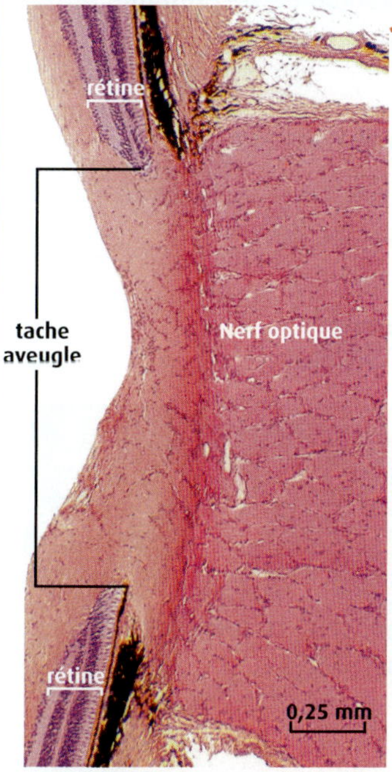

4 Coupe de la rétine au niveau du point de départ du nerf optique.
Le nerf optique est constitué d'environ 1 million de prolongements (ou fibres) de neurones situés au niveau de la rétine. L'atteinte totale du nerf optique, en particulier à la suite d'un traumatisme, est responsable d'une cécité unilatérale.

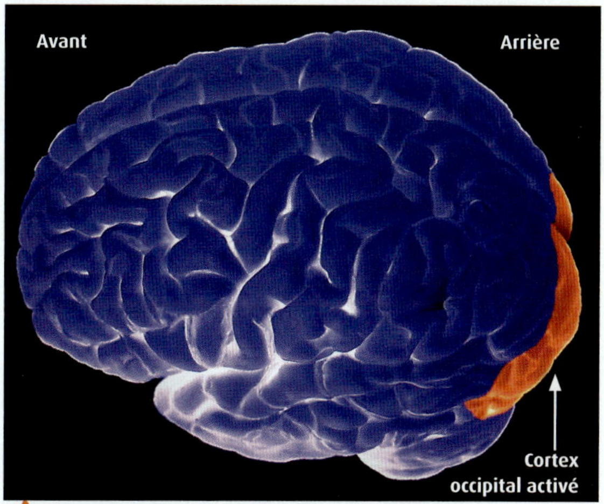

5 Image du cerveau (IRM fonctionnelle) d'une personne observant un objet.
L'IRM permet d'observer des aires du cerveau activées par stimulation. Une personne présentant une atteinte du cerveau dans la région du cortex occipital peut manifester une cécité complète alors que ses yeux n'ont aucune anomalie.

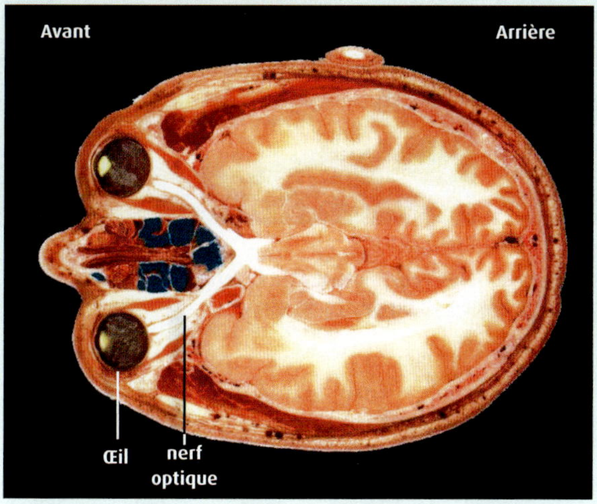

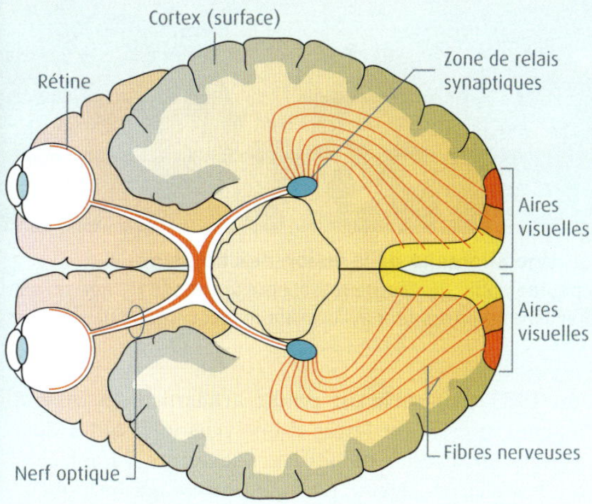

6 Coupe de la tête humaine au niveau des yeux et schéma d'interprétation. Le message nerveux aboutit au cerveau grâce à des chaînes de neurones. Les aires visuelles sont situées au niveau du cortex occipital (voir doc. 5).

EXPLOITATION

1 **DOC. 1** Mettre en évidence les caractéristiques essentielles de l'organisation cellulaire de la rétine.

2 **DOC. 1 À 3** Exploiter ces documents pour expliquer sur quoi repose la transmission du message nerveux.

3 **DOC. 4 ET 6** Montrer par quelles voies le message nerveux issu des yeux atteint le cerveau.

4 **DOC. 5 ET 6** Expliquer pourquoi on parle d'aires visuelles cérébrales ou de cortex visuel cérébral.

5 **EN CONCLUSION** Rappeler, dans le cas de la vision, les étapes principales de la naissance et de la transmission du message nerveux.

Voir Dico p. 187

SVT

ACTIVITÉ 3

Aires visuelles et perception visuelle

Le message nerveux issu de la rétine de l'œil parvient jusqu'au cerveau. Ce dernier est capable de reconnaître la couleur, la forme et le mouvement d'un objet de son environnement.

Comment s'effectue la perception visuelle au niveau du cerveau ?

Compétences : • Expliquer à partir de résultats d'exploration fonctionnelle du cerveau ou d'étude de cas cliniques, la notion de spécialisation fonctionnelle des aires visuelles.

Perception de la couleur, du mouvement et des formes

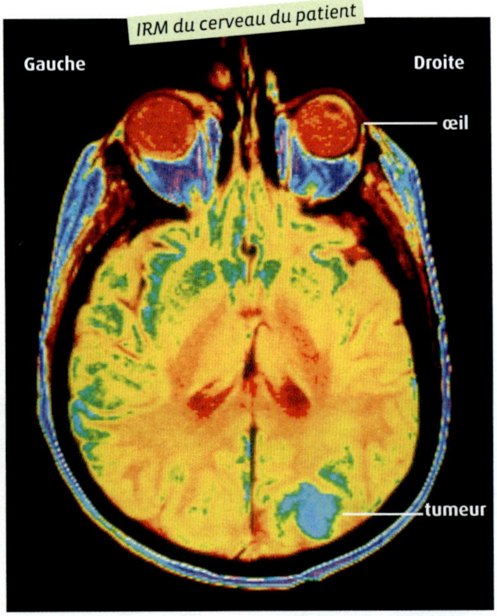

1 Une anomalie de la vision des couleurs.
La photographie de gauche représente le monde tel que le voit un patient dont les yeux, notamment la rétine, et les voies nerveuses ne présentent aucune anomalie. L'image de droite montre son cerveau vu du dessus en coupe.

En 1983, un article est publié à Munich (en Allemagne), présentant le cas d'une personne qui a des « arrêts sur image » de plusieurs secondes durant lesquelles elle ne perçoit plus qu'une image immobile d'un objet en mouvement : c'est ainsi qu'un petit chien a l'air de flotter au-dessus du sol car elle ne voit pas le mouvement de ses pattes. Traverser une rue est devenu très dangereux car la voiture qui semblait pour elle à l'arrêt, peut fort bien se retrouver tout près d'elle. Un accident vasculaire cérébral* avait altéré de façon bilatérale une zone localisée à l'avant du cortex visuel.

* La lésion d'un vaisseau sanguin cérébral peut conduire à l'absence d'irrigation d'une zone du cerveau et à la mort de certains neurones.

2 Anomalie de la perception du mouvement.

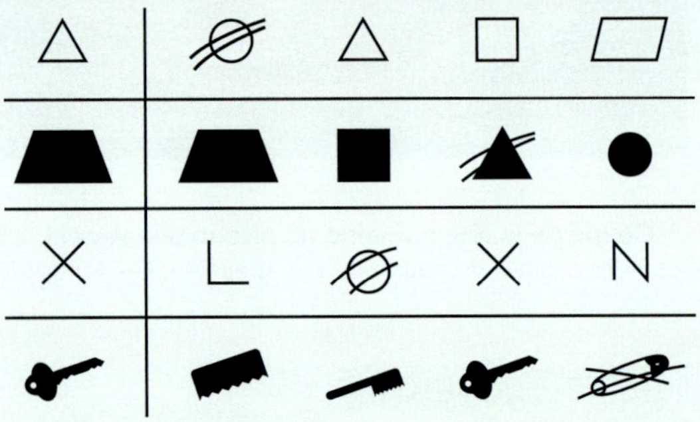

Ce patient doit cocher dans chaque ligne le dessin dont il considère la forme identique au premier. Atteint d'une lésion bilatérale au niveau du cortex visuel à la suite d'une intoxication au monoxyde de carbone, il est capable de distinguer couleurs et textures. Mais il ne peut plus identifier les lettres ou les chiffres.

Anomalie de la perception des formes : résultats d'un test passé par un patient. 3

La spécialisation des aires visuelles

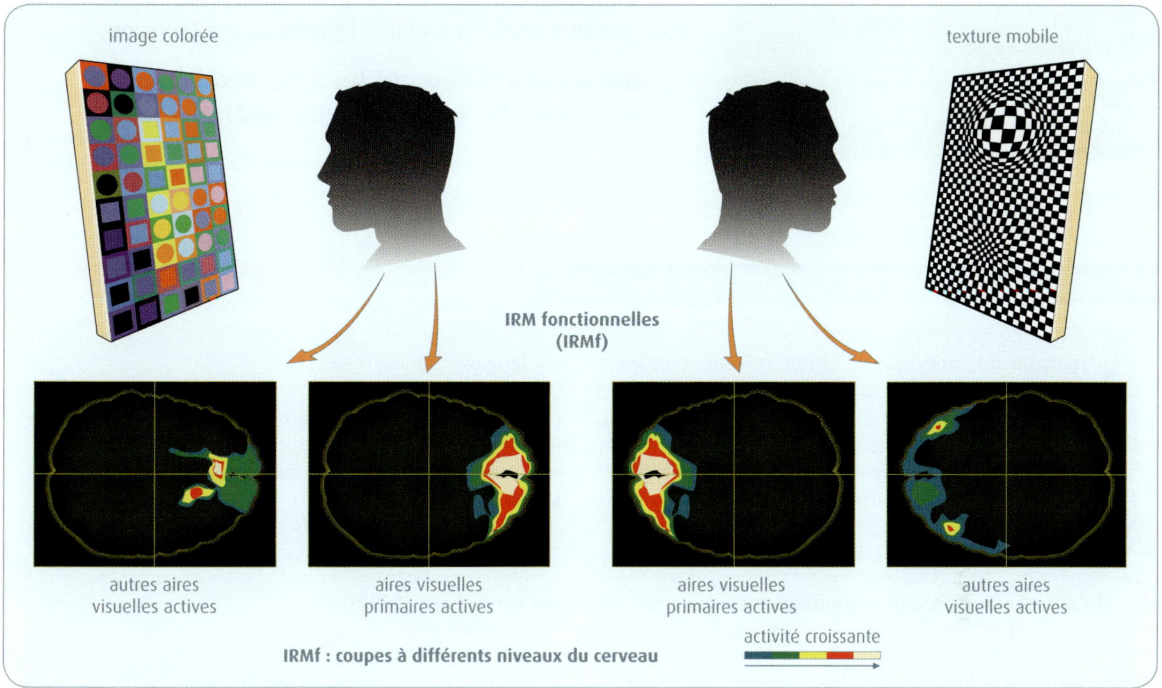

4 **Mise en évidence d'aires visuelles spécialisées.**

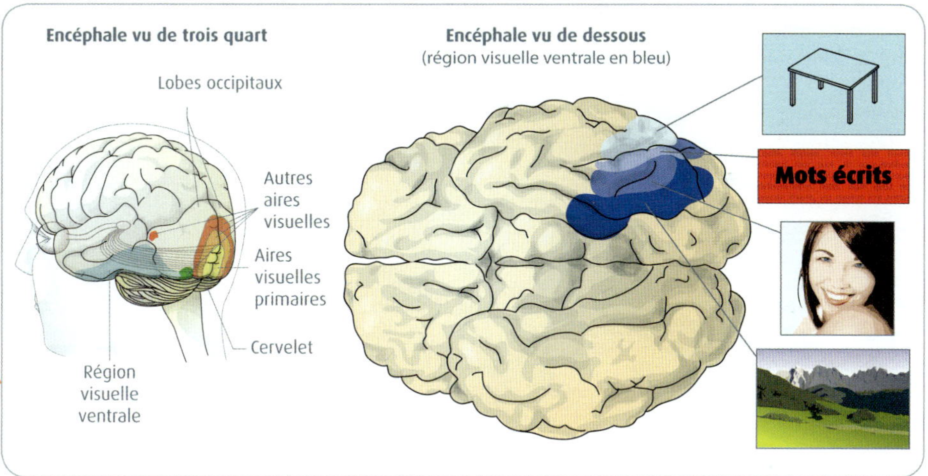

5 **Une spécialisation fine des aires visuelles commune à tous les êtres humains.**

EXPLOITATION

1 **DOC.1 ET DOC. 6 P. 29** Formuler une hypothèse pour expliquer l'incapacité de l'individu à percevoir les couleurs dans une partie de son environnement.

2 **DOC. 2** Formuler une hypothèse expliquant pourquoi cette personne est incapable de voir le mouvement.

3 **DOC. 3** Analyser les résultats du test de ce patient et les mettre en relation avec son anomalie cérébrale.

4 **DOC. 4** Montrer qu'il existe une spécialisation des aires du cortex visuel.

5 **DOC. 5** Commenter les caractéristiques des aires visuelles présentées dans le document.

6 **EN CONCLUSION** Rédiger un texte qui résume les particularités de la perception des couleurs, des formes et du mouvement au niveau cérébral.

Voir Dico p. 187

SVT

ACTIVITÉ 4

Aires cérébrales et plasticité

Des aires spécialisées du cerveau sont activées lors de la perception visuelle. Une lésion peut perturber leur collaboration, laquelle est nécessaire à la vision.

Comment collaborent les aires cérébrales et qu'appelle-t-on plasticité cérébrale ?

Compétences : • Établir les relations entre coopération des aires cérébrales, plasticité des connexions et activité de lecture.

Aires cérébrales et activité de lecture

ARGUMENTER/DÉBATTRE → page 41

« La maladie de monsieur C. paraît tellement étrange qu'on pourrait s'interroger sur sa rareté même. Ne s'agit-il pas d'un hystérique ou d'un simulateur ? Non [...]. On connaît aujourd'hui des centaines de cas de "cécité verbale pure", que l'on appelle aujourd'hui "alexie pure" [...] Pourquoi dit-on que l'alexie est pure ? Pour au moins quatre raisons [...] :

– le langage oral est intact ;

– l'écriture est intacte ;

– la reconnaissance visuelle des objets, des visages, des dessins, et même des chiffres reste préservée ;

– la reconnaissance tactile ou gestuelle des lettres est normale. »

D'après Stanislas Dehaene, *Les neurones de la lecture*, Éditions Odile Jacob, 2007.

1 Un cas clinique de non-reconnaissance des mots écrits ou alexie pure (1892).

Un patient a subi une opération chirurgicale visant à supprimer une petite zone du cerveau (située au-dessus de la flèche rouge) à l'origine de crises d'épilepsie. Six mois après l'opération, il a développé une alexie pure. De même, une lésion de l'aire de reconnaissance visuelle des mots déclenche une incapacité à reconnaître les mots écrits, alors que la perception visuelle des autres objets reste intacte.

Aires cérébrales activées lors de la lecture de mots écrits

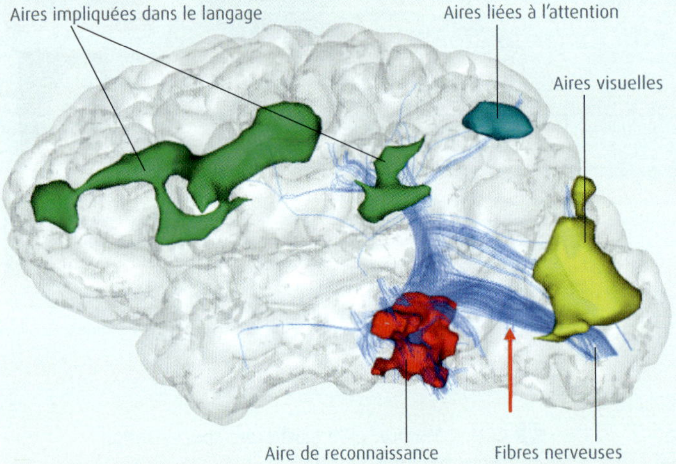

2 Un cas de lésion à l'origine de la non-reconnaissance des mots écrits. La reconnaissance des mots écrits active des aires liées à la mémoire.

Apprentissage de la lecture

Un texte surprenant

Sleon une édtue de l'Uvinertisé de Cmabrigde, l'odrre des ltteers dnas les mtos n'a pas d'ipmrotncae, la suele coshe ipmrotnate est que la pmeirère et la drenèire soeint à la bnnoe pclae. Le rsete peut êrte dnas un dsérorde ttoal et vuos puoevz tujoruos lrie snas porlblème. C'est prace que le creaveu hmauin ne lit pas chuaqe ltetre elle-mmêe, mias le mot cmome un tuot.

3 Le traitement des informations lors de la lecture.

La plasticité cérébrale

ARGUMENTER/DÉBATTRE
page 41

Interview de Catherine Vidal, neurobiologiste

« **Un pas énorme dans notre connaissance du cerveau** a été franchie grâce aux nouvelles techniques d'imagerie cérébrale qui permettent de voir le cerveau vivant en train de fonctionner. Elles révèlent que rien n'est figé dans le cerveau! À la naissance, seules 10% des connexions entre neurones – au nombre de 100 milliards – sont présentes et actives. Les 90% restantes se construisent progressivement au gré de l'histoire personnelle de chacun. On parle de "plasticité" pour qualifier cette formidable propriété du cerveau à se modeler en fonction de l'expérience quotidienne de la vie pour assurer l'apprentissage et la mémorisation, mais aussi pour compenser des défaillances en cas de lésions cérébrales. »

4 Qu'est-ce que la plasticité cérébrale ?

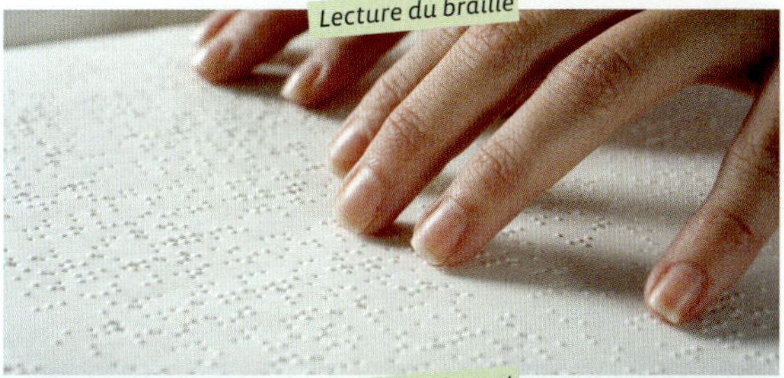

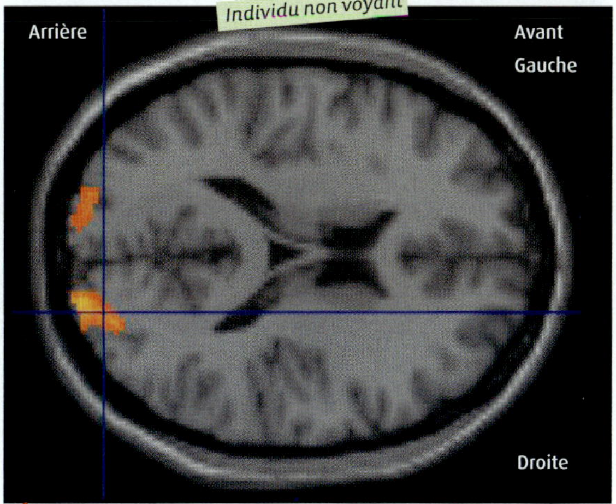

6 Un cas de réorganisation cérébrale chez un non-voyant. Une IRM a été réalisée chez un individu non-voyant lors de la lecture du braille (les zones activées apparaissent en orange). Les sujets voyants ne présentent pas une telle activation.

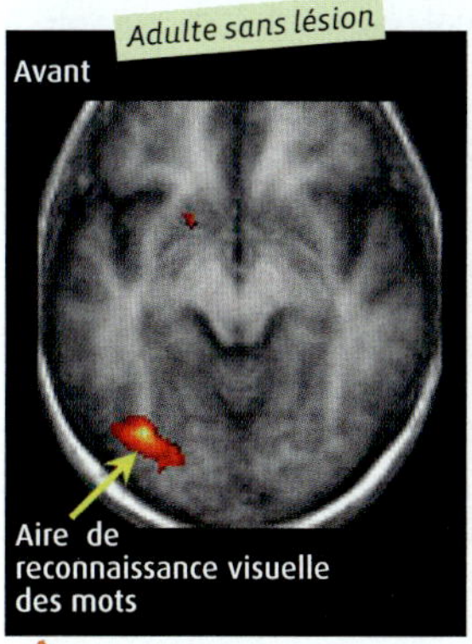

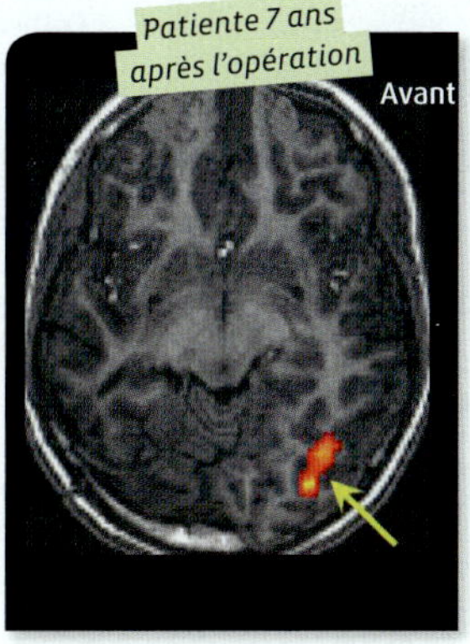

5 Un cas de réorganisation de l'aire cérébrale activée lors de la lecture. Chez une patiente âgée de 4 ans, l'aire normalement allouée à la reconnaissance visuelle des mots a été retirée lors d'une intervention chirurgicale. Cette jeune fille a appris à lire sans grande difficulté, alors qu'une telle lésion rendrait un adulte alexique.

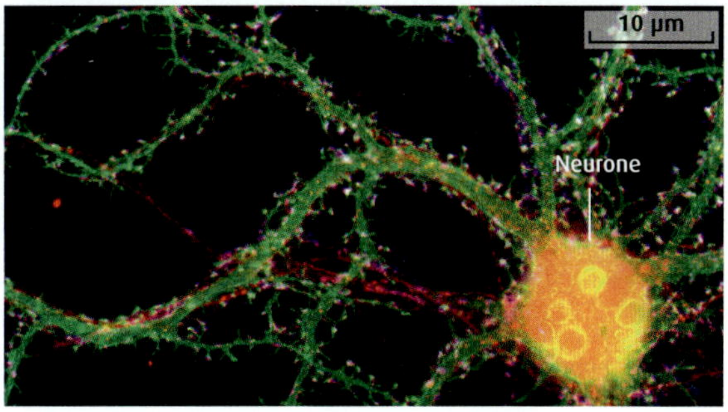

7 Une réorganisation des connexions entre neurones. Ce processus est permanent et naturel. Chaque point de couleur est une synapse en formation.

EXPLOITATION

1. **DOC. 1** Montrer en quoi la pathologie de Monsieur C. est « tellement étrange ».
2. **DOC. 2** Expliquer pourquoi la personne ne reconnait plus les mots écrits.
3. **DOC. 3** Proposer une hypothèse expliquant la capacité à lire ce texte.
4. **DOC. 2 ET 3** Montrer que la lecture nécessite la collaboration entre plusieurs aires cérébrales spécialisées.
5. **DOC. 4 À 6** Montrer en quoi ces exemples illustrent le fait que le cerveau puisse être en permanence remodelé.
6. **DOC. 7** Dire pourquoi la plasticité cérébrale repose sur des bases cellulaires.
7. **EN CONCLUSION** Établir les relations entre coopération des aires cérébrales, plasticité cérébrale et perception visuelle.

Voir Dico p. 187

SVT

ACTIVITÉ 5

Les perturbations chimiques de la perception

La perception visuelle peut être perturbée par certaines drogues dites hallucinogènes car elles provoquent des visions déformant la réalité.

Comment certaines drogues perturbent-elles la perception visuelle ?

Compétences : • Expliquer le mode d'action de substances hallucinogènes. • Expliquer l'action d'une drogue dans la perturbation de la communication nerveuse et les dangers de sa consommation.

Effets et dangers des drogues hallucinogènes

ARGUMENTER/DÉBATTRE page 40

« Je commençai à jouir du spectacle inouï de formes et de couleurs, qui durait encore derrière mes yeux fermés. Aussi changeantes que dans un kaléidoscope, des images multicolores, fantastiques arrivaient sur moi, s'ouvraient en cercles et en spirales, puis se refermaient, telles des fontaines de couleurs jaillissantes, s'ordonnaient et se croisaient, en un flot ininterrompu. »

D'après Albert Hoffman, « LSD mon enfant terrible », *Cerveau & Psycho* n° 31, 2009.

1 Perturbations de la perception visuelle sous l'effet d'une drogue hallucinogène.

Substance hallucinogène	Effets physiques	Effets psychiques
LSD (« acide ») molécule de synthèse dérivée d'une molécule issue d'un champignon parasite du seigle	• augmentation de la fréquence cardiaque • fièvre • vertige, troubles moteurs • toxicité neurologique aigüe	• hallucinations visuelles • état euphorique et/ou mal-être • flash-back : retour imprévisible des effets de la drogue survenant longtemps après consommation, sans nouvelle administration de drogue
Psilocine molécule présente dans certains champignons tels le psilocybe (voir doc. 4)	• nausées, vomissements et crampes d'estomac • risque toxique mortel	• effets hallucinogènes et euphorisants aux conséquences parfois tragiques (on s'imagine pouvoir voler et on saute d'une fenêtre...) • accidents psychiatriques graves et durables, parfois dès la première prise
Ecstasy ou MDMA molécule de synthèse de la famille des amphétamines	• fièvre, maux de tête, déshydratation • nausées, perte d'appétit, amaigrissement • lésions des cellules nerveuses • troubles du rythme cardiaque • risque mortel	• hallucinations visuelles • sensation de bien-être, suivie d'une phase de dépression • dépendance psychique poussant à consommer de la drogue, au détriment de toute autre activité

2 Principaux effets de quelques substances hallucinogènes.
Selon le dosage, les circonstances et la personnalité du consommateur, elles peuvent causer des modifications physiques et psychiques très variables. Toutes sont susceptibles de provoquer une accoutumance, c'est-à-dire un besoin d'augmenter continuellement les doses pour ressentir les mêmes effets, d'où un risque accru d'overdose.

Le LSD, les champignons et plantes hallucinogènes et l'ecstasy font partie des produits classés comme stupéfiants. À ce titre, l'acquisition, la possession, l'usage, la production, le transport et la cession (même à titre gratuit) de drogues sont prohibés par le Code de la santé publique et le Code pénal.

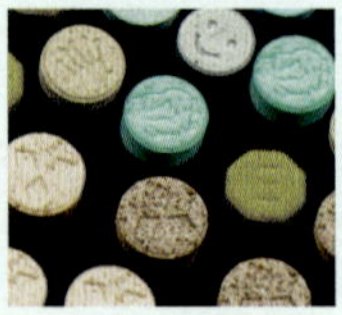

3 La loi sur les drogues hallucinogènes.

Comprendre le mode d'action d'un champignon hallucinogène

« Les Indiens de la Méso-Amérique attribuaient à une série de champignons hallucinogènes une nature divine ; ils en consommaient la chair au cours de cérémonies religieuses [...] Dans les pays mayas, on a découvert de nombreuses statuettes de pierre figurant le champignon sacré* [...].

En 1958, A. Hofmann, aux laboratoires Sandoz à Bâle, réussit avec ses collaborateurs à isoler du psilocybe deux corps à action psychotrope qu'il appela psilocybine et psilocine. »

D'après *La Presse Médicale*, octobre 1959.

* désigné sous le nom de « chair de Dieu », il était considéré comme un agent de communication avec le monde divin car il donnait des visions censées révéler l'avenir.

Psilocybe semilanceata

4 Un champignon hallucinogène : le psilocybe.

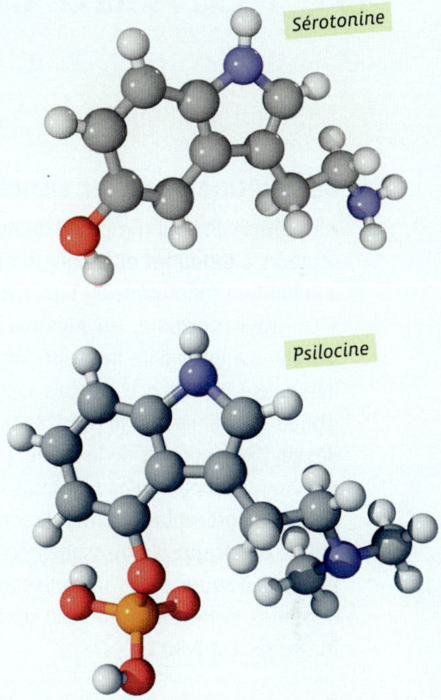

5 Structure moléculaire de la sérotonine et de la psilocine. La sérotonine est un neurotransmetteur des voies visuelles (voir p. 28).

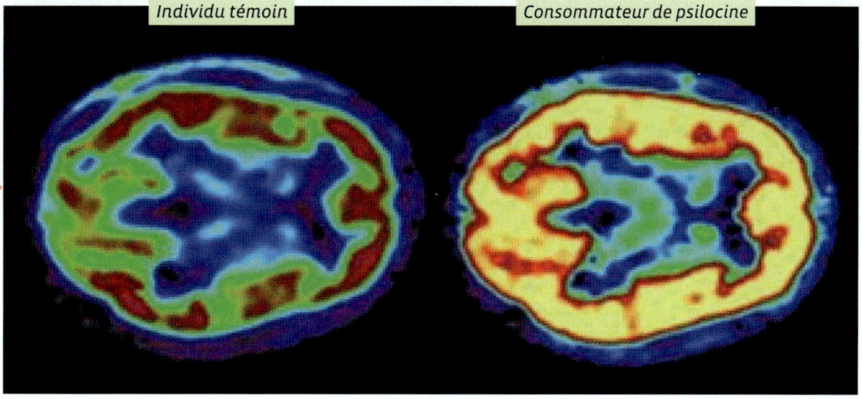

6 Comparaison de l'activation de certains récepteurs à la sérotonine dans le cerveau (IRM). Les zones jaunes indiquent une forte activation de ces récepteurs (molécules qui fixent la sérotonine au niveau des synapses : voir p. 28).

EXPLOITATION

1 **DOC. 1 ET 2** Indiquer la nature des perturbations provoquées par la consommation de drogues.

2 **DOC. 1 À 3** Argumenter sur ce qui peut pousser un individu à consommer une drogue hallucinogène et les dangers auxquels il expose sa vie individuelle et sociale.

3 **DOC. 5** Comparer les structures moléculaires de la psilocine et de la sérotonine.

4 **DOC. 4 À 6** Rappeler la nature et le mode d'action de la sérotonine et proposer une hypothèse pour expliquer comment la psilocine provoque des hallucinations visuelles.

5 **EN CONCLUSION** Expliquer comment certaines substances chimiques peuvent perturber la perception visuelle.

Voir Dico p. 187

BILAN

De l'œil au cerveau

Les connaissances

De la rétine au cortex visuel

• La **rétine** de l'œil comprend de nombreuses cellules dont deux types de **photorécepteurs** : les photorécepteurs à **bâtonnet** et les photorécepteurs à **cône**. Leur segment externe contient un **pigment** sensible à la lumière (photosensible). **[Activité 1]**

• La vision nocturne, en nuances de gris, est assurée par les **photorécepteurs à bâtonnet** qui sont sensibles à une faible intensité lumineuse. Les **photorécepteurs à cône** réagissent à une forte intensité lumineuse. L'existence de trois types de cellules à cône, absorbant chacun des radiations de longueurs d'onde spécifiques, rend possible la vision des couleurs. La vision du monde dépend donc des propriétés des **photorécepteurs** de la rétine. **[Activité 1]**

• L'étude comparée des pigments rétiniens permet de placer l'Homme parmi les primates. **[Activité 1]**

• Les photorécepteurs convertissent la stimulation lumineuse de la rétine en un **message nerveux** de nature **électrique.** Ce message nerveux est transmis au cerveau jusqu'au **cortex visuel** par le **nerf** optique puis par d'autres voies nerveuses constituées par des chaînes de **neurones**. La transmission entre les neurones s'effectue au niveau de **synapses**, par l'intermédiaire d'espèces chimiques : les **neurotransmetteurs**. **[Activité 2]**

Perception visuelle et plasticité cérébrale

• Le **cortex visuel** transmet le message nerveux vers des aires cérébrales que l'imagerie fonctionnelle et l'étude de cas cliniques permettent d'observer et d'identifier : des **aires visuelles** spécialisées dans la reconnaissance des couleurs, des formes ou du mouvement. **[Activité 3]**

• Lors de la lecture, la reconnaissance des mots nécessite la collaboration entre les aires visuelles, les aires de la mémoire et certaines structures liées au langage. **[Activité 4]**

• L'expérience individuelle et l'entraînement régulier provoquent, tout au long de la vie, une réorganisation des connexions nerveuses dans le cerveau : on parle de **plasticité cérébrale**. Dans certains cas, cette faculté de remodelage du cerveau permet de compenser des pertes de fonction liées à des lésions cérébrales affectant par exemple la vision. **[Activité 4]**

Les perturbations chimiques de la perception

• Certaines substances **hallucinogènes** perturbent la perception visuelle. Leur action est due à leur similitude moléculaire avec des **neurotransmetteurs** du cerveau auxquels elles se substituent.

• La consommation de substances hallucinogènes entraîne des troubles du fonctionnement général de l'organisme, une forte accoutumance ainsi que des phénomènes de « flash-back » imprévisibles. **[Activité 5]**

Mots clés du chapitre

Voir Dico p. 187

- Aire cérébrale
- Cellule à bâtonnet
- Cellule à cône
- Cortex visuel
- Hallucinogène
- Message nerveux
- Nerf
- Neurone
- Neurotransmetteur
- Photorécepteur
- Pigment visuel
- Plasticité cérébrale
- Rétine
- Synapse

L'essentiel par l'image

De l'œil au cortex visuel

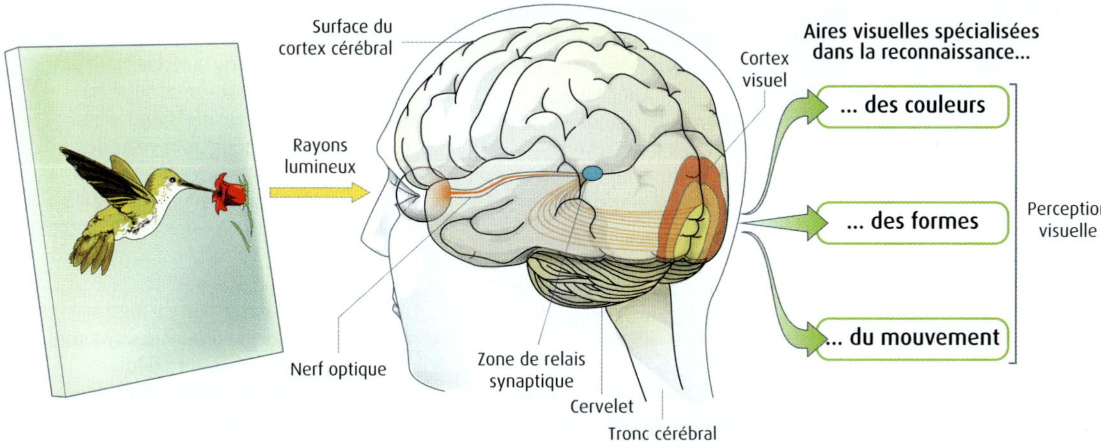

La transmission du message nerveux

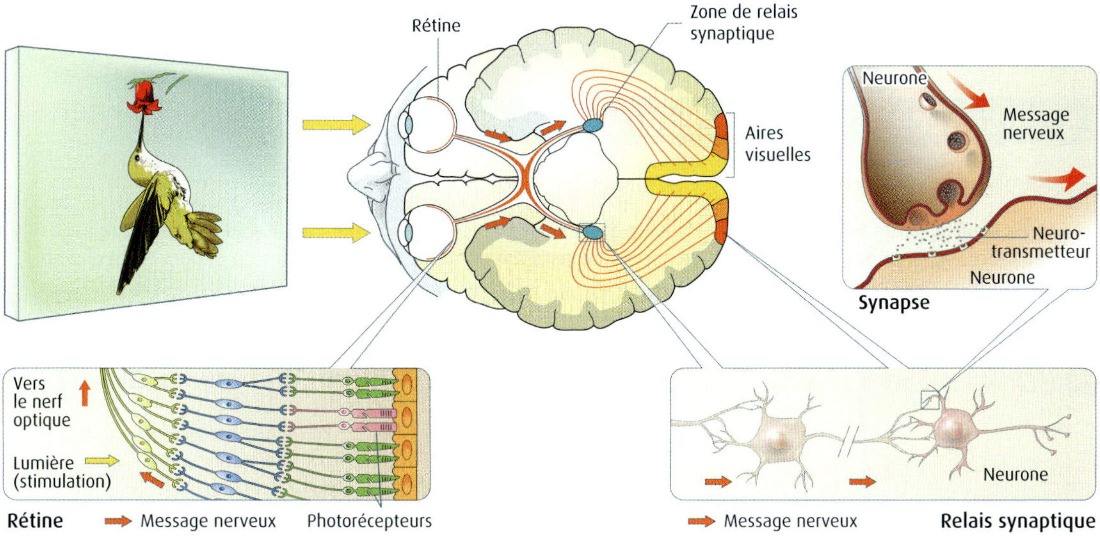

L'essentiel par le texte

> La stimulation des photorécepteurs de la rétine de l'œil par la lumière donne naissance à un message nerveux de nature électrique qui se propage jusqu'au cerveau. Des neurotransmetteurs assurent sa transmission au niveau des synapses.

> La perception visuelle s'élabore grâce à la collaboration d'aires cérébrales spécialisées. Elle peut être perturbée par des substances hallucinogènes qui se substituent aux neurotransmetteurs.

> Une plasticité des connexions nerveuses permet un remodelage du cerveau selon l'expérience de chacun.

EXERCICES

Tester ses connaissances

1 Vrai ou Faux

Identifier les affirmations fausses et les rectifier.

a. La vision du monde dépend des propriétés des photorécepteurs du cortex visuel.

b. L'imagerie fonctionnelle du cerveau permet d'observer et d'identifier des aires cérébrales spécialisées.

c. Les substances hallucinogènes perturbent le fonctionnement de l'œil.

d. Les cellules photoréceptrices de la rétine sont en relation avec le cortex cérébral grâce à un réseau de neurones.

2 Une phrase appropriée

Rédiger une phrase scientifiquement correcte avec les termes suivants :

a. Messages nerveux – Cerveau – Rétine – Photorécepteurs – Aires visuelles.

b. Vision – Mémoire – Langage – Lecture – Aires cérébrales spécialisées.

c. Perturbations – Drogues – Neurones – Synapses – Neurotransmetteurs.

3 QCM

Pour chaque proposition, identifier la (ou les) bonne(s) réponse(s).

1. Les pigments visuels :

a. absorbent les radiations lumineuses arrivant sur la rétine.

b. caractérisent trois types de cellules à cône.

c. caractérisent trois types de cellules à bâtonnet.

d. sont les mêmes chez tous les primates.

2. Le message nerveux visuel est :

a. issu de la conversion de la lumière en un signal électrique dans la rétine.

b. transmis au cortex visuel situé au croisement des deux nerfs optiques.

c. de nature chimique au niveau des synapses.

d. intégré dans différentes aires cérébrales dont la coordination permet la perception visuelle.

3. Les neurotransmetteurs :

a. assurent la transmission du message nerveux par voie chimique au niveau des synapses.

b. sont synthétisés dans le neurone présynaptique puis stockés dans des vésicules du neurone postsynaptique.

c. ont une similitude moléculaire avec certaines drogues.

d. existent sous une forme unique dans le cerveau : la sérotonine.

S'entraîner avec un exercice guidé

4 Acuité visuelle et structure de la rétine

Au cours de la lecture d'un texte, chaque œil effectue des mouvements qui permettent au regard de balayer la page. En conséquence, la partie de la ligne qui est lue apparaît constamment nette. Les mots situés en dehors de ce champ visuel sont plus ou moins flous.

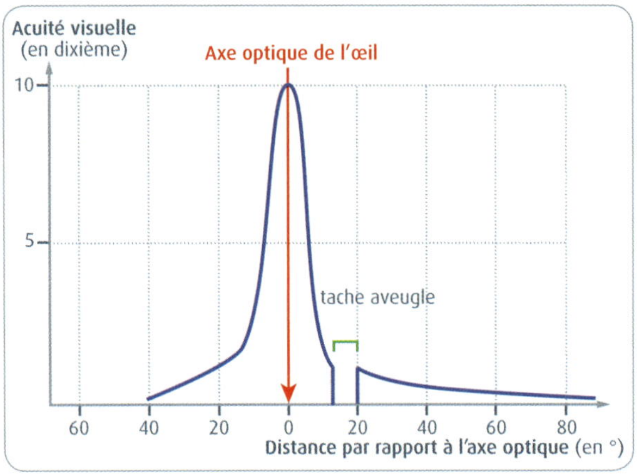

1. Acuité visuelle en fonction de la position de l'objet observé par rapport à l'axe optique.

QUESTION Montrer en quoi la structure de la rétine peut expliquer le fait que seule la partie centrale du champ visuel soit nette.

Un peu d'aide

• Extraire des informations pertinentes d'un graphe
Décrire les variations de l'acuité visuelle en fonction de la distance à l'axe optique de l'œil.

• Mettre des informations en relation
Mettre en relation l'acuité maximale au niveau de l'axe optique avec la structure de la rétine (voir p. 26) et vocabulaire ci-dessous.

• Formuler une hypothèse
À l'aide du doc. 1 p. 28, proposer une explication au fait que les zones d'une page lue donnant une image en dehors de la fovéa sont moins nettes.

• Vocabulaire
Acuité visuelle : perception du plus petit détail possible d'un objet.
Fovéa (ou tache jaune) : zone de la rétine située sur l'axe optique de l'œil. À son niveau, une cellule photoréceptrice est connectée à une seule cellule bipolaire qui est reliée à une seule cellule ganglionnaire.

OBJECTIF BAC page 56

5 Un défaut dans la perception des couleurs

Mettre en relation des informations

Un individu présente, comme deux de ses frères, une anomalie sur une région du chromosome X responsable de l'expression de deux gènes codant respectivement pour les pigments rétiniens sensibles aux radiations rouges et vertes.

1. Comparer cette anomalie avec le cas étudié dans l'activité 3 doc.1 (p. 30).
2. Proposer une hypothèse explicative à l'absence de vision colorée chez cet individu.

6 Mode d'action du LSD au niveau moléculaire

Saisir des informations et formuler une hypothèse

Alors qu'il terminait, en 1943, la synthèse du LSD, A. Hoffman fut pris de vertiges et assailli pendant deux heures par des visions colorées accompagnées d'une sensation d'ébriété. Il incrimina le LSD et en ingéra volontairement 250 µg, dose qu'il pensait infime. L'expérience fut beaucoup plus intense que la précédente. Perdant le sens du temps et de l'espace, il expérimenta à nouveau une succession de visions colorées et des modifications de la conscience de soi avec parfois une impression de dépersonnalisation. L'expérience se révéla aussi parfois terrifiante, lui donnant l'impression d'être à l'agonie.

1. La découverte du LSD, un dérivé de l'acide lysergique issu d'un champignon parasite – l'ergot du seigle (voir p. 34).

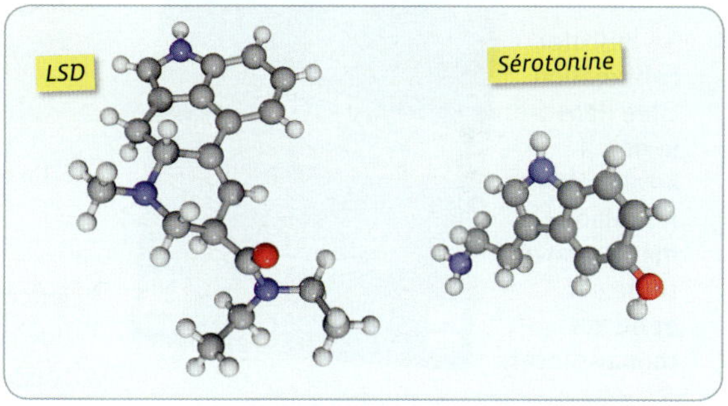

2. La structure moléculaire du LSD et celle de la sérotonine.

1. Justifier le terme de « puissante drogue hallucinogène» donné au LSD.
2. À l'aide du doc. 2, proposer une hypothèse sur le mode d'action du LSD.

7 Vision et liens de parenté entre les primates

Raisonner et argumenter

Il est possible d'établir les liens de parenté entre plusieurs espèces en étudiant les séquences des acides aminés d'une protéine qui exerce la même fonction chez toutes les espèces.

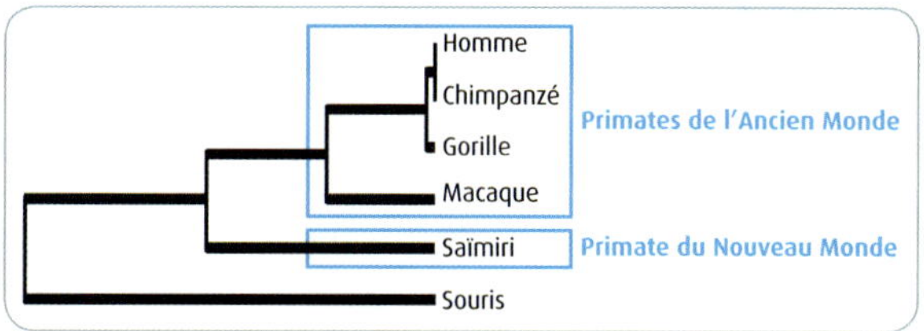

1. Arbre de parenté de 6 espèces de mammifères, obtenu avec le logiciel Phylogène.

Espèce				20										30										40										50	
Homme	I	S	S	V	G	P	W	D	G	P	Q	Y	H	I	A	P	V	W	A	F	Y	L	Q	A	A	F	M	G	T	V	F	L	I	G	F
Chimpanzé	-	-	-	-	-	-	-	-	-	-	-	-	-	-	-	-	-	-	-	-	-	-	-	-	-	-	-	-	-	-	-	-	-	-	-
Gorille	-	-	P	-	-	-	-	-	-	-	-	-	-	-	-	-	-	-	-	-	-	-	-	-	-	-	-	-	-	-	-	-	-	-	-
Macaque	L	-	-	-	K	-	-	-	-	-	-	-	-	-	-	-	-	-	-	-	-	-	-	-	-	-	-	-	-	-	-	-	A	-	-
Saïmiri	-	-	-	-	-	-	-	-	-	-	-	-	-	-	-	-	-	-	-	-	Q	-	-	-	-	-	-	-	I	-	-	-	A	-	L
Souris	-	-	-	-	-	-	-	-	-	-	-	-	-	L	-	-	-	-	-	-	R	-	-	-	-	-	-	-	F	-	-	F	V	-	T

2. Séquences en acides aminés d'un fragment de l'opsine sensible au bleu (opsine S) chez 6 espèces de mammifères (voir p. 27).
Chaque lettre correspond à un acide aminé. Un - signifie qu'il s'agit du même acide aminé que celui présent chez l'Homme (pris ici comme référence).

1. Rappeler le rôle des opsines dans la vision.
2. Montrer que les informations apportées par le doc. 2 confortent l'arbre phylogénétique proposé dans le doc. 1.
3. À partir de ces données, justifier la place de l'Homme parmi les primates.

La Science et vous

« Un tableau ne vit que par celui qui le regarde »

Pablo Picasso (1881-1973), peintre espagnol

Esprit critique

Cannabis et conduite automobile

En 1993, 17 % des filles et 25 % des garçons âgés de 17 ans avaient expérimenté la consommation de cannabis. Ils étaient respectivement 46 % et 53 % en 2005.

1 Discutez l'affirmation citée dans le doc. 1 à l'aide des renseignements trouvés sur le site et de vos connaissances.

2 Proposez des hypothèses expliquant la multiplication des accidents mortels en cas de consommation simultanée d'alcool et de cannabis.

« Quand j'ai fumé du cannabis et que je conduis, je prends moins de risques que si je n'avais pas fumé ! Je roule plus lentement, j'évite de doubler et je maintiens une distance plus grande entre mon véhicule et celui qui me précède… En fait, je suis au ralenti et je suis plus prudent ! ■ »

www.securiteroutiere.gouv.fr/IMG/pdf/sric_dp_cannabis_2006_05_24_cle2379f1.pdf

1. Un témoignage.

« La consommation conjointe de cannabis et d'alcool (effective chez 40 % des conducteurs positifs au cannabis) entraîne une cumulation des effets, et une multiplication des risques : le conducteur positif au cannabis et à l'alcool multiplie ainsi par 14 le risque d'être responsable d'un accident mortel. ■ »

www.inpes.sante.fr/CFESBases/catalogue/pdf/921.pdf

2. Cannabis et alcool.

Science actualité

Vers une rétine artificielle

De nombreuses cécités sont liées à la dégénérescence des cellules photoréceptrices. Celle-ci est d'origine héréditaire ou liée au viellissement comme dans le cas de la DMLA (Dégénérescence maculaire liée à l'âge). Ces atteintes, nommées rétinopathies, sont irréversibles. Le réseau neuronal persiste néanmoins et le rêve de rendre partiellement la vue aux aveugles pourrait devenir réalité dans un futur plus ou moins proche.

Un implant constitué de 64 électrodes est placé sur la rétine d'un patient aveugle. Une caméra logée dans la monture des lunettes filme la scène extérieure et transmet les informations à un boîtier processeur que le patient porte sur lui. Le processeur convertit les images en impulsions électriques, lesquelles sont transmises à un récepteur fixé sur le globe oculaire, puis à l'implant placé sur la rétine, via un fil conducteur qui traverse l'œil.

1 Émettez une hypothèse expliquant la restauration partielle de la perception visuelle lors de la mise en place d'un implant rétinien.

2 Réalisez un schéma mettant en relation le traitement de la lumière par l'appareillage électronique et la perception de l'image par le patient.

Un implant rétinien chez des patients atteints de rétinopathies.

Art et Science

Cerveau et illusions visuelles

Peindre des scènes en 3D sur les trottoirs, les rues ou les parkings, voici le défi relevé par certains artistes contemporains qui réussissent avec leurs œuvres à perturber notre perception visuelle. C'est le cas d'Edgar Mueller dans l'œuvre présentée ci-contre, *Duality*.

1. Décrivez la scène peinte, telle qu'elle est spontanément perçue au premier coup d'œil.
2. Retrouvez dans la photographie les éléments qui prouvent que cette première perception est trompeuse.
3. Indiquez quelles zones de notre cerveau interviennent dans cette nouvelle perception.

PLUS LOIN AVEC INTERNET B2i

✔ www.metanamorph.com/thumbnails-album,15,Duality.html
Retrouver les différentes étapes de réalisation de l'œuvre et différents angles de prise de vue.

Science et société

Malvoyance et plasticité cérébrale

En France, 61 000 personnes sont aveugles, c'est-à-dire qu'elles ne voient rien, et 1,2 million sont malvoyantes, ce qui signifie que leur vision est diminuée de manière importante, voire très importante.

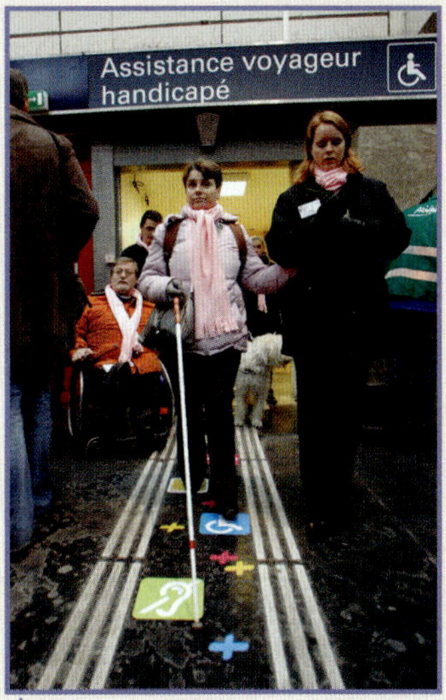

1. Des aménagements dans un hall de gare.

1. À l'aide des documents proposés et des informations extraites des sites indiqués, recherchez les types d'aide apportée aux malvoyants par la société.
2. Montrez que la plupart de ces aides aboutissent à une réorganisation cérébrale chez les personnes atteintes de cécité.

« Beaucoup d'aveugles écoutant des cassettes de livres enregistrés augmentent la vitesse de lecture du magnétophone. Les personnes voyantes ont des difficultés à comprendre cette information comprimée et par conséquent déformée. La voix accélérée de Mickey convient parfaitement aux auditeurs aveugles, mais est vite incompréhensible pour les autres. […] D'où leur vient cette faculté cérébrale hors du commun ? Nous avons observé que les ondes suscitées par l'audition du texte sont réparties dans les deux hémisphères du cerveau chez les aveugles, alors que chez les personnes voyantes, seul est activé le cortex frontal gauche […] Qui plus est, ils font aussi appel à des aires cérébrales supplémentaires assurant le traitement d'informations visuelles. ■ »

Brigitte Röder, *Au royaume des sons*, in : « Le cerveau mélomane », *Cerveau et Psycho* (hors série), novembre 2010 – janvier 2011.

2. La lecture « audio » chez les aveugles.

PLUS LOIN AVEC INTERNET B2i

✔ www.avh.asso.fr
✔ www.ophtalmo.net/bv/GP/IndexGP/index_gp.htm#10

MOBILISER SES ACQUIS

1. Comment obtenir une lumière colorée ?

Décomposition de la lumière blanche par un prisme

Une scène de concert éclairée par des spots colorés

1. Qu'est-ce que la lumière blanche ?
2. Comment obtient-on les lumières colorées utilisées par les éclairagistes lors de la mise en scène d'un concert ?

mots clés

Lumière blanche ; Synthèse additive.

2. De quoi dépend la couleur d'un objet ?

Des fibres colorées

Une pomme éclairée avec une lumière blanche et avec une lumière bleue

1. La couleur d'un objet dépend-elle de sa composition ?
2. La couleur d'un objet dépend-elle de la lumière qui l'éclaire ?

Couleur d'un objet.

Voir Dico p. 187

Couleurs et arts

Sommaire

PHYSIQUE-CHIMIE

ACTIVITÉ 1

Les pigments dans le domaine des arts

En peinture, l'analyse d'un tableau fournit des informations précieuses sur les pigments utilisés par le peintre pour obtenir certaines nuances de couleurs.

→ Que révèle l'analyse d'un tableau sur la composition d'un pigment ?

Compétences : • Rechercher et exploiter des informations portant sur les pigments, les colorants et leur utilisation dans le domaine des arts. • Pratiquer une démarche expérimentale pour déterminer la présence de différents colorants dans un mélange.

Analyser les pigments d'un tableau du XVIe siècle

ART ET SCIENCE

1 Les *Noces de Cana*, Véronèse, 1562-1563 (musée du Louvre).
Ce tableau a été réalisé à Venise par Paolo Caliari, dit Véronèse, et représente un épisode du Nouveau Testament.

3 Les *Noces de Cana* : détail du personnage portant un manteau avant et après restauration.
Lors de la restauration du tableau de Véronèse, un mélange de solvants a été appliqué pour enlever le vernis jauni par la lumière. L'ensemble du tableau a retrouvé son éclat, mais la peinture rouge du manteau de l'intendant a disparu, laissant place à un manteau vert.

Les *Noces de Cana* ont fait l'objet d'une importante restauration par le Centre de recherche et de restauration des musées de France (C2RMF) situé au Louvre à Paris. L'analyse physico-chimique d'un micro-prélèvement a révélé les différents pigments et liants composant la couche picturale du tableau :
– La couleur verte est donnée par un acétate de cuivre plus communément appelé vert-de-gris.
– Un pigment jaune a été ajouté pour atténuer la nuance trop bleue et trop sombre de ce pigment. Il s'agit du jaune de plomb et d'étain.
– Pour la couleur rouge, il s'agit de sulfures d'arsenic orangés et jaunes mélangés à de l'ocre rouge.

2 Analyse des pigments du tableau.

Coupe stratigraphique sur un prélèvement du manteau rouge

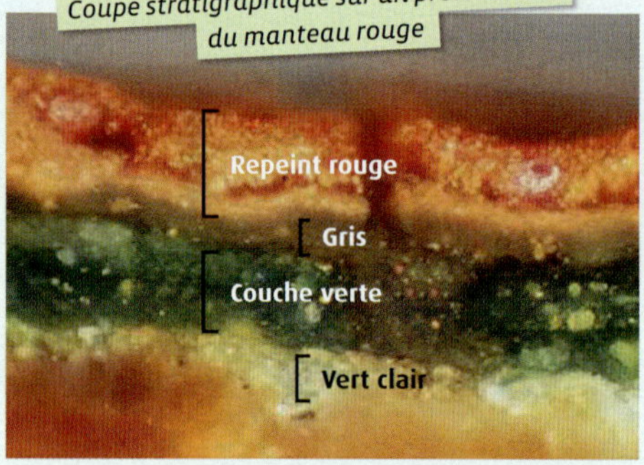

Un examen à la loupe dévoile que le rouge du manteau avant restauration suit maladroitement les contours du manteau et que du vert est, parfois, mal recouvert. Enfin, l'analyse de la composition du liant utilisé pour le rouge montre qu'il est différent de celui utilisé pour le reste du tableau. Par ailleurs, en 1594, une description des *Noces de Cana* faisait mention d'un manteau vert.

4 D'autres informations sur le manteau rouge.

Analyser la composition d'un pigment

5 Utilisation du paprika en peinture.
Le coffret aquarelle est composé de 12 couleurs d'origine végétale : safran, paprika, choux, algue, betterave, etc. Le paprika est un pigment extrait d'une épice utilisée en cuisine.

MANIPULER

Extraire le pigment du paprika

- Verser 1 g de paprika dans 10 mL d'éther diéthylique.
- Agiter le mélange à l'aide d'un agitateur en verre ou d'une spatule
- Filtrer la solution sur entonnoir.

Réaliser une analyse par CCM

- Préparer la plaque CCM (tracer au crayon un trait horizontal à 1 cm du bas de la plaque, puis positionner deux points centrés sur ce trait).
- Réaliser le dépôts sur la plaque de la solution de paprika préparée (1).
- Mettre à éluer dans la cuve (2).
- Retirer la plaque quand le liquide arrive à 1 cm du haut, puis tracer rapidement un trait au niveau du front de solvant (éluant).
- Sécher la plaque avec un sèche-cheveux. Observer (3).

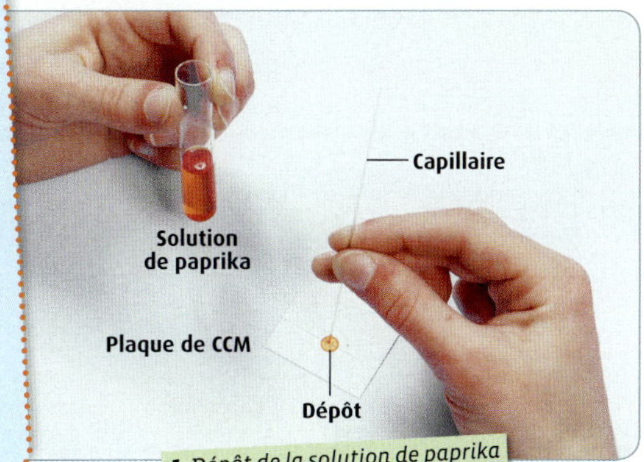

1. *Dépôt de la solution de paprika*

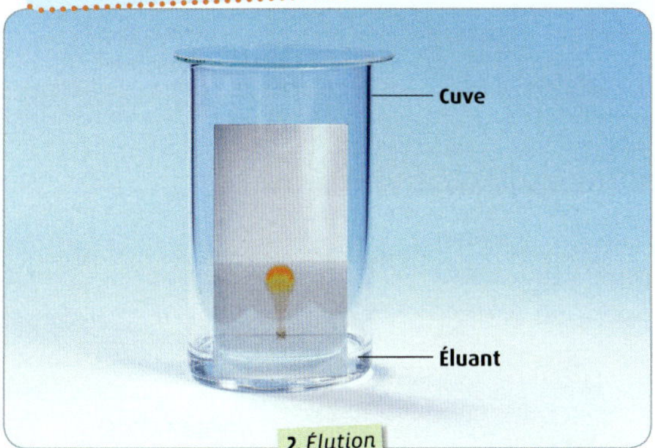

2. *Élution*

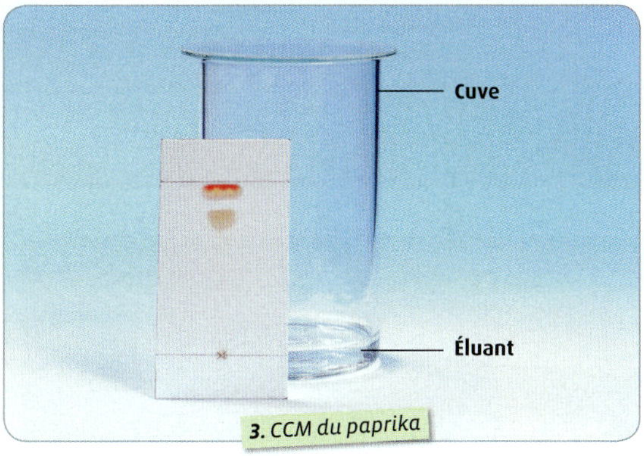

3. *CCM du paprika*

6 Réaliser une chromatographie sur couche mince pour séparer les constituants du paprika.
La chromatographie sur couche mince (CCM) permet de séparer les constituants d'un mélange.

EXPLOITATION

1 **DOC. 1 ET 2** Quelle technique utilise le peintre pour modifier la teinte du pigment bleu ? Quelle couleur obtient-il ?

2 **DOC. 3 ET 4** Quelles sont les couleurs des pigments observés sur le manteau rouge ? Justifier que la couleur rouge n'aurait pas été déposée par Véronèse.

3 **DOC. 2 ET 4** Comment le peintre obtient-il un vert clair ?

4 **DOC. 5 ET 6** Le paprika est-il constitué d'un seul pigment ? Justifier.

5 **EN CONCLUSION** Quelles informations sur les pigments et leurs mélanges a permis l'analyse du tableau de Véronèse et de la couleur du paprika ?

Voir Dico p. 187

PHYSIQUE-CHIMIE
ACTIVITÉ 2

Influence de paramètres sur la couleur d'un pigment ou d'un colorant

La couleur d'un pigment ou d'un colorant peut être modifiée : on parle de transformation chromatique. Il est ainsi possible de transformer de l'ocre jaune en ocre rouge. Le rouge carmin peut devenir orange ou violet.

Comment réaliser une transformation chromatique ?

Compétences : • *Pratiquer une démarche expérimentale pour mettre en évidence l'influence de certains paramètres sur la couleur.*

La transformation de l'ocre jaune en ocre rouge

ART ET SCIENCE

1 Peinture âgée de 17 000 ans sur les murs de la grotte de Lascaux (Dordogne). Les tonalités qui prédominent dans les peintures rupestres sont le jaune, le rouge et le noir. Les peintres de la préhistoire utilisaient des pigments naturels : des ocres pour le jaune et le rouge ; des os calcinés ou du dioxyde de manganèse pour le noir.

2 Ocre jaune du Roussillon (Vaucluse). L'ocre jaune est un pigment naturel d'origine minérale. Sa couleur est due à la présence d'un composé appelé limonite.

3 Couleur du pigment ocre jaune chauffé à différentes températures. Chauffé à des températures élevées, les molécules d'eau contenues dans le pigment ocre jaune disparaissent progressivement.

Variations autour du rouge carmin

ART ET SCIENCE

4 Peinture mexicaine au rouge carmin.
Les teintes violettes, rouges et orangées ont toutes été obtenues à partir de ce colorant naturel (à la différence d'un pigment, un colorant est soluble dans un solvant donné).

Les cochenilles sont des insectes qui se développent sur les figuiers de Barbarie (cactus en raquette originaire d'Amérique centrale). Les femelles adultes sont recoltées après la ponte. Chaque cochenille peut peser jusqu'à 5 g et contient, après séchage où elle perd 70 % de son poids, jusqu'à 20 % d'acide carminique, un colorant rouge. Les cochenilles sont écrasées au mortier en présence de quelques millilitres d'eau. Une filtration du contenu du mortier est réalisé. Seul le filtrat est conservé.

5 La préparation du rouge carmin à partir de cochenilles.

6 Effet du pH sur le rouge carmin.
Le pH est une grandeur qui permet d'évaluer si une solution aqueuse est acide (pH < 7), neutre (pH = 7) ou basique (pH > 7).

EXPLOITATION

1 **DOC. 1 ET 2** Quels pigments étaient couramment utilisés par les peintres de la préhistoire ?

2 **DOC. 1 À 3** Quelles teintes peuvent prendre les ocres ? Comment expliquer la couleur orange dans le processus de transformation de l'ocre jaune en ocre rouge ?

3 **DOC. 4 À 6** Quelle est la couleur du rouge carmin en milieu acide ? En milieu basique ? Combien de colorant(s) permet(ent) au peintre d'obtenir les teintes orange, rouge et violette ?

4 **EN CONCLUSION** De quels paramètres peuvent dépendre les transformations chromatiques de pigments tels que l'ocre jaune ou de colorants tels que l'acide carminique ?

Voir Dico p. 187

PHYSIQUE-CHIMIE

ACTIVITÉ 3

Synthèse additive et synthèse soustractive

Tout comme une peinture, un écran d'ordinateur ou une imprimante à jet d'encre donne des images colorées.

Les couleurs sont-elles rendues selon le même procédé dans le cas d'un écran, d'une peinture ou d'une imprimante ?

Compétences : • Distinguer synthèses soustractive et additive. • Exploiter un cercle chromatique. • Interpréter la couleur d'un mélange obtenu à partir de matières colorées.

La synthèse additive : écrans et vidéoprojecteurs

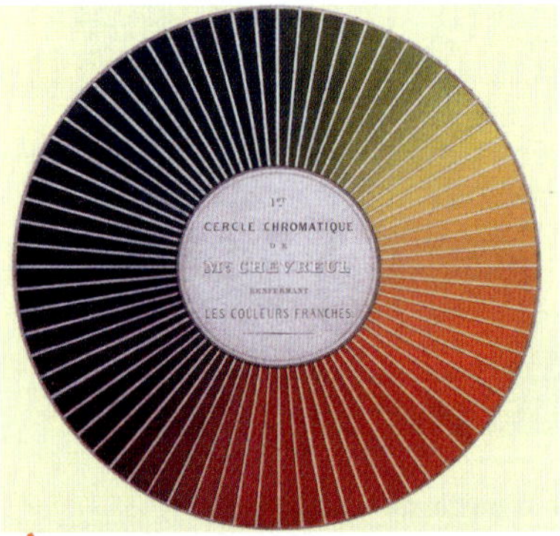

1 Cercle chromatique de Chevreul.
Mis au point par Michel-Eugène Chevreul (1786-1889), directeur de la Manufacture des Gobelins (Paris), le cercle chromatique représente une multitude de couleurs variant continûment. Deux couleurs symétriques par rapport au centre sont dites complémentaires.

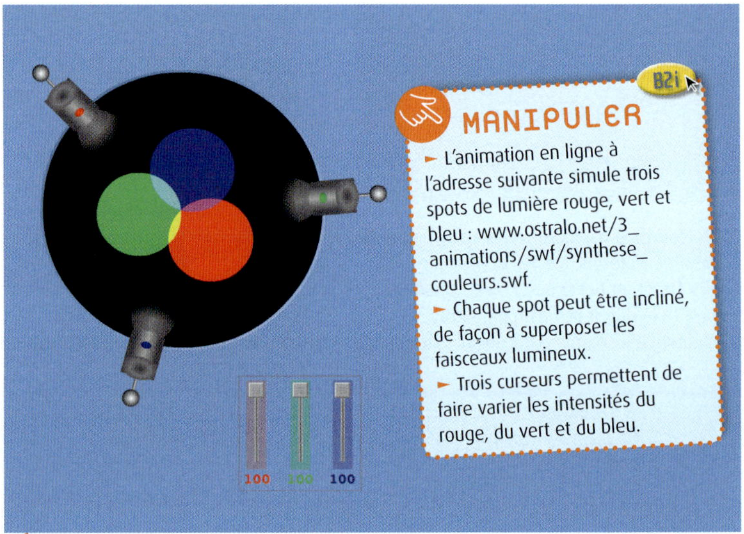

MANIPULER B2i

- L'animation en ligne à l'adresse suivante simule trois spots de lumière rouge, vert et bleu : www.ostralo.net/3_animations/swf/synthese_couleurs.swf.
- Chaque spot peut être incliné, de façon à superposer les faisceaux lumineux.
- Trois curseurs permettent de faire varier les intensités du rouge, du vert et du bleu.

2 Comprendre la synthèse additive des couleurs.
En absence de lumière, la couleur apparente est le noir. En additionnant la lumière de trois spots lumineux de couleur verte, bleue et rouge (les couleurs primaires de la synthèse additive), d'intensité variable, on peut reconstituer n'importe quelle teinte.

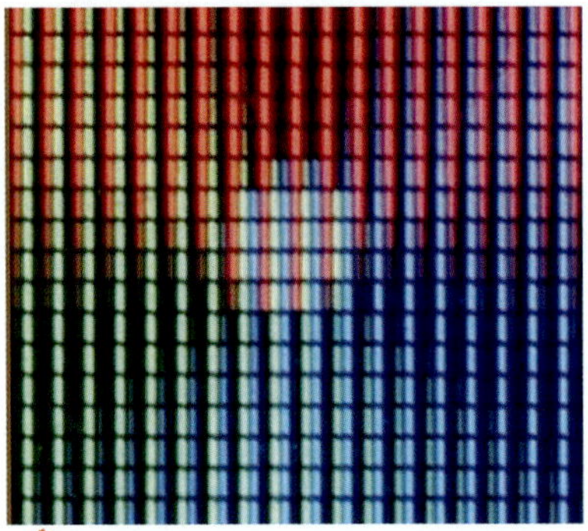

3 Photographie d'un écran plat d'ordinateur.
Un grand nombre de petits éléments de surface, les pixels, compose l'écran. Chaque pixel est constitué de trois « sous-pixels » colorés (bleu, vert et rouge), allumés ou éteints. L'addition des lumières bleue, rouge et verte émises par trois sous-pixels proches permet de recréer de nombreuses couleurs.

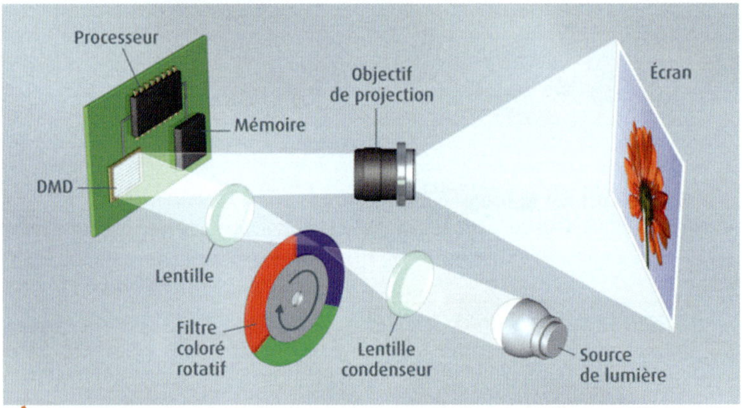

4 Le schéma de principe d'un vidéoprojecteur DMD.
Trois faisceaux de lumières rouge, vert et bleu sont produits par un filtre coloré rotatif. La puce DMD (Digital Mirror Display) du processeur est recouverte de centaines de milliers de micro-miroirs mobiles qui réfléchissent plus ou moins de lumière en fonction de leur orientation. L'objectif de projection recompose l'image sur un écran.

La synthèse soustractive : peinture et impression

5 Les étapes de réalisation d'une aquarelle. La peinture, comme l'impression, consiste à déposer des pigments colorés sur une surface blanche. Le mélange de deux peintures différentes donne une nouvelle teinte.

Comprendre la synthèse soustractive des couleurs. 6

En absence de filtre, la feuille réfléchit toutes les couleurs : elle apparaît blanche. Un filtre coloré absorbe une partie du spectre. La superposition de plusieurs filtres soustrait de nombreuses composantes colorées à la lumière. La superposition de 3 filtres cyan, magenta et jaune (les couleurs primaires en synthèse soustractive) donne du noir.

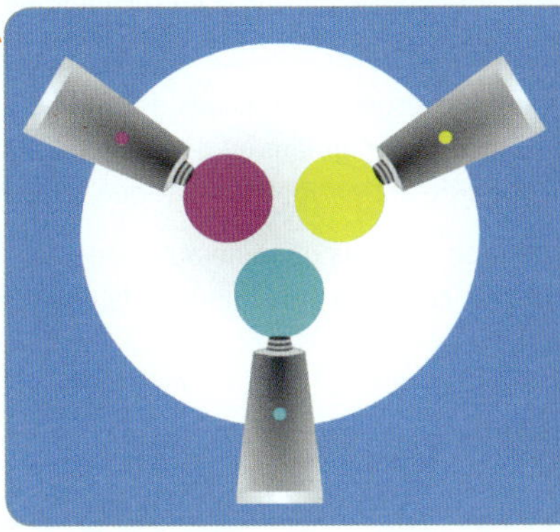

B2i

MANIPULER

- L'animation en ligne (voir doc. 2) simule trois filtres jaune, cyan et magenta.
- Chaque filtre peut être déplacé sur un fond blanc et superposé aux autres filtres.

7 L'impression en quadrichromie. Lors de l'impression, aux couleurs primaires jaune, magenta et cyan est adjointe une troisième encre (noire) qui permet de restituer les textes et les contrastes à moindre coût : il s'agit de quadrichromie.

EXPLOITATION

1. **DOC. 2 À 4** Quelles sont les couleurs utilisées par un écran d'ordinateur et un vidéoprojecteur ?
2. **DOC. 1 À 3** Comment produire du jaune en synthèse additive ? Quelle est sa couleur complémentaire ?
3. **DOC. 5 ET 7** Quel est l'effet de la superposition de pigments ou de filtres ?
4. **DOC. 1, 6 ET 7** Quelles sont les encres utilisées par l'imprimante pour le bleu du ciel ? Quelle est l'encre qui n'est pas utilisée ?
5. **EN CONCLUSION** Lorsque deux couleurs sont utilisées, quel est le rapport entre la couleur perçue et la couleur primaire manquante en synthèse additive ? en synthèse soustractive ?

Voir Dico p. 187

Couleurs et arts

Colorants et pigments

- Il existe deux types de matières colorées : les **colorants**, qui sont solubles dans le milieu dans lequel ils sont placés et les **pigments**, qui y sont insolubles. Une peinture est constituée d'un pigment, sous forme de poudre colorée qui est dispersée dans un liquide appelé **liant**.

- Une couleur peut être due à la présence d'un seul ou de plusieurs colorants ou pigments. La **chromatographie sur couche mince** (CCM) permet de séparer les éventuels constituants d'un mélange. Par exemple, la couleur du paprika est due à un mélange de pigments jaune, orange et rouge. **[Activité 1]** En revanche, la couleur de l'ocre jaune n'est due qu'à une seule espèce chimique. **[Activité 2]**

- La couleur de certaines espèces chimiques dépend de plusieurs paramètres : le pH et la température, par exemple. La couleur d'un pigment ou d'un colorant peut donc être modifiée en changeant ces paramètres. Il s'agit d'une **transformation chromatique**. **[Activité 2]**

- Des pigments naturels, extraits de minéraux, végétaux et animaux, sont utilisés depuis la Préhistoire. Depuis le XIXe siècle, les chimistes parviennent à fabriquer des pigments synthétiques au laboratoire.

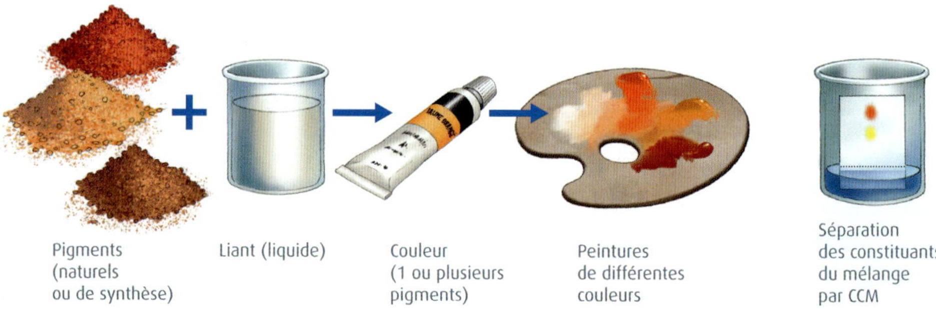

Le cercle chromatique

- Un **cercle chromatique** présente une variation continue des couleurs. Deux couleurs symétriques par rapport au centre sont dites **complémentaires**, par exemple le bleu et le jaune.

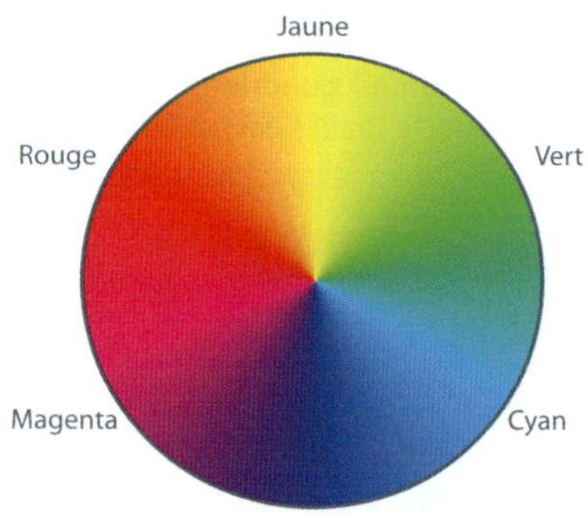

Cercle chromatique

La synthèse additive

• En superposant trois faisceaux de lumière bleue, verte et rouge, on obtient de la **lumière blanche**, qui contient toutes les couleurs : c'est le principe de la **synthèse additive**. Les **couleurs primaires** de la synthèse additive sont le bleu, le vert et le rouge. En additionnant dans diverses proportions ces trois couleurs, on parvient à obtenir toutes les couleurs. Le mélange de deux couleurs primaires donne la couleur complémentaire du faisceau manquant.

• La synthèse additive s'applique à tous les mélanges de lumières colorées tels que les spots, les vidéoprojecteurs, les écrans d'ordinateurs, etc. **[Activité 3]**

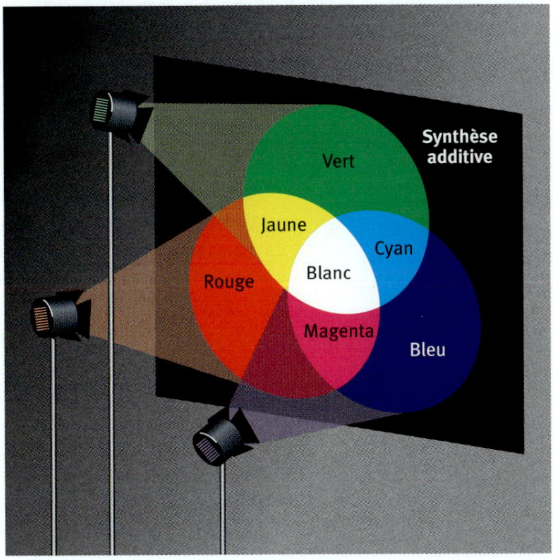

Synthèse additive des couleurs

La synthèse soustractive

• La superposition de trois filtres cyan, magenta et jaune, sur le trajet de la lumière blanche, suffit à supprimer toute la lumière transmise : on obtient donc du noir. En soustrayant à la lumière blanche ces trois couleurs, dites primaires en **synthèse soustractive**, dans diverses proportions, on peut obtenir toutes les couleurs. La superposition de deux filtres primaires donne naissance à la couleur complémentaire du filtre manquant.

• La synthèse soustractive est utilisée en peinture et par les imprimantes couleurs : la superposition de pigments ou d'encre filtre la lumière blanche de la toile ou de la feuille pour ne laisser passer que la lumière de la couleur désirée. **[Activité 3]**

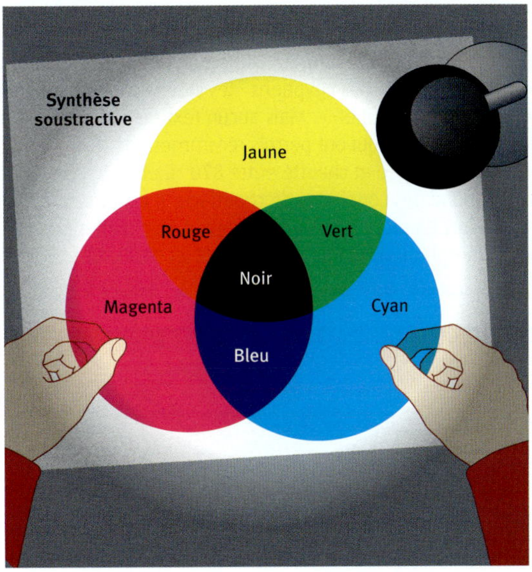

Synthèse soustractive des couleurs

Mots clés du chapitre

Voir Dico p. 187

- CCM
- Cercle chromatique
- Colorant
- Couleur complémentaire
- Couleur primaire
- Liant
- Lumière blanche
- Pigment
- Synthèse additive
- Synthèse soustractive
- Transformation chromatique

EXERCICES

Tester ses connaissances

1 Vrai ou faux

Parmi les affirmations suivantes, identifier celles qui sont fausses et rectifier-les.

a. Les couleurs primaires en synthèse additive sont : bleu, rouge vert.

b. Un vidéoprojecteur reconstitue la couleur jaune en émettant les lumières colorées primaires bleue et verte.

c. Si la photo d'un arbre dont le feuillage est de couleur verte est imprimée sur du papier rouge, le feuillage apparaît de couleur gris/noir.

d. La lumière émise par le Soleil est monochromatique.

2 Une phrase appropriée

Le tableau IKB3 d'Yves Klein (1960, Musée Georges Pompidou) apparait bleu lorsqu'il est éclairé en lumière blanche, gris lorsqu'il est éclairé en lumière verte.

À l'aide de vos connaissances, construire une phrase scientifiquement correcte permettant d'expliquer ces observations en utilisant les mots clés suivants : absorbe ; diffuse ; synthèse additive ; synthèse soustractive ; radiations colorées.

3 QCM

Pour chaque proposition, identifier la (ou les) bonne(s) réponse(s).

1. Lors d'un concert, un éclairage de lumière bleue :

a. est réalisé grâce à une source de lumière bleue.

b. est réalisé grâce à un filtre bleu placé devant une source de lumière blanche.

c. est complémentaire de la couleur jaune.

2. Une peinture représentant un Soleil de couleur orange :

a. est obtenue en mélangeant des pigments bleu et vert.

b. absorbe toutes les radiations de la lumière blanche.

c. diffuse la couleur orange.

S'entraîner avec un exercice guidé

4 Le bleu égyptien

La couleur bleue a été longtemps la couleur la plus rare. Pourtant, dès le IIIe millénaire avant J.-C., on retrouve l'utilisation de pigments bleus par les Égyptiens : les stèles, papyrus, sarcophages et décors monumentaux des temples étaient parés du célèbre « bleu égyptien ». Mais aucun texte égyptien n'en précise le procédé de fabrication. Ce sont les recherches menées au C2RMF* à Paris qui ont permis récemment de le découvrir : un mélange de composés calcaires, siliceux et cuivreux en proportion donnée et chauffé entre 870 °C et 1100 °C forme des cristaux de cuprorivaïte ($CaO.CuO.4SiO_2$) dont la nuance de bleu dépend des conditions de chauffage. Il est aussi possible d'obtenir du « vert égyptien » en utilisant les mêmes ingrédients en proportions différentes et en chauffant dans une atmosphère oxydante entre 900 °C et 1150 °C.

* C2RMF : Centre de recherche et de restauration des musées de France.

La Tombe de Tanethéréret (IIe millénaire avant J.-C.). Les pigments bleus et verts égyptiens sont présents.

Un peu d'aide

- **Mobiliser ses connaissances**
Définir une espèce chimique naturelle et de synthèse.
- **Saisir des informations**
Trouver dans le texte les conditions d'obtention des couleurs bleue et verte.
- **Raisonner**
Utiliser ses connaissances sur la synthèse soustractive pour expliquer comment obtenir une couleur particulière en peinture.

1. Les pigments égyptiens cités dans ce texte sont-ils des pigments naturels ou de synthèse ?
2. Quel paramètre influe sur la couleur du « bleu égyptien » ?
3. Citer, à partir du texte, les conditions expérimentales d'obtention du « vert égyptien ». Quel mélange peut-on réaliser, en peinture par exemple, pour créer une couleur verte à partir du pigment bleu ? Justifier la réponse.

OBJECTIF BAC
page 56

5 Le blanc le plus lumineux

Mobiliser ses connaissances et raisonner

Un pigment blanc courant est le dioxyde de titane (TiO_2), utilisé dès les années 1920 par de nombreux peintres modernes comme Picasso, Pollock, Miro ou Dubuffet. Ce pigment blanc a un très fort pouvoir diffusant, ce qui en fait un des plus lumineux. Le dioxyde de titane a de nombreuses autres utilisations dans les cosmétiques, papiers, matériaux de construction, etc.

« Vache blanche, fond vert », gouache et huile sur papier de Jean Dubuffet, 1954. Paris, musée national d'Art moderne – Centre Georges Pompidou.

1. Justifier pourquoi la vache apparait de couleur blanche lorsque le tableau est éclairé par la lumière du Soleil.
2. À partir du texte, justifier pourquoi le dioxyde de titane est un des pigments blancs les plus lumineux.
3. Quels sont les pigments colorés que doit utiliser l'artiste pour peindre le fond du tableau qui apparaît vert en lumière blanche ? Doit-il les utiliser dans des proportions identiques ?
4. Comment apparaîtrait la vache si le tableau était éclairé en lumière verte ?

6 Choix d'une encre d'impression

Mobiliser ses connaissances et argumenter

Les impressions à jet d'encre sont très répandues et utilisées par les artistes et le grand public pour produire des tirages numériques. Cependant, certains colorants utilisés dans les encres sont instables à la lumière comme le montrent les images ci-contre.

Images numériques.

1. Analyser ces images et indiquer les colorants instables à la lumière. Argumenter la réponse.
2. Une encre noire peut être réalisée en mélangeant trois encres : magenta, jaune et cyan. Expliquer pourquoi.
3. On réalise une CCM de cette encre noire dans un solvant adéquat. Combien de taches obtiendrait-on sur le chromatogramme obtenu après élution ? Justifier la réponse.
4. Les imprimeurs utilisent quatre encres pour réaliser leurs tirages couleurs : magenta, jaune, cyan et noir. Argumenter le fait qu'il vaut mieux utiliser l'encre noire plutôt que le mélange des 3 couleurs pour l'impression.

7 Altération des vitraux de la Sainte-Chapelle

Mettre en relation des informations et raisonner

Le verre, constitué essentiellement de silice (SiO_2), est incolore. Sa coloration est possible en introduisant dans la matrice verrière des ions métalliques. La couleur obtenue dépend de la nature de l'ion métallique. Des études menées par le CNRS ont ainsi montré que des vitraux verts de la Sainte-Chapelle, datant du Moyen Âge, contiennent des ions potassium. Certains vitraux sont altérés par les pluies acides et perdent de leur intensité. Les ions potassium K^+ et les ions oxonium H_3O^+, à l'origine du caractère acide de l'eau de pluie, sont de taille très semblable et peuvent donc s'échanger mutuellement.

Vitrail de la Sainte-Chapelle (Paris) altéré par les pluies acides.

1. Expliquer pourquoi un vitrail apparaît vert lorsqu'il est éclairé par la lumière du Soleil.
2. Quel est l'ion métallique utilisé dans les vitraux analysés de la Sainte-Chapelle ?
3. Justifier le fait que le vitrail peut être décoloré par les pluies acides.

La Science et vous

« L'œuvre se situe dans l'œil de celui qui regarde. »

Marcel Duchamp (1887-1968), artiste peintre

Chimie au quotidien

La couleur rose du flamant

Flamants roses en Camargue.

Le flamant (de flamme pour sa couleur feu) rose est l'espèce de flamants la plus répandue au monde (500 000 à 800 000 individus).
Grâce aux fanons de son bec, l'oiseau filtre la vase (environ 1 000 litres par jour) et avale ainsi des microcrustacés (*Artemia salina*). Ces derniers se nourrissent eux-mêmes d'une algue, la *Dunaliella*, qui contient un pigment jaune-orange, l'astaxanthine. Lors du métabolisme du flamant rose, les molécules d'astaxanthine sont oxydées grâce à une enzyme et transformées en molécules de phoenicoptérine qui constituent le pigment rose visible sur le plumage des oiseaux.

1 Quelle est l'origine de la couleur rose du flamant ?

2 Citez la molécule responsable du pigment rose visible sur les plumes des flamants roses.

3 Quel serait l'effet de la disparition de l'algue *Dunaliella* sur la couleur des flamants ?

Histoire des sciences

Goethe et Newton : la querelle des couleurs

Au XVIIIe siècle, le poète, écrivain, philosophe et scientifique Goethe remet en question la théorie scientifique établie quelque cent ans plus tôt par Isaac Newton, mathématicien et physicien anglais, sur la nature des couleurs. Un siècle plus tard, le prix Nobel de physique Werner Heisenberg (1901-1976) conclura que les deux théories correspondent à « des couches différentes de la réalité ».

« Durant la seconde moitié du XVIIe siècle, la nature des couleurs se précise, notamment avec les expériences de Newton sur la décomposition de la lumière par un prisme. Il émet l'hypothèse que la couleur est dans la lumière et non dans le verre : la lumière blanche serait un mélange de toutes les couleurs. La couleur acquiert le statut d'un phénomène objectif.
Puis le poète, écrivain et homme de science allemand Goethe s'insurge contre cet aspect purement physique du phénomène. Il publie en 1810 un essai scientifique, *De la théorie des couleurs*. Selon lui, la couleur a une dimension subjective. Protestation de poète plus que de savant, mais, pourtant, les exemples abondent qui confirment la nature subjective des couleurs. Ainsi, la couleur et l'aspect des objets changent selon le rayonnement qui les éclaire. [...] Si Goethe s'est intéressé aux aspects physiologiques et physiques de la couleur, il a aussi abordé sa composante psychologique et son rôle sur l'humeur, indiquant que le jaune procure une "impression chaude et agréable" alors que le bleu donne une "sensation de froid". ■ »

F. Pétry, « Jeux de couleurs », *Pour la Science*, juin 2009.

1 À partir du texte, donnez d'autres exemples confirmant la nature subjective des couleurs.

2 Commentez la citation de Heisenberg en vous appuyant sur des phrases du texte et sur vos connaissances.

PLUS LOIN AVEC INTERNET B2i

✔ À cette adresse, l'animation « dispersion par un prisme » permet observer l'effet d'un prisme sur la lumière blanche : www.ostralo.net/3_animations/swf/dispersion.swf

Art et Science

Des photos colorées révolutionnaires

Au début du XXe siècle, les frères Lumière révolutionnent la photographie en inventant un nouveau procédé permettant d'obtenir des photos colorées : les autochromes.
Le principe est le suivant : des fécules de pommes de terre teintées (rouge, verte et bleu) sont déposées sur une plaque de verre recouverte d'une plaque photosensible. Lors de la prise de la photographie, l'exposition à la lumière « noircit » certains grains colorés de la plaque qui ne laissent donc plus passer la lumière. Une fois les clichés projetés apparaissent des zones de différentes couleurs.

1. À partir de l'animation suivante, dites si le principe des autochromes repose sur la synthèse additive ou soustractive : www.cnrs.fr/cw/dossiers/dosart/decouv/autochromes/diapo_auto/4.html
2. À partir de cette même animation, expliquez pourquoi il est possible d'observer de la lumière rouge lors de la projection de la plaque autochrome.
3. Pourquoi est-il possible d'obtenir la couleur blanche du tipi sur la photo autochrome ci-contre ?

Une photographie autochrome.

PLUS LOIN AVEC INTERNET B2i

✔ À cette adresse, les différentes étapes de fabrication des plaques autochromes : www.autochromes.culture.fr/index.php?id=215&L=0

Science in English

Colored Contact lenses

On the website www.allaboutvision.com there is this text about contact lenses: "The companies that make colored contact lenses have gone all out to mimic the natural look of the colored portion of the eye, called the iris. [...] But the center of the lens, the part that lies over your pupil, is clear so you can see. [...] Although there are different sized lenses to fit most wearers, there will be some occasions (such as during blinking) where the colored portion may slide somewhat over the pupil. Also, the size of your pupil is constantly changing to accommodate varying light conditions, so sometimes, like at night, your pupil may be larger than the clear center of the lens. In these instances, your vision may be slightly affected."

All ColorBlends lenses use three separate dot patterns, combined onto one lens, for natural-looking colors.

1. Explain why vision may be affected at night, when the pupil is larger than the center of the lens.
2. In the case of green lenses, what color will be seen by wearers?
3. Explain why a person with blue eyes wearing yellow lenses seems like a person with green eyes.

PLUS LOIN AVEC INTERNET B2i

✔ www.allaboutvision.com/contacts/colors.htm#ixzz1FpyFRdRM

1 PC/SVT La vision d'un daltonien

Partie 1

Le daltonisme est une anomalie de la vision des couleurs qui touche essentiellement les hommes. Elle prend des formes variables plus ou moins gênantes dans la vie des personnes concernées.

1. Représentation du spectre coloré de la lumière blanche tel qu'il est perçu par un individu normal (en haut) et par d'un individu atteint de daltonisme du vert (en bas) (1 % de la population masculine française).

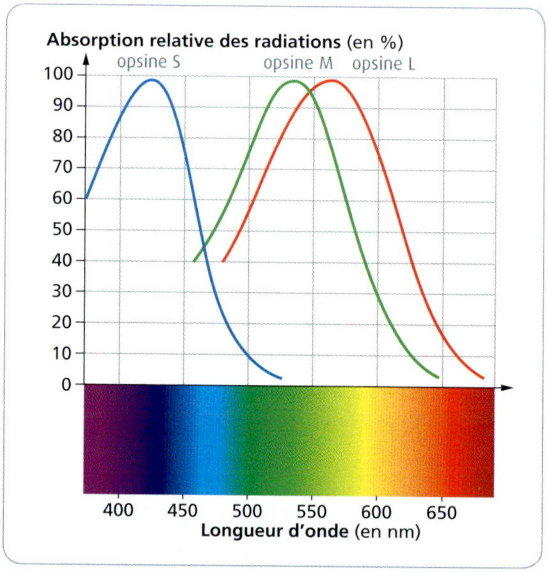

2. Spectre d'absorption des pigments présents dans trois types de cellules rétiniennes, les pigments à opsines S, M et L.

1. À partir des informations apportées par les doc. 1 et 2 et de vos connaissances, émettre une hypothèse expliquant ce cas de daltonisme.
2. Le magenta est la couleur complémentaire du vert. L'individu peut-il voir le magenta ?
3. Discuter la possibilité pour cet individu d'exercer certains métiers comme : le pilotage d'un avion de ligne, le travail dans un laboratoire médical, le textile, l'imprimerie, la peinture, la photographie ou le cinéma, la gestion d'un étal de fruits et légumes.

2 PC Les verres progressifs

Partie 2

Le document ci-dessous représente une vue de face et en coupe d'un verre de lunette dit progressif, c'est-à-dire de distance focale variable.

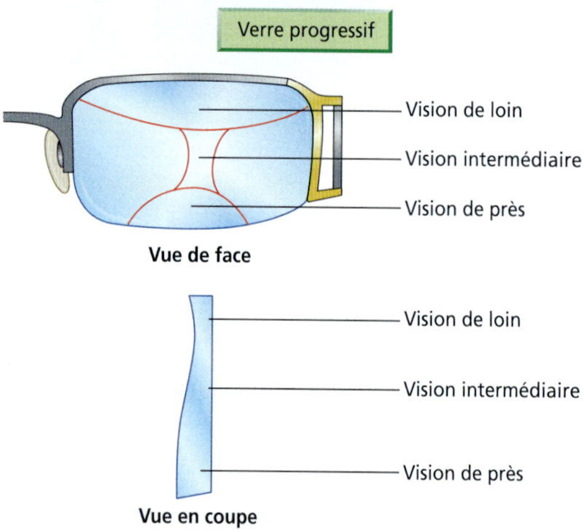

Pour chaque proposition, identifier la ou les bonnes réponse(s) :

1. Il s'agit d'une lentille : **a.** convergente pour la vision de loin et convergente pour la vision de près ; **b.** convergente pour la vision de loin et divergente pour la vision de près ; **c.** divergente pour la vision de loin et convergente pour la vision de près ; **d.** divergente pour la vision de loin et divergente pour la vision de près.
2. La vision de loin est corrigée car il s'agit de lunettes adaptées à : **a.** un œil emmétrope ; **b.** un œil hypermétrope ; **c.** un œil myope ; **d.** un œil presbyte.
3. La vision de près est corrigée car il s'agit de lunettes adaptées à : **a.** un œil emmétrope ; **b.** un œil hypermétrope ; **c.** un œil myope ; **d.** un œil presbyte.
4. L'intérêt des verres progressifs est de pouvoir corriger : **a.** tous les défauts de vision ; **b.** l'hypermétropie ; **c.** la myopie ; **d.** la presbytie et un autre défaut parmi la myopie et l'hypermétropie.
5. Conclure sur la ou les correction(s) rendue(s) possible(s) par les verres progressifs et donc sur l'intérêt de ceux-ci.

3 SVT Lumière et maturation du cerveau

Partie 3

L'amblyopie désigne toute baisse de l'acuité visuelle, c'est-à-dire de la capacité à percevoir des détails de petite taille, et ceci quelle qu'en soit la cause.

Chez le singe, le masquage constant d'un œil pendant quelques jours, pratiqué avant la huitième semaine de vie de l'animal, le conduit à une amblyopie durable de cet œil qui est pourtant parfaitement normal. Cependant si, pendant cette période de 8 semaines, l'on masque dans un second temps l'autre œil après avoir libéré le premier, la fonction de l'œil amblyope est totalement restaurée.
Chez l'Homme, on peut faire des observations similaires : un nourrisson souffrant de cataracte précoce unilatérale, une anomalie due à l'opacité du cristallin, devient amblyope de façon définitive si on ne procède pas suffisamment tôt – entre l'âge de 6 semaines et un an à peu près – à une ablation du cristallin. Après l'opération, il est indispensable de rééduquer l'œil opéré en masquant temporairement l'œil sain de façon à stimuler de manière préférentielle l'œil amblyope.

1. **Des causes de l'amblyopie.**

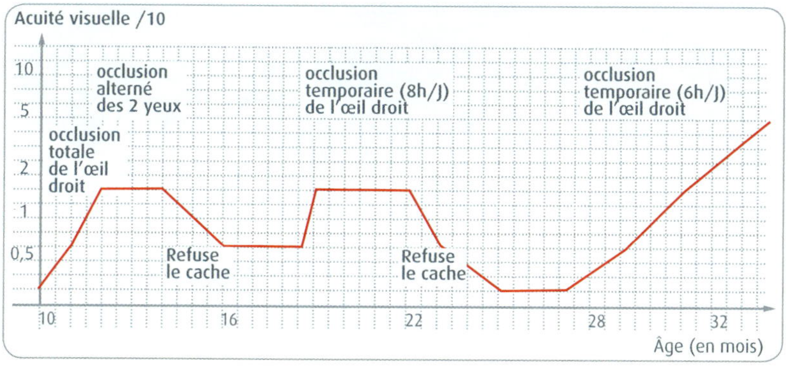

2. **Évolution de l'acuité visuelle chez un enfant atteint d'une amblyopie de l'œil gauche et traité par occlusion temporaire de l'œil droit.**

❶ À partir des informations extraites du doc. 1 et de vos connaissances, formuler une hypothèse expliquant l'amblyopie apparue chez le singe et chez le nourrisson.

❷ Que peut nous apprendre la restauration de l'acuité visuelle sur certaines propriétés du cerveau ?

❸ À partir des informations extraites du doc. 2, décrire l'évolution de l'acuité visuelle de l'œil amblyope en fonction du traitement et du comportement de l'enfant au cours du temps. Formuler une hypothèse expliquant la baisse périodique de l'acuité visuelle.

4 PC Le cercle chromatique de Chevreul

Partie 2

❶ Le chimiste Michel-Eugène Chevreul (1786-1889) s'est intéressé aux pigments pour les teintures en tant que directeur de la manufacture des Gobelins.

1.a. Quel est le type de synthèse colorée mise en jeu dans le cas des teintures ?

1.b. Quelles en sont les couleurs primaires ?

❷ Professeur au Muséum d'histoire naturelle, Chevreul a développé une théorie des couleurs et fait émerger dans son ouvrage *De la loi du contraste simultané des couleurs* le concept de couleur complémentaire. Sur son cercle chromatique (doc. 1), qui sert de base pour l'étude des nuances colorées, deux couleurs complémentaires sont symétriques par rapport au centre.

Quelle est la couleur complémentaire du bleu sur le cercle chromatique de Chevreul ?

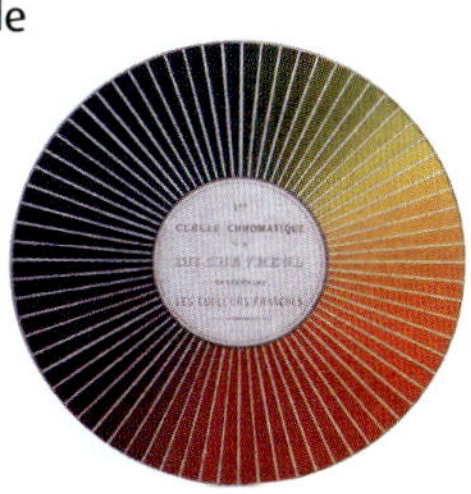

1. **Le cercle de Chevreul.**

2. **G. Seurat, *La Parade* (1889), détail montrant la technique du pointillisme.**

❸ Les travaux de Chevreul, pour qui « deux couleurs complémentaires s'éclairent mutuellement », ont influencé des peintres comme Georges Seurat. Dans son tableau *La Parade*, la peau d'un homme est représentée par petites touches de deux couleurs juxtaposées : le bleu et sa couleur complémentaire (doc. 2).

3.a. Quel est l'effet coloré de la proximité de ces deux couleurs complémentaires juxtaposées ?

3.b. Pourquoi Seurat n'utilise-t-il pas simplement une unique couleur ?

THÈME

2 Nourrir l'humanité

Le développement de la production agricole dans le monde (ici en Nouvelle-Zélande) s'est accompagné d'un recours croissant aux engrais, aux pesticides et à l'irrigation.

1 Comment nourrir 7 milliards d'êtres humains ?

2 Comment aller vers une agriculture durable ?

L'agriculture intensive à son revers : la dégradation et la pollution de l'environnement, laquelle peut engendrer des problèmes de santé.

Certaines techniques de conservation sont ancestrales et universelles. Au fil du temps, elles ont largement évolué en parallèle des découvertes scientifiques.

3 Comment conserver les aliments ?

Sommaire

MOBILISER SES ACQUIS

1. En quoi consiste la photosynthèse ?

La photosynthèse par un végétal chlorophyllien

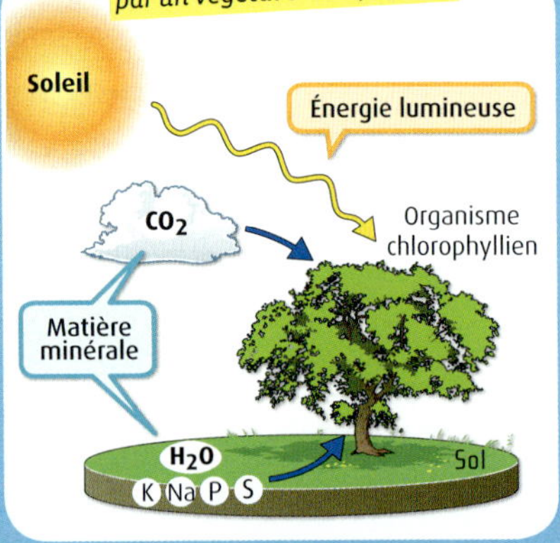

Récolte de blé

1. Quels éléments de l'environnement sont nécessaires à la photosynthèse ? Quels organes de la plante la réalisent ?
2. Quels sont les produits de la photosynthèse ?
3. Comment l'Homme utilise-t-il à son profit la photosynthèse ?

mots clés

Biomasse : quantité de matière vivante (animale et/ou végétale) présente à un moment donné dans un lieu donné.

2. Qu'est-ce qui caractérise le monde vivant ?

Des espèces dans un même milieu

Une expérience de transgenèse

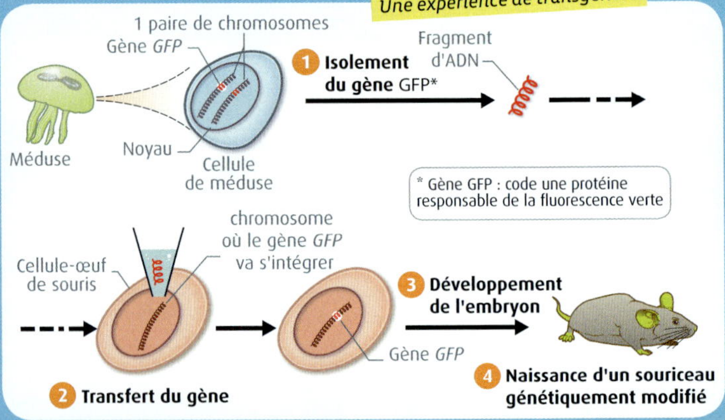

1. Rappeler ce que désigne le terme « biodiversité ».
2. En quoi les besoins d'une espèce animale diffèrent-ils de ceux d'une espèce chlorophyllienne ? En quoi le fonctionnement d'une cellule animale est-il similaire à celui d'une cellule végétale ?
3. En quoi la transgenèse confirme-t-elle que l'ADN est le support de l'information génétique ?

Gène : séquence d'ADN codant pour une protéine donnée ; un gène peut exister sous différentes versions appelées « allèles ».

Transgenèse : transfert d'un gène prélevé sur un organisme dans des cellules d'un autre organisme.

Vers une agriculture durable au niveau de la planète

Sommaire

SVT

ACTIVITÉ 1

Agrosystèmes et productions alimentaires

Pour se nourrir, l'Homme cultive les sols et élève des animaux. Il transforme ainsi des écosystèmes naturels en « agrosystèmes ».

Qu'est-ce qu'un agrosystème et comment l'Homme les exploite-t-il pour se nourrir ?

Compétences : • Comparer les bilans d'énergie et de matière d'un écosystème et de différents agrosystèmes et la part d'intervention de l'Homme. • Montrer que consommer de la viande ou un produit végétal n'a pas le même impact écologique.

Comprendre le fonctionnement d'un agrosystème

Récolte de pommes de terre

- Printemps : mise en terre de tubercules (1 à 3 tonnes par ha).
- Juin à octobre : chaque tubercule forme un plant produisant environ 15 nouveaux tubercules.
- Rendements : jusqu'à plus de 40 t.ha^{-1}.

Élevage intensif de poulets

- Nombre de poulets au m^2 : 24 (élevage intensif) à 10 (élevage « label rouge »).
- Nombre de jours pour atteindre une masse de 2 kg : 40 (intensif) à 80 jours (« label rouge »).

1 Deux exemples d'agrosystèmes.
Dans un agrosystème, l'intervention de l'Homme vise à favoriser le développement d'une espèce vivante afin de produire des matières végétales ou animales à des fins alimentaires, industrielles ou énergétiques (agrocarburants).

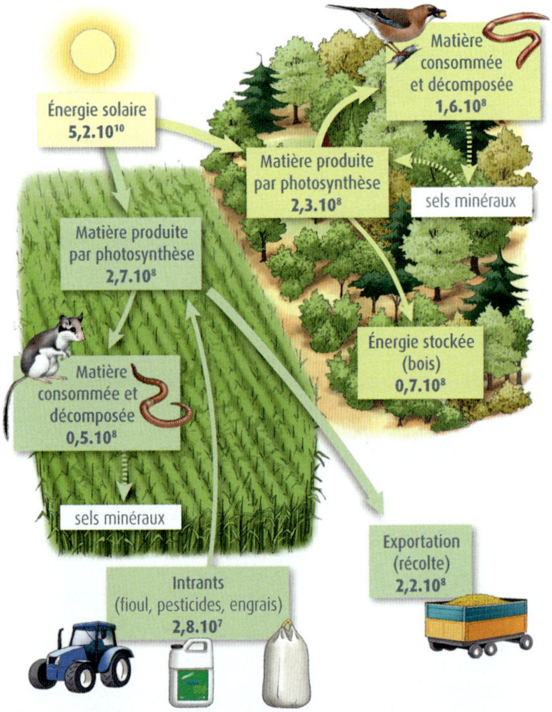

2 Bilans d'énergie d'un agrosystème (champ de maïs) et d'un écosystème (forêt de feuillus) géographiquement proches (moyennes en kJ.ha^{-1}.an^{-1}).

	Champ cultivé	Forêt naturelle
Productivité (biomasse produite)	15 t.ha^{-1}.an^{-1}	12 t.ha^{-1}.an^{-1}
Eau sous forme de précipitations	900 mm soit 9000 m^3.ha^{-1}	
Eau sous forme d'irrigation	180 mm soit 1800 m^3.ha^{-1}.an^{-1}	0
Graines semées	0,02 t.ha^{-1}.an^{-1}	0
Apport d'engrais	0,16 t.ha^{-1}.an^{-1}	0
Exportation de biomasse	12 t.ha^{-1}.an^{-1}	0

3 Bilans de matière d'un agrosystème (champ de maïs) et d'un écosystème (forêt de feuillus) géographiquement proches.

Comparer des productions alimentaires et leur impact écologique

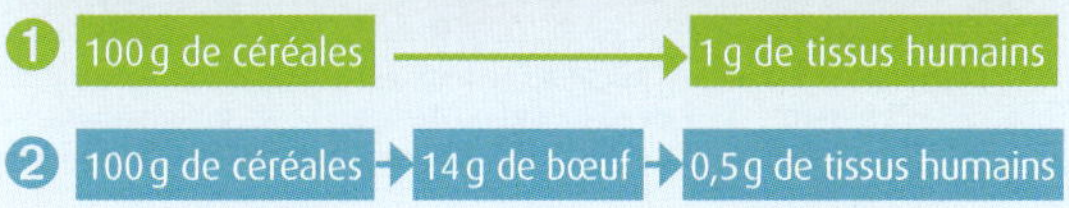

4 Les flux de matière dans deux chaînes alimentaires. L'agriculture produit 1100 kJ/jour/habitant, ce qui serait suffisant pour satisfaire les besoins énergétiques de 7 milliards d'individus. Mais sur ce total, près du tiers sert à nourrir le bétail (plus de la moitié dans les pays riches).

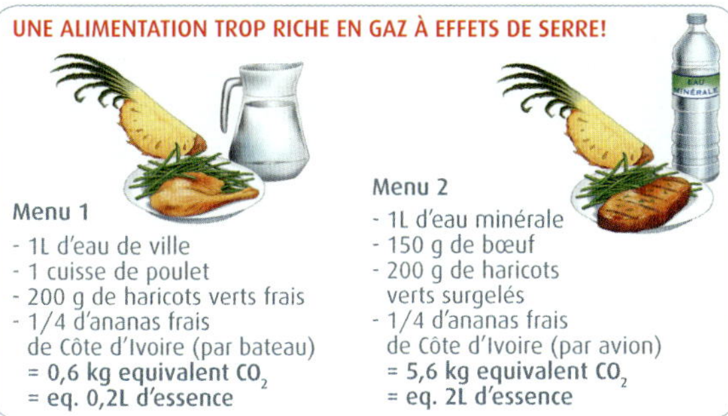

6 Des gaz à effet de serre (GES) dans l'assiette (d'après ADEME et ministère de l'Écologie et du développement durable). En France, l'agriculture produit plus de 20 % des GES. Il s'agit : du protoxyde d'azote (N_2O) émis lors de la fabrication et l'utilisation d'engrais pour les cultures végétales ; du méthane (CH_4) émis par les ruminants ; et du dioxyde de carbone (CO_2) produit par la consommation énergétique (engins et bâtiments).

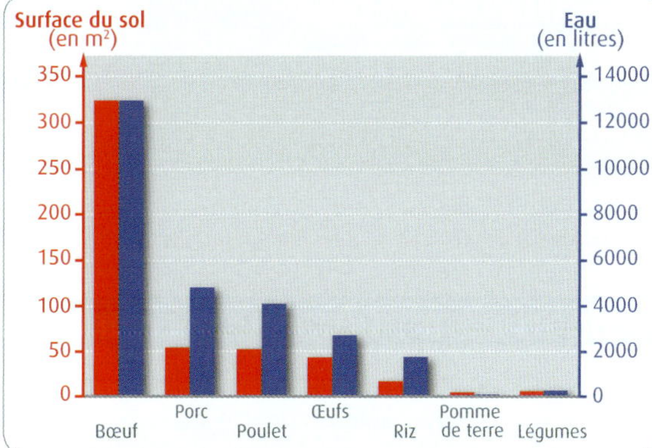

5 Surface de sol et volume d'eau nécessaires pour produire 1 kg de matière animale ou végétale.

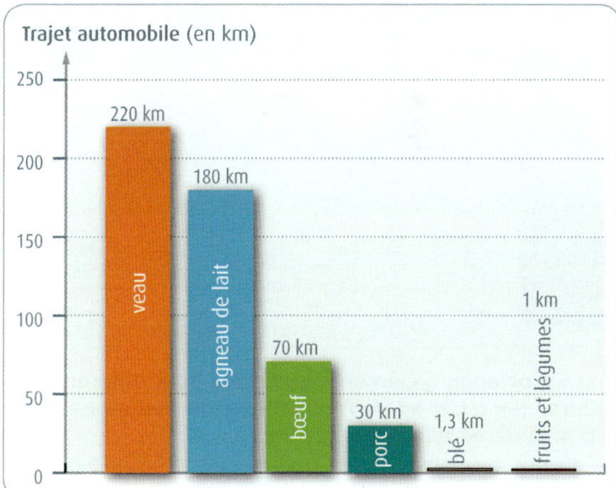

7 Équivalent en km parcourus en voiture des émissions de GES pour la production de 1 kg de quelques aliments.

EXPLOITATION

1. **DOC. 1 À 3** Indiquer en quoi l'agrosystème est un écosystème « artificiel ».
2. **DOC. 4** Comparer les rendements (matière ingérée/matière produite) des consommateurs finaux des deux chaînes alimentaires ; proposer une explication aux résultats.
3. **DOC. 5** Expliquer en quoi produire de la viande est plus « coûteux » que produire un aliment végétal.
4. **DOC. 4 À 7** Expliquer en quoi consommer de la viande ou consommer un produit végétal n'a pas le même impact sur l'environnement.
5. **EN CONCLUSION** Montrer en quoi les agrosystèmes permettent de nourrir les hommes, et que le choix d'une alimentation riche en viande ou en végétaux a son importance dans une perspective de développement durable.

Voir Dico p. 187

SVT

ACTIVITÉ 2

L'amélioration des rendements agricoles

L'augmentation des besoins en aliments pour faire face à l'accroissement de la population a conduit l'Homme à améliorer les rendements des agrosystèmes.

Comment améliorer les rendements agricoles ?

Compétences. • *Expliquer, à partir de résultats simples de croisements, le principe de la sélection génétique.* • *Relier les progrès de la science et des techniques à leur impact sur l'environnement au cours du temps.*

Apport de matière et croissance végétale

ARGUMENTER/DÉBATTRE → page 88

	NO_3	P_2O5	K_2O	CaO	MgO	SO_2
Maïs	22	10	20,8	5	4,5	7
Riz	22	5	17,5	-	-	37,5
Colza	53	20	90	8	14	68

1 Exportation d'éléments minéraux pour différentes cultures (en g par kg de récolte) lors du prélèvement de la biomasse végétale à la récolte.
Ces éléments minéraux n'étant pas restitués au sol, la fertilité du sol diminue au fur et à mesure des récoltes. L'érosion des sols, souvent laissés nus après récoltes, accroît ce phénomène.

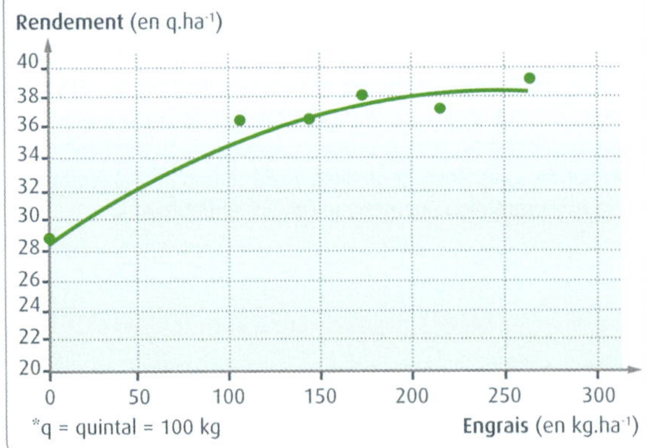

3 Évolution du rendement du colza pour différentes doses d'engrais azotés. Les engrais azotés contiennent des nitrates ou des ions ammonium, c'est-à-dire des ions minéraux comprenant l'atome d'azote N. La fertilisation azotée désigne l'apport d'engrais azotés à une culture.

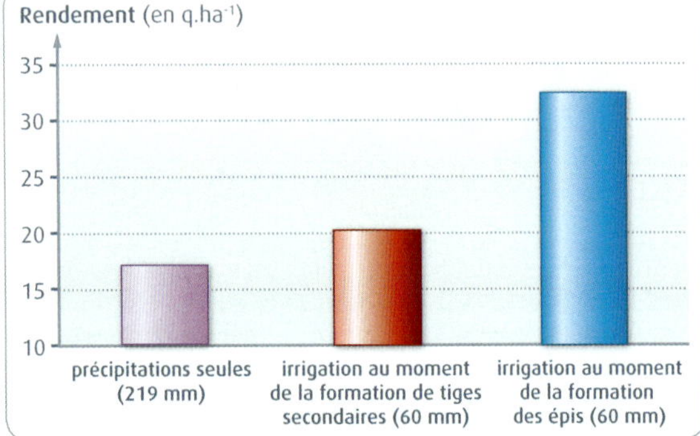

2 Effets de l'irrigation sur le rendement (essais INRA réalisés sur le blé tendre au Maroc).
L'agriculture est le principal consommateur d'eau douce dans le monde. Des techniques comme le goutte à goutte sont nettement plus économes que l'arrosage traditionnel.

	Variété de blé sensible aux maladies	Variété de blé peu sensible aux maladies
Perte de rendement attendu sans traitement	2,5 t par ha	1 t par ha
Perte financière (cours d'achat du blé au producteur : 180 € la tonne)	450 € par ha	180 € par ha
Coût du traitement pesticide	90 € par ha	50 € par ha

4 Effets des pesticides sur le rendement de deux variétés de blés et gains attendus.
Dans un agrosystème, l'Homme privilégie la croissance d'une seule espèce et cherche à éliminer les autres êtres vivants (plantes indésirables, ou adventices, parasites, ravageurs, etc.) qui limitent le développement de l'espèce cultivée. Les produits phytosanitaires (dont les pesticides) sont utilisés à cette fin.

La sélection d'individus productifs

ARGUMENTER/DÉBATTRE
page 72

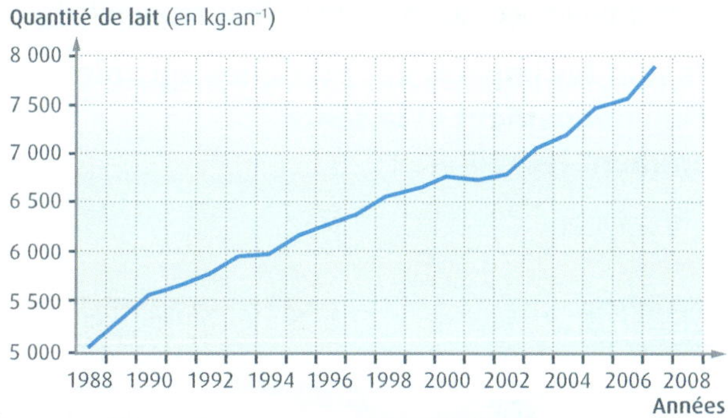

5 Exemple d'amélioration d'une race de vache : évolution de la production laitière chez la race Prim'Holstein.
L'essentiel de l'amélioration de la production laitière (quantité de lait produite et richesse en protéines) est liée à la sélection génétique des individus (croisements entre individus de lignées performantes).

« Le saumon d'AquaBounty (1) est un saumon de l'Atlantique auquel on a ajouté deux gènes. L'un, issu du saumon Chinook, favorise la production d'une hormone de croissance. Il est associé à un autre gène issu d'un autre poisson codant une protéine qui joue le rôle d'un "antigel" pour permettre à l'animal de se développer même dans une eau froide. Résultat : le "super saumon" atteint sa taille optimale en 16-18 mois, contre 30 pour un individu "normal" (2).
La controverse porte sur les risques accrus d'allergies alimentaires pour l'Homme liés à ce "super saumon". Autre sujet d'inquiétude : les conséquences d'un mélange d'individus OGM produits en élevage avec des espèces sauvages, en cas de fuites accidentelles. »

D'après Figaro.fr 21 octobre 2010

6 Exemple d'amélioration d'une espèce animale : la transgenèse chez le saumon de l'Atlantique.
Ce « super saumon » pourrait devenir le premier animal OGM à entrer dans l'alimentation des Américains.
En 2010, il n'était pas encore autorisé à la vente.

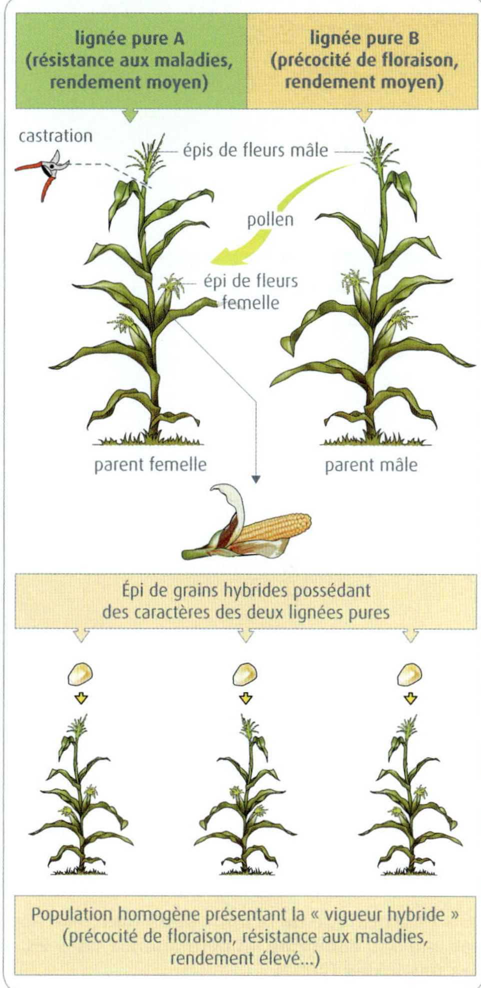

7 Exemple d'amélioration d'une espèce cultivée : la technique d'obtention d'hybrides chez le maïs.

EXPLOITATION

1 DOC. 1 À 4 Identifier les différentes matières apportées aux cultures et expliquer en quoi ces apports permettent d'élever les rendements.

2 DOC. 5 À 7 Identifier les différentes qualités des races animales ou espèces végétales améliorées et présenter les avantages apportés par ces individus dans un agrosystème.

3 DOC. 5 À 7 Montrer comment l'Homme intervient sur les caractéristiques génétiques animales ou végétales. Ces caractéristiques sont-elles héréditaires ?

4 EN CONCLUSION Rappeler les facteurs possibles de l'augmentation des rendements des agrosystèmes. Identifier ses objectifs et ses avantages et suggérer des inconvénients liés à la recherche de rendements élevés.

Voir Dico p. 187

SVT

ACTIVITÉ 3

Produire mieux dans le respect de l'environnement et de la santé

Depuis plusieurs décennies, les pratiques culturales ont permis d'accroître les rendements. Mais ces pratiques peuvent avoir un impact sur la santé et l'environnement.

Quels sont les impacts des pratiques agricoles sur l'environnement et la santé et comment les réduire ?

Compétences : • *Relier les progrès de la science et des techniques à leur impact sur l'environnement au cours du temps.* • *Étudier l'impact sur la santé ou l'environnement de certaines pratiques agricoles.*

Impacts sur l'environnement et la santé

ARGUMENTER/DÉBATTRE page 89

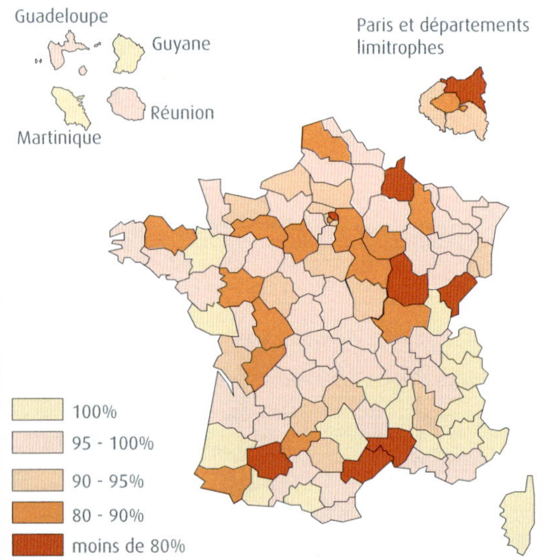

1 Pourcentage de la population française alimentée par une eau conforme en permanence vis-à-vis des pesticides (2008).

« En une journée, un enfant de 10 ans est susceptible d'être exposé, par son alimentation, à 128 résidus chimiques provenant de 81 substances différentes [dont 36 pesticides]. Quarante-deux d'entre elles sont classées "cancérigènes possibles ou probables" et 5 "cancérigènes certaines". Trente-sept substances sont aussi des perturbateurs endocriniens*. [...]
Certes, les limites légales pour chaque substance prise individuellement sont respectées dans la quasi-totalité des cas. Mais [...] *"Les effets de synergies probables induits par l'ingestion de tels cocktails contaminants ne sont pas pris en compte et le risque final pour le consommateur est probablement très sous-estimé"*, affirment les auteurs de l'enquête. »

* molécules qui perturbent les fonctions des hormones.

« Des résidus dans l'assiette des enfants », *Le Monde*, 2 décembre 2010

2 Des effets possibles des pesticides sur la santé.

- *Environnement.* L'excès d'azote déversé par les rivières provoque en mer la prolifération d'algues vertes, responsable de « marées vertes ». Il favorise aussi le développement du phytoplancton qui peut contaminer les coquillages consommés par l'Homme.
- *Santé.* Le principal risque est lié à la faculté de l'organisme de transformer les nitrates en nitrites qui réduisent les capacités de transport du dioxygène par l'hémoglobine du sang. Les plus exposés sont les nourrissons de moins de quatre mois chez qui ces nitrites provoquent une cyanose qui peut être mortelle. Lorsque l'exposition aux nitrates est inférieure à une dose seuil (fixée légalement à 50 $mg.L^{-1}$ dans les eaux de boisson en Europe), le risque est considéré comme nul. En revanche, lors d'expositions répétées sur le long terme, les nitrates, qui participent à la formation de nitrosamines, sont suspectés d'induire des effets cancérigènes.

3 Les effets des nitrates sur l'environnement et la santé.

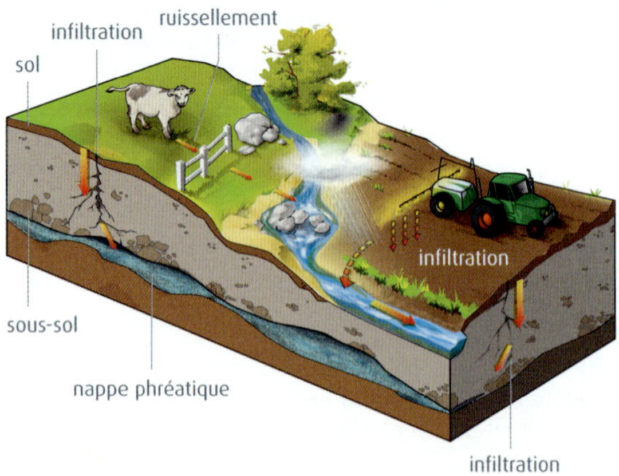

4 Les modes de contamination des eaux et des sols par les nitrates ou les pesticides.

Concilier pratiques agricoles et développement durable

ARGUMENTER/DÉBATTRE page 73

5 Évolution de la teneur en nitrates d'une eau souterraine en fonction des pratiques culturales.
Pour limiter la contamination des eaux, on peut utiliser les engrais ou le lisier de manière raisonnée : épandre au moment où la plante en a besoin, respecter les doses conseillées, maintenir un couvert végétal en hiver au lieu de laisser le sol nu, épandre les déjections animales en dehors des périodes pluvieuses, etc.

	Agriculture intensive	Agriculture intégrée	Agriculture biologique
Densité de semis (en graines.m^{-2})	350	300	380
Date de semis	début octobre	fin octobre-début novembre	fin octobre-début novembre
Apports azotés (en kg.ha^{-1})	240 en 3 ou 4 fois (engrais chimiques et/ou lisier)	150 en 1, 2 ou 3 fois (engrais chimiques ou lisier)	• 60 en 1 ou 2 fois (produits d'origine biologique : lisier ou autre) • Rotation des cultures*
Nombre de traitements phyto-sanitaires (pesticides)	• fongicides : 3 ou 4 • insecticides : 2 ou 3 • désherbants : 2 ou 3	• fongicides : 1 ou 0 • insecticides : 0 ou 1 si nécessaire • désherbage mécanique	désherbage mécanique
Rendements (en q.ha^{-1})	105	70	40

* par exemple, culture en alternance de blé (exigeant en azote) et d'une légumineuse comme le trèfle (convertit l'azote atmosphérique en composés azotés utiles aux plantes) que l'on enfouit ensuite sur place.

6 Différentes méthodes de culture du blé (exemple de valeurs possibles). De nombreuses maladies sont favorisées par des densités de semis élevées ou/et par une date de semis précoce, ainsi que par l'emploi de doses élevées d'engrais azotés. En agriculture biologique, les variétés cultivées sont choisies en fonction de leur moindre vulnérabilité aux maladies.

Parcelle de vigne enherbée

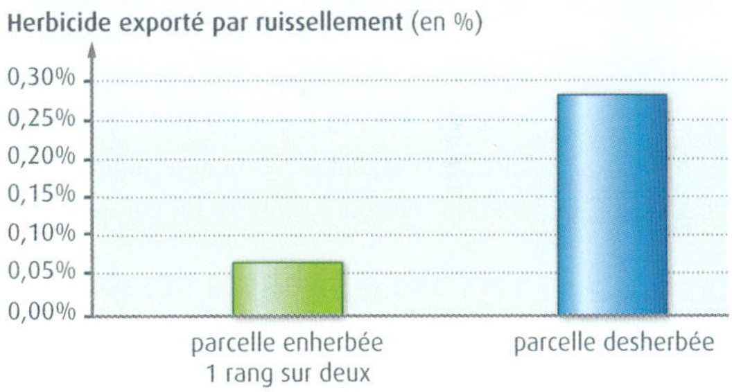

7 Une pratique agricole et ses effets : l'enherbement des vignes. La fréquence de traitement par herbicides reste sensiblement la même dans une parcelle en herbe et sans herbe, mais seuls les rangs de vigne sont traités dans le 1er cas, ce qui permet de réduire des deux tiers la quantité d'herbicides.

EXPLOITATION

1. **DOC. 1 À 3** Nommer les substances polluantes provenant des activités agricoles et expliquer leur présence dans les eaux de consommation et les aliments.
2. **DOC. 2 À 4** Relever les effets nuisibles sur la santé et l'environnement des nitrates et des produits phytosanitaires.
3. **DOC. 5 À 7** Montrer comment les différentes méthodes ou pratiques présentées permettent de limiter les nuisances liées à l'exploitation des agrosystèmes.
4. **EN CONCLUSION** Argumenter sur la possibilité de concilier objectif de production et gestion durable de l'environnement et de la santé.

Voir Dico p. 187

BILAN

Vers une **agriculture durable** au niveau de la **planète**

Les connaissances

L'agrosystème, un milieu artificiel

• Un **agrosystème** est un **écosystème** créé et géré par l'Homme : des matières végétales et animales y sont produites puis prélevées, afin de satisfaire des besoins alimentaires, industriels ou énergétiques (comme les agrocarburants). **[Activité 1]**

• Dans un agrosystème, l'Homme intervient pour obtenir des **rendements** de production élevés grâce :
– aux pratiques culturales mises en œuvre : dans une culture, les apports en **engrais**, source d'ions minéraux, compensent les exportations de **biomasse** liées aux récoltes et maintiennent la **fertilité** des sols ; le recours à l'**irrigation** garantit une croissance optimale de la plante en répondant à ses besoins en eau et en palliant le déficit éventuel de précipitations ; l'utilisation de **produits phytosanitaires** vise à limiter les pertes de récolte liés à la présence d'autres êtres vivants dans l'agrosystème (plantes adventices, ravageurs, parasites...) ;
– à l'amélioration des races animales élevées et des lignées ou variétés végétales cultivées, afin de les rendre plus productives (**sélection génétique**, création d'**hybrides** ou d'**organismes génétiquement modifiés**...). **[Activité 2]**

Les limites des pratiques agricoles et alimentaires

• L'exploitation des agrosystèmes, orientée vers la recherche de la **productivité** pour nourrir une population croissante, a un impact sur l'environnement (épuisement des sols, pollution de l'eau par les pesticides et les engrais). **[Activité 3]**

• L'élevage des animaux, destiné à satisfaire la demande en viande, nécessite des surfaces de sol et des volumes d'eau beaucoup plus grands que la culture des céréales pour produire la même masse d'aliments. En effet, les flux de matière s'érodent au long de la chaîne alimentaire car dans un maillon une partie seulement de la matière consommée est reconvertie en matière.

• Aussi, dans une perspective de **développement durable**, et pour satisfaire les besoins de l'humanité entière, l'équilibre entre une alimentation d'origine animale et une alimentation d'origine végétale, est une dimension à prendre en compte. **[Activité 1]**

Vers une agriculture durable

• Certaines méthodes de culture et d'élevage peuvent nuire à l'environnement et/ou à la santé des consommateurs. La prise de conscience de ces problèmes est à l'origine de pratiques intégrant une gestion agricole durable (avec notamment un usage raisonné des engrais et des pesticides), garante de productions de meilleure qualité et limitant les nuisances pour l'environnement et la santé. Les rendements sont souvent inférieurs, mais des marges de progrès sont possibles avec le développement de la recherche.

• Ce type d'agriculture vise à développer des activités économiquement viables, plus respectueuses de l'environnement et de la santé, et capables de satisfaire de manière raisonnable les besoins et les attentes de l'humanité. **[Activité 3]**

Mots clés du chapitre

Voir Dico p. 187

- Agrosystème
- Biomasse
- Développement durable
- Écosystème
- Engrais
- Fertilité
- Hybride
- Irrigation
- Organisme génétiquement modifié (OGM)
- Productivité
- Produit phytosanitaire
- Rendement agricole
- Sélection génétique

L'essentiel par l'image

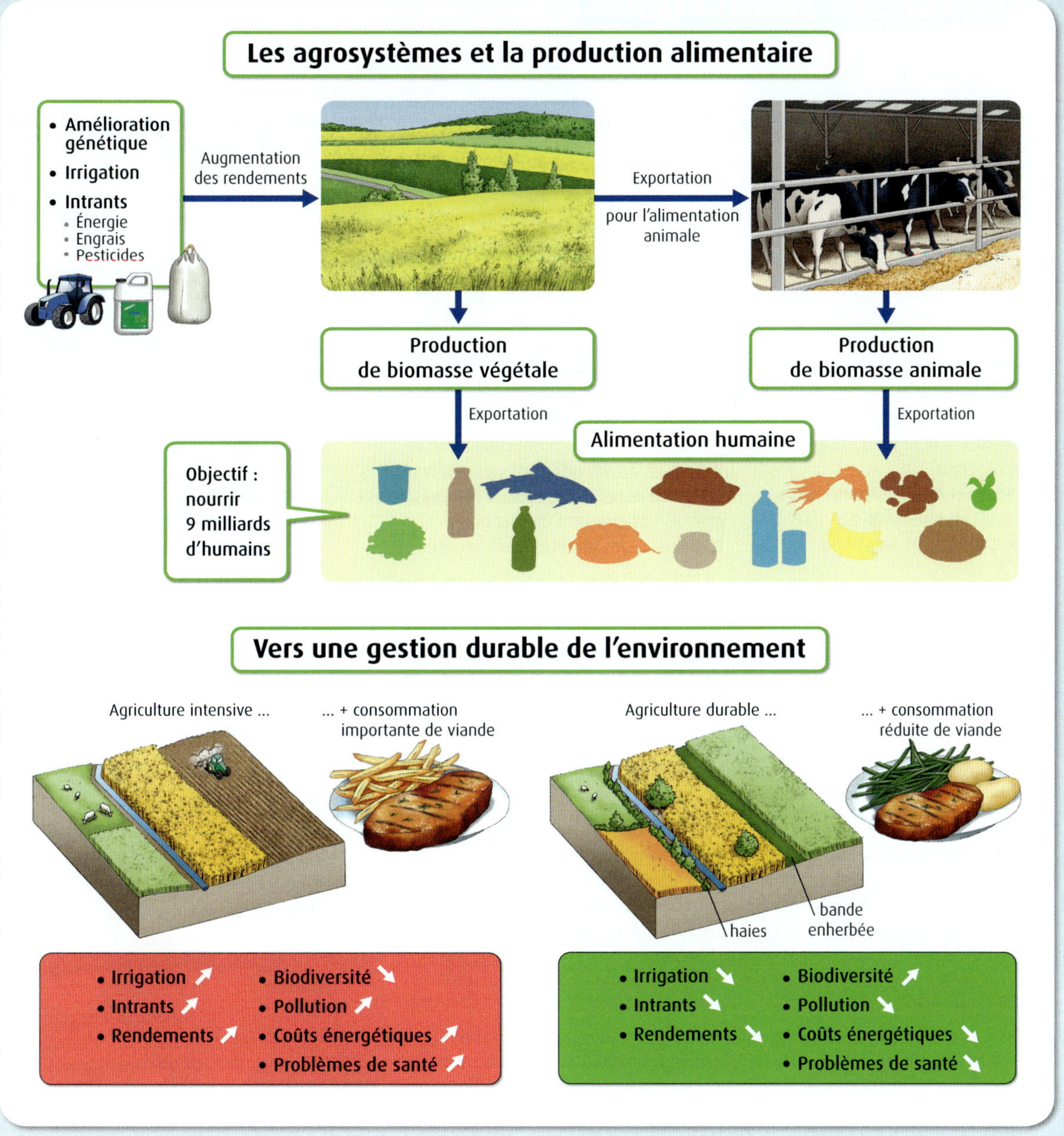

L'essentiel par le texte

> Dans un agrosystème, les apports de matière et d'énergie favorisent le développement d'une seule espèce vivante, améliorée et sélectionnée pour ses performances, dans le but de fournir des produits, dont les aliments, nécessaires à l'humanité.

> Toutes les pratiques agricoles ont un coût énergétique et certaines peuvent porter atteinte à l'environnement et à la santé.

> Une agriculture durable doit chercher à limiter les impacts négatifs, tout en assurant une production suffisante d'aliments de qualité.

EXERCICES

Tester ses connaissances

1 Vrai ou faux ?

Identifier les affirmations fausses et les rectifier.

a. L'agriculture repose sur l'exploitation d'agrosystèmes dont l'objectif est de fournir des produits, dont les aliments, nécessaires à l'humanité.

b. Les besoins en matière et en énergie pour produire 1 kg de viande sont équivalents à ceux nécessaires pour produire 1 kg de végétaux.

c. Plus on apporte d'engrais (azotés) à une culture et plus son rendement augmente.

d. L'agriculture biologique engendre plus de nuisances environnementales que l'agriculture intensive.

2 Qui suis-je ?

a. Je représente la quantité de matière produite dans un agrosystème et prélevée ou utilisée par l'Homme.

b. Je suis une substance utilisée dans une culture pour éliminer les êtres vivants qui en réduisent le rendement.

c. Je suis une pratique consistant à apporter de l'eau à une culture afin de favoriser la croissance.

d. Je suis un mode de production agricole mettant en œuvre des pratiques viables économiquement, engendrant des nuisances limitées et s'efforçant de répondre à la diversité des attentes de la société.

3 QCM

Pour chaque proposition, identifier la (ou les) bonne(s) réponse(s).

1. Un agrosystème se caractérise par :

a. une forte biodiversité.

b. des apports de matières favorisant la croissance végétale.

c. des prélèvements importants de biomasse.

2. Certaines pratiques agricoles aggravent l'effet de serre :

a. par l'utilisation de certains engrais dont la production et l'épandage libèrent des gaz à effet de serre.

b. car les végétaux cultivés consomment du dioxyde de carbone pour réaliser la photosynthèse.

c. par la combustion des carburants utilisés par les engins agricoles.

d. par l'élevage d'animaux produisant du méthane.

S'entraîner avec un exercice guidé

4 La culture du palmier à huile

Extraire des informations d'un texte et raisonner

L'huile de palme est la plus consommée au monde. Elle est utilisée dans de très nombreux produits alimentaires, savons et agrocarburants.

> Principalement cultivé en Indonésie et en Malaisie, le palmier à huile est une plante à très haut rendement : 4 tonnes d'huile par hectare, contre 0,5 tonne pour le soja. Sa culture, qui est manuelle, permet de faire vivre près de 5 millions de familles en Indonésie. Mais elle se fait au détriment des forêts (1,8 million d'hectares de forêt vierge déboisés chaque année), ce qui entraînerait une perte de 80 à 100 % des vertébrés qui y vivent.
>
> En août 2008, sur la péninsule malaise, une plantation a été la première a être « certifiée durable ». Parmi les principes appliqués, citons la mise en œuvre de pratiques agricoles respectant la fertilité des sols et limitant leur érosion, et de techniques visant à minimiser l'utilisation de produis chimiques dans la lutte contre les parasites et ravageurs. En outre, un environnement de travail sain et sans danger doit être fourni à tous les travailleurs ; les déchets sont réduits, recyclés, réutilisés et éliminés de manière responsable sur le plan environnemental. Enfin, les nouveaux palmiers ne doivent pas être plantés à la place des forêts vierges et aucune nouvelle culture ne sera plantée sans le consentement des populations locales et sans dédommagements.
>
> D'après *Géo*, juillet 2009, et www.wwf.fr

1. Vers une production durable d'huile de palme. Les pratiques doivent être économiquement viables, respectueuses de l'environnement et socialement bénéfiques.

Un peu d'aide

• **Saisir des informations**
- relever dans le texte les impacts négatifs de la culture du palmier à huile.
- identifier les trois objectifs d'une production durable et les principes adoptés dans le cadre d'une plantation « certifiée durable ».

• **Raisonner**
- classer les principes d'une production durable selon les trois objectifs identifiés. Indiquer en quoi ils permettent de réduire les nuisances.

❶ Montrer que la production d'une tonne d'huile de palme nécessite huit fois moins de surface de sol que celle d'une tonne d'huile de soja.

❷ Indiquer l'impact de la culture de l'huile de palme pour l'environnement.

❸ Montrer en quoi les principes d'une plantation « certifiée durable » permettent de satisfaire les exigences d'une production durable.

OBJECTIF BAC → page 109

5 Les qualités nutritionnelles des tomates .... Saisir des informations

Une étude a été menée par des chercheurs de l'INRA sur les caractéristiques de différentes variétés de tomates. Des consommateurs ont estimé que les tomates modernes ont une texture plus ferme et que les tomates hybrides sont plus acides.

Variété de tomates	Ancienne	Moderne (issue d'une sélection génétique récente)	Hybride (issu du croisement entre lignées ancienne et moderne)
Paramètres :			
Masse (en g)	151,37	129,14	133,37
Fermeté*	60,98	77,95	70,35
pH**	4,2	4,22	4,22
Teneur (en mg.100g^{-1})			
• lycopène (rôle protecteur vis-à-vis du système cardiovasculaire)	4,04	4,19	4,49
• carotène (source de vitamine A)	0,83	0,84	0,93
• vitamine C	13,74	11,48	13,80

* plus la valeur est élevée et plus le fruit est ferme ** plus la valeur est faible et plus le fruit est acide

Résultats de mesures réalisées en laboratoire avec trois variétés de tomates.

1 Justifier le choix des paramètres et des teneurs étudiés.

2 Montrer en quoi les tomates hybrides ont des caractéristiques intéressantes.

3 Proposer une explication aux différences constatées entre les mesures effectuées en laboratoire et les appréciations des consommateurs.

6 Pesticides et santé des agriculteurs .... Adopter une attitude critique

Les personnes les plus exposées aux pesticides sont les agriculteurs qui souffrent plus fréquemment de certaines formes de cancers, de troubles neurologiques et de troubles de la reproduction.

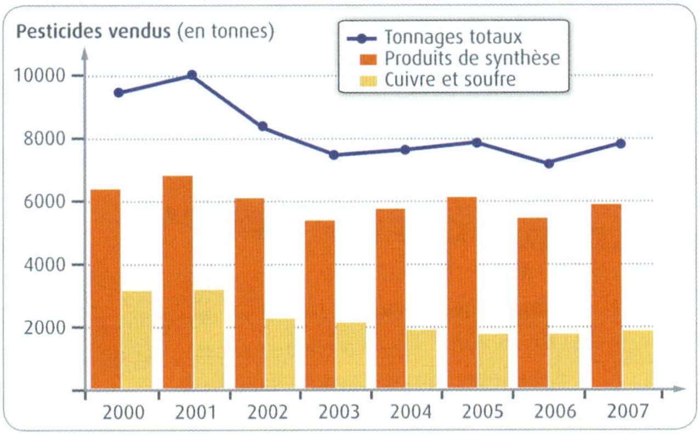

Évolution du tonnage des pesticides vendus en France, 1er pays consommateur européen de pesticides et 4e mondial.

1 Discuter les informations apportées par ce graphe.

2 Proposer des hypothèses sur la manière dont les pesticides peuvent contaminer l'Homme.

3 Le gouvernement français prévoit « de réduire en moyenne de 50 % les quantités de pesticides utilisés, si possible, d'ici 2018 ». À l'aide de vos connaissances, justifier cette décision et proposer des pistes pour attendre cet objectif.

7 Le choix d'une agriculture plus durable .... Adopter une démarche explicative

Un producteur de lait a choisi de passer en mode « durable ». Il a augmenté la taille de son troupeau de 10 % et diminué la surface des cultures de vente au profit de l'herbe (fournit du fourrage au bétail) et de la féverole (céréale légumineuse assurant la fertilisation azotée de l'herbe). L'adoption de ces cultures pérennes, qui ne demandent pas d'être ressemées chaque année, a permis de réduire les heures de tracteur. La consommation énergétique totale de la ferme a diminué de 28 % entre 2000 et 2002. Dans la même période, sa production de lait est passée de 206 600 L à 195 000 L.

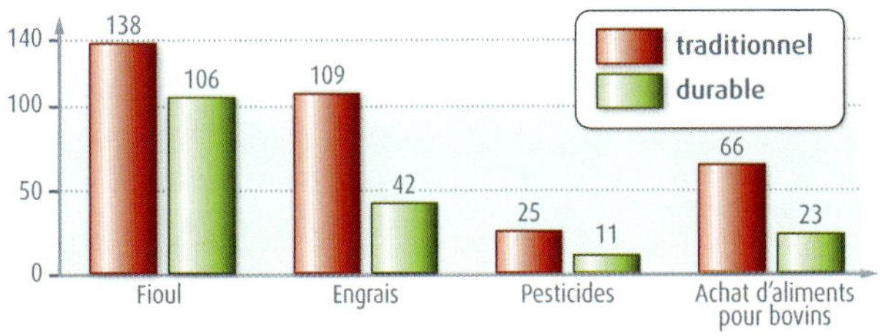

Consommation énergétique de quelques postes selon 2 modes de production (en EQF.ha^{-1} : Équivalent Litre Fioul).

1 Identifier les trois « postes » pour lesquels l'économie d'énergie est la plus importante.

2 Rechercher dans le texte des explications aux économies d'énergie ainsi réalisées.

3 Comparer les impacts sur l'effet de serre des deux types d'agriculture et conclure.

La Science et vous

« On ne commande à la nature qu'en lui obéissant. »

FRANCIS BACON (1561-1626), philosophe et homme d'État anglais.

Informatique

Simuler l'apport d'engrais sur les rendements

http://svt.ac-dijon.fr/dyn/article.php3?id_article=100 B2i

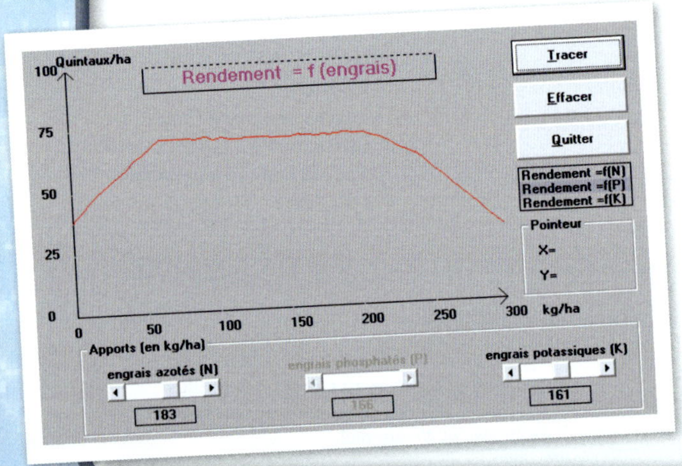

Ce logiciel permet de simuler le rendement d'une culture en fonction de l'apport de différents engrais. Cliquez par exemple sur « rendement = f(P) » (en abscisse apparaîtra la quantité d'engrais phosphatés apportée). Puis, avec les curseurs présents sous le graphe, choisissez la dose d'engrais azotés et potassiques. En cliquant sur « tracer », la courbe apparaît.

1 Augmenter progressivement les doses d'engrais afin d'observer comment évolue le rendement.

2 Déterminer les doses d'engrais à apporter afin d'obtenir le rendement optimum. Que constatez-vous au-delà d'une certaine dose ?

Esprit critique

Les OGM et les mauvaises herbes

Voici un texte qui témoigne d'une situation aux États-Unis survenue après quinze ans d'usage intensif de plantes OGM (Organismes génétiquement modifiés).

1 Quel est le mécanisme à l'origine de l'envahissement des cultures par les mauvaises herbes ?

2 Monsanto a longtemps vanté les économies de pesticides réalisées avec les variétés Roundup Ready. Que pourrait lui répondre un agriculteur aujourd'hui ?

3 À l'aide de vos connaissances, discutez des avantages et des limites de la culture d'OGM.

POUR DÉBATTRE SUR LES OGM B2i

- www.ogm.org
- www.assemblee-nationale.fr/site-jeunes/plan.asp
- www.fao.org/french/newsroom/focus/2003/gmo7.htm ✔ ou gmo8.htm

« L'amarante de Palmer [...] n'est pas une petite herbe folle mais *"un monstre"* [...]. La plante peut pousser de 5 cm par jour et atteindre plus de 2 m de haut. [...]
Elle est le rejeton non désiré d'un mariage qui fut longtemps sans nuages entre les agriculteurs américains et les semences OGM Roundup Ready, la technologie phare de Monsanto. Le principe : un gène de tolérance à l'herbicide total Roundup est introduit dans une plante cultivée. Quand le produit est épandu, toutes les mauvaises herbes meurent, tandis que l'OGM survit. Aux États-Unis, 58 % du coton, 66 % du maïs et 93 % du soja sont Roundup Ready. [...]
Au bout de quinze ans d'usage intensif et exclusif du glyphosate*, une dizaine de mauvaises herbes [...] sont devenues résistantes au produit. Dont *Amaranthus palmeri*. *"Le mécanisme de la sélection naturelle a joué,* explique Ken Smith. *Dans la population initiale, certains individus étaient naturellement résistants, ils se sont multipliés."* ■ »

Le Monde, 19 octobre 2010.

* molécule herbicide contenue dans le Roundup.

Débat

L'agriculture biologique

Grâce à l'agriculture intensive, l'Europe est passée d'une situation d'insuffisance alimentaire (en 1960, elle importait jusqu'à 30 % des principaux produits) à une situation excédentaire (en 1990) dans la majorité des produits agricoles cultivés. Mais cette forme d'agriculture atteint aujourd'hui ses limites. D'autres formes plus respectueuses de l'environnement se développent, dont l'agriculture biologique.

Quel est l'avenir de l'agriculture biologique ?

Pour y répondre, organisez un débat en classe.

Vous êtes…	Votre mission consiste à …
Industriel de l'agro-alimentaire	...apporter des arguments scientifiques et économiques justifiant l'agriculture intensive.
Écologue	… à l'aide d'exemples, défendre la nécessité d'une agriculture « durable ».
Journaliste	… enquêter sur la place de l'agriculture biologique en France et en Europe.
Responsable politique	… confronter les arguments des partisans et adversaires de l'agriculture biologique.
Membre d'une association de consommateurs	… s'interroger sur le coût des produits bio et le risque d'une fracture sociale.

« Actuellement en France, l'agriculture biologique représente moins de 3 % de la surface agricole cultivée, ce qui est peu par rapport à la plupart des autres pays européens. Il faut considérer ce mode production comme innovant et non comme un retour en arrière. Les agriculteurs biologiques du XXIe siècle sont performants et des marges de progrès sont envisageables (avec le développement de la recherche par exemple pour renforcer les défenses naturelles des plantes, créer des variétés adaptées, améliorer les connaissances sur l'évolution des interrelations entre le sol et les plantes). Ils répondent aux grands enjeux sociétaux que notre génération va connaître : nourrir le monde, réduire l'empreinte carbone, protéger les ressources pour les générations futures. ■ »

Interview d'Adrien Pelletier, Chambre d'agriculture d'Alsace.

Les enjeux de l'agriculture biologique.

POUR VOUS GUIDER B2i

- ✔ www.agriculturebio.org/
- ✔ http://agriculture.gouv.fr/l-agriculture-biologique
- ✔ www.inra.fr/la_science_et_vous/dossiers_scientifiques/agriculture_biologique

Enquête

L'espace au service d'une agriculture durable ?

Actuellement, plus de 30 % des images de télédétection (fournies par les capteurs des satellites d'observation de la Terre) sont utilisées pour l'agriculture au sens large (production agricole, forêt et gestion de l'eau). À l'avenir, la télédétection devrait tenir une place importante dans l'agriculture dite de précision, car elle offre une meilleure gestion des cultures.

1. Recherchez sur Internet des exemples montrant que la télédétection peut être mise au service d'une agriculture durable.
2. L'outil de base de l'agriculture de précision est le GPS : quel est son usage ?
3. Justifiez la nécessité d'une gestion optimale de l'agriculture à l'échelle de la planète.

PLUS LOIN AVEC INTERNET B2i

- ✔ www.cnes.fr/web/CNES-fr/4555-agriculture-de-precision-le-retour-dune-pratique-ancestrale.php
- ✔ http://eduscol.education.fr/cid46169/l-espace-au-service-d-une-agriculture-durable.html

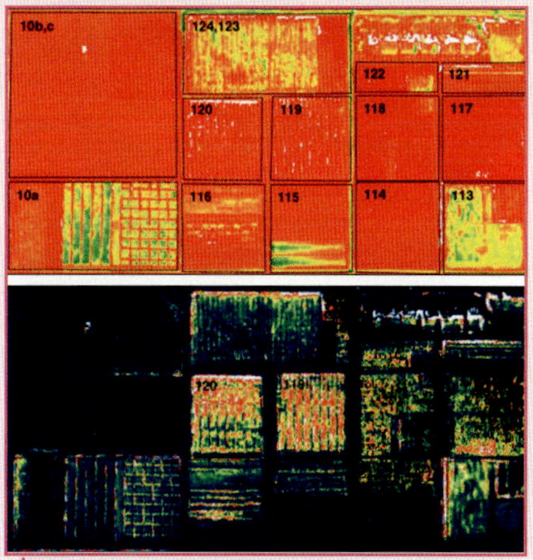

Cultures en Arizona (États-Unis).
En haut, les sols en manque d'eau apparaissent en rouge, ceux irrigés en vert-jaune. L'image du bas confirme le stress hydrique notamment des parcelles 119 et 120.

1. Où est l'eau dans notre environnement ?

Glacier des Bossons en France

Un atoll dans l'océan Indien

Le geyser Strokkur en Islande

1. Identifier l'état physique de l'eau dans les trois documents ci-dessus.
2. Comment évolue la quantité d'eau sur Terre ?
3. Est-ce que toute l'eau présente sur Terre est propre à la consommation humaine ?

mots clés

Cycle de l'eau ;
État physique (solide, liquide ou gaz).

2. Y a-t-il des ions dans les produits que nous consommons ?

Marais salant à Guérande

1. Quelle différence y a-t-il entre un atome et une molécule ? Donner des exemples dans le cas de l'eau de mer.
2. L'évaporation de l'eau dans les marais salants donne du sel constitué de chlorure de sodium. Quelle en est la composition chimique ?
3. L'ion chlorure et l'ion sodium sont-ils des cations ou des anions ?

Anion ; Cation ; Composition chimique ; Espèce chimique ; Ion ; Molécule.
Voir Dico p. 187

CHAPITRE 5 Physique-chimie

Qualité des sols et de l'eau

Méandres de la Sèvre Nantaise, Deux-Sèvres.

Sommaire

PHYSIQUE-CHIMIE

ACTIVITÉ 1

Le sol : un milieu d'échanges de matière

Le sol fournit aux plantes l'eau et les minéraux nécessaires à leur développement. Situé entre la roche, l'atmosphère et les êtres vivants, le sol est un milieu d'échanges de matière.

Quels sont les échanges de matière dans le sol ?

Compétences : • *Exploiter des documents et mettre en œuvre un protocole pour comprendre les interactions entre le sol et une solution ionique en termes d'échanges d'ions.*

Observer et comprendre la composition d'un sol

1 L'organisation d'un sol. Les débris de roche qu'il renferme proviennent de la dégradation de la roche mère du sous-sol (non visible ici) et lui apportent de la matière minérale. L'humus désigne la matière organique du sol qui provient de la dégradation des êtres vivants après leur mort. Il fournit également au sol de la matière minérale.

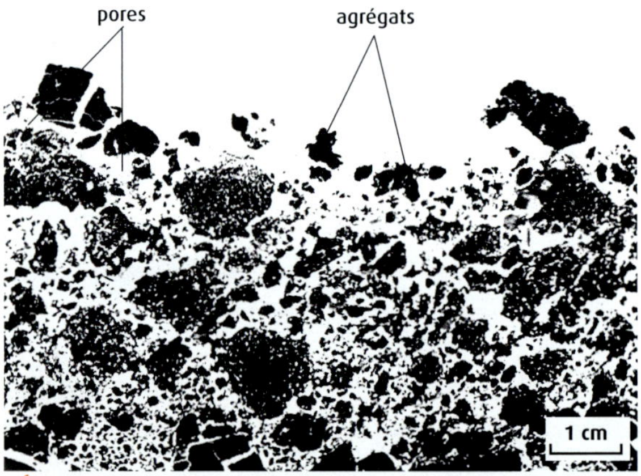

2 Coupe de sol observée à la loupe binoculaire. Les agrégats sont des assemblages de fragments de roches et de complexes argilo-humiques. Ces derniers résultent de l'association d'éléments issus de matière organique (humus) et de particules minérales argileuses.

3 Comprendre le rôle des complexes argilo-humiques. La présence de tels complexes est responsable de l'aspect trouble du filtrat.

MANIPULER

- Introduire dans un bécher de 150 mL 20 g de sol et 150 mL d'eau.
- Mélanger.
- Verser le contenu du bécher dans un entonnoir muni d'un papier filtre.

Mettre en évidence des échanges de matière dans le sol

ARGUMENTER/DÉBATTRE page 88

Observer l'nteraction entre le sol et des solutions ioniques. 4
La coloration bleue du bleu de méthylène (tube 1) est due à la présence de cations. La coloration orange de l'éosine (tube 2) est due à la présence d'anions. Le filtrat 1 est incolore : les cations ont été retenus. Le filtrat 2 reste orange : les anions n'ont pas été retenus.

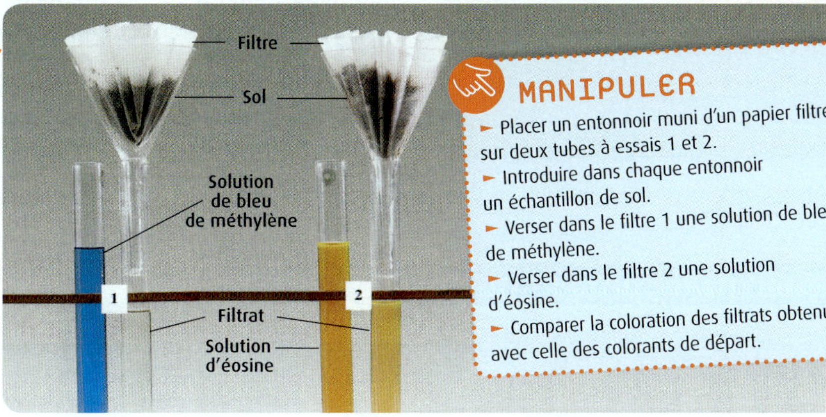

MANIPULER

- Placer un entonnoir muni d'un papier filtre sur deux tubes à essais 1 et 2.
- Introduire dans chaque entonnoir un échantillon de sol.
- Verser dans le filtre 1 une solution de bleu de méthylène.
- Verser dans le filtre 2 une solution d'éosine.
- Comparer la coloration des filtrats obtenus avec celle des colorants de départ.

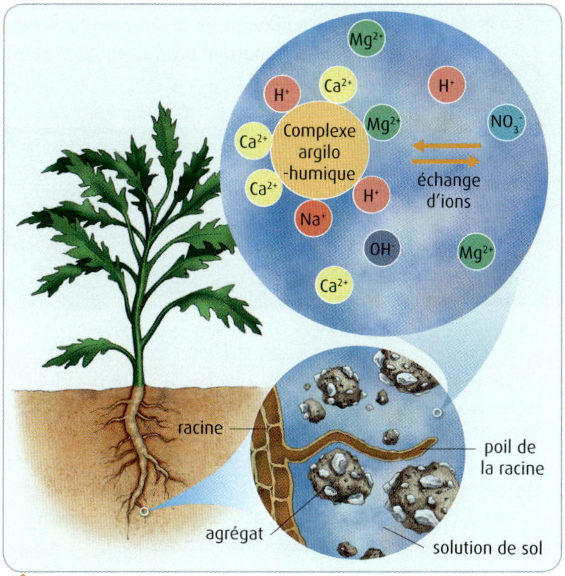

5 Les échanges d'ions et le développement des végétaux.
Les plantes puisent par leurs racines les minéraux (essentiellement sous forme de cations) dont elles ont besoin dans la solution de sol (la phase liquide). Les cations peuvent être libres dans la solution de sol ou bien retenus par les complexes argilo-humiques.

Un timbre de collection « le timbre fête l'eau », mars 2010

Les pluies acides sont dues à la présence dans l'atmosphère de polluants libérés par des phénomènes naturels (éruptions volcaniques) et certaines activités humaines (industrie). Elles entraînent la formation dans le sol d'ions aluminium Al^{3+}, toxiques en grande quantité, qui se fixent préférentiellement sur le complexe argilo-humique. Les pluies acides appauvrissent ainsi le sol en minéraux. Les effets des pluies acides sont plus importants si le sol est pauvre en agrégats : le sol est moins poreux, l'eau y est alors moins retenue. L'eau s'infiltre plus rapidement dans les couches souterraines en entraînant avec elle les ions de la solution de sol.

6 Le sol menacé par les pluies acides.

EXPLOITATION

1. **DOC. 1 À 3** Expliquer comment l'organisation du sol contribue à la rétention d'eau.
2. **DOC. 4** Sachant que le complexe argilo-humique est chargé négativement, proposer une interprétation de l'expérience réalisée.
3. **DOC. 5** Expliquer pourquoi le complexe argilo-humique constitue un réservoir de cations dans le sol.
4. **DOC. 6** Justifier pourquoi la conjugaison des pluies acides et d'un sol pauvre en complexes argilo-humiques entraîne une diminution de minéraux disponibles pour les végétaux.
5. **EN CONCLUSION** Expliquer pourquoi les échanges de matière auxquels participe le sol sont indispensables à une production agricole.

Voir Dico p. 187

PHYSIQUE-CHIMIE

ACTIVITÉ 2

Composition chimique d'un produit phytosanitaire

Les produits phytosanitaires et les engrais sont très utilisés pour augmenter les rendements dans l'agriculture.
Leur composition chimique peut être déterminée par dosage.

Comment réaliser un dosage pour déterminer la composition chimique d'un produit phytosanitaire ?

Compétence : • Mettre en œuvre un protocole expérimental pour doser par comparaison une espèce présente dans un engrais ou un produit phytosanitaire.

Découvrir un produit phytosanitaire

ARGUMENTER/DÉBATTRE page 89

1 Évolution de la chlorose sur une feuille de pêcher.
La chlorose, maladie qui se traduit par un jaunissement prématuré des feuilles des arbres, est due à un apport insuffisant en élément fer.
Le fer participe à la synthèse de la chlorophylle et joue donc un rôle important dans la photosynthèse d'un végétal.

- Les produits phytosanitaires sont des espèces pures ou des mélanges, de nature chimique ou biologique, et utilisés pour :
  – protéger les végétaux ou les produits végétaux en détruisant ou limitant la croissance d'organismes nuisibles (insectes, bactéries, etc.) ;
  – détruire ou limiter la croissance de plantes indésirables (ou plantes adventices) ;
  – réguler ou modifier la croissance des végétaux (l'aspect nutrition n'est pas inclus).
- Les produits phytosanitaires appartenant aux deux premières catégories sont appelés pesticides.

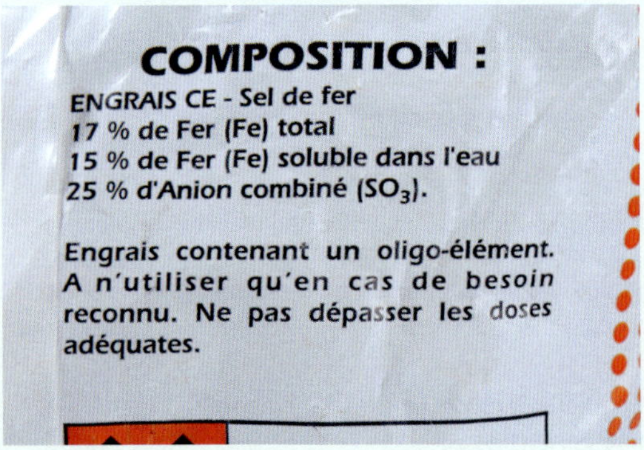

- **Le plan Ecophyto**, mis en place à la suite du Grenelle de l'environnement (2007), vise à « réduire de 50 % l'usage des pesticides en agriculture, à l'horizon 2018 si possible ». Il s'agit à la fois de limiter l'usage de ces produits, dangereux pour l'environnement et la santé (voir p. 66), et l'impact de ceux qui resteront indispensables pour protéger les cultures.
- **La directive européenne REACH** (en français « Enregistrement, évaluation et autorisation des substances chimiques) oblige, depuis 2007, les entreprises qui fabriquent et importent des substances chimiques à évaluer les risques résultant de leur utilisation et à prendre les mesures nécessaires pour gérer tout risque identifié. Les informations recueillies sur plusieurs dizaines de milliers de substances chimiques constitueront une base de données gérée par l'Agence européenne des produits chimiques.

3 Des mesures pour une utilisation raisonnée des produits phytosanitaires. La France est le 1er pays consommateur européen de pesticides et le 4e au monde.

2 Un produit phytosanitaire contre la chlorose.
La mention « engrais » sur l'étiquette est fausse. La mention « Fer soluble dans l'eau » traduit la présence de fer sous forme d'ions fer(II), Fe^{2+}.

Doser un produit phytosanitaire contre la chlorose

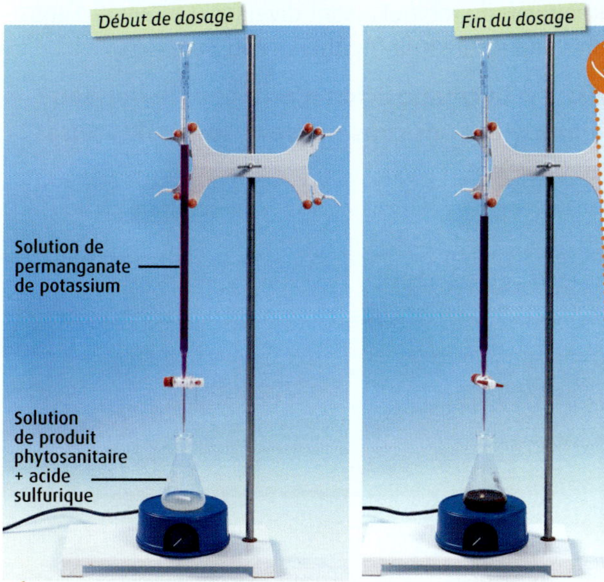

MANIPULER

1. Préparation de la solution commerciale S

► Introduire 5,00 g de produit phytosanitaire dans une fiole jaugée de 100 mL.

► Dissoudre le produit dans de l'eau distillée puis ajuster le niveau du liquide au trait de jauge.

2. Dosage de la solution commerciale

► Remplir la burette avec la solution aqueuse de permanganate de potassium de concentration $5,0.10^{-2}$ mol.L^{-1}.

► Placer dans un erlenmeyer un volume V_S = 20,0 mL (0,0200 L) de la solution S obtenue à partir du produit phytosanitaire et y placer le barreau aimanté ainsi que 5 mL d'acide sulfurique à 1 mol.L^{-1}.

► Agiter puis verser 1,00 mL de la solution aqueuse de permanganate de potassium. Observer le changement de couleur.

► Renouveler l'opération jusqu'à ce que la coloration violette persiste dans l'erlenmeyer. Relever le volume V_0 de solution aqueuse de permanganate de potassium ajouté.

4 Dosage des ions fer(II), Fe^{2+}, présents dans un produit phytosanitaire, par les ions permanganate, MnO_4^-. La couleur violette de la solution de permanganate de potassium est due aux ions permanganate, MnO_4^-. Ceux-ci réagissent avec les ions fer (II) pour former de nouvelles espèces.

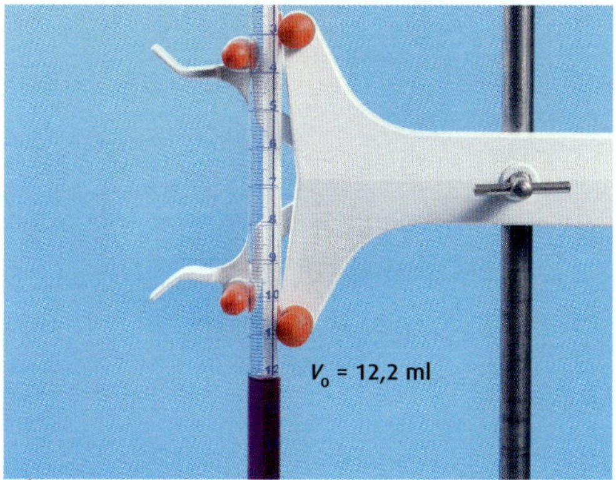

5 Zoom sur le volume V_o de permanganate de potassium versé lors du changement de couleur (voir doc. 4).

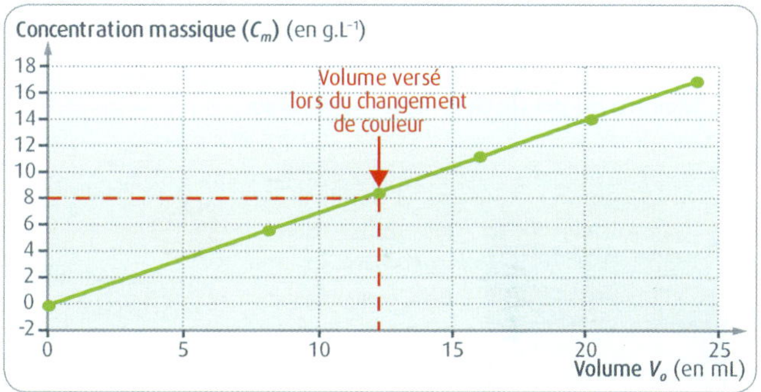

6 Courbe d'étalonnage : évolution de la concentration massique (C_m) d'ions Fer(II), Fe^{2+} dans la solution étalon en fonction du volume de solution de permanganate de potassium ajouté *Vo* lors du chargement de couleur. L'expérience (doc. 4 et 5) a été réalisée avec plusieurs solutions étalons dont on connaît la concentration en ions Fe^{2+}.

EXPLOITATION

1 **DOC. 1** Justifier l'évolution de la coloration des feuilles au cours de la maladie.

2 **DOC. 1 ET 2** Pourquoi le produit permet-il de traiter les végétaux contre la chlorose ?

3 **DOC. 3** Expliquer en quoi les mesures prises devraient permettre de concilier l'utilisation de pesticides avec les risques qu'ils comportent.

4 **DOC. 4 ET 5** Qu'observe-t-on lorsqu'on introduit la solution de permanganate de potassium dans l'erlenmeyer ? Pourquoi arrête-t-on de verser celle-ci lorsque la coloration violette persiste dans la solution ?

5 **DOC. 4 À 6** À l'aide du dosage et de la courbe d'étalonnage, déterminer la masse $m_{Fe^{2+}}$ d'ion fer(II), Fe^{2+}, présent dans la solution. (Rappel : $m = C_m \times V_S$).

6 **EN CONCLUSION** Quel est le pourcentage massique d'ions fer(II) dans le produit phytosanitaire ? Comparer votre valeur avec celle indiquée sur l'étiquette du doc. 2. (Rappel : pourcentage massique = $\frac{m_{Fe^{2+}}}{m_{totale}}$ x100).

Voir Dico p. 187

PHYSIQUE-CHIMIE

ACTIVITÉ 3

Composition chimique d'une eau de consommation

Les eaux que nous consommons – eau de source, eau minérale ou eau du robinet – sont diverses. Certaines d'entre elles sont vendues avec la mention « eau pure ».

Quelle est la composition d'une eau de boisson ? Les eaux que nous consommons sont-elles pures ?

Compétences : • Réaliser une analyse qualitative d'une eau. • Rechercher et exploiter des informations concernant l'adoucissement d'une eau dure.

Étudier la composition chimique d'une eau

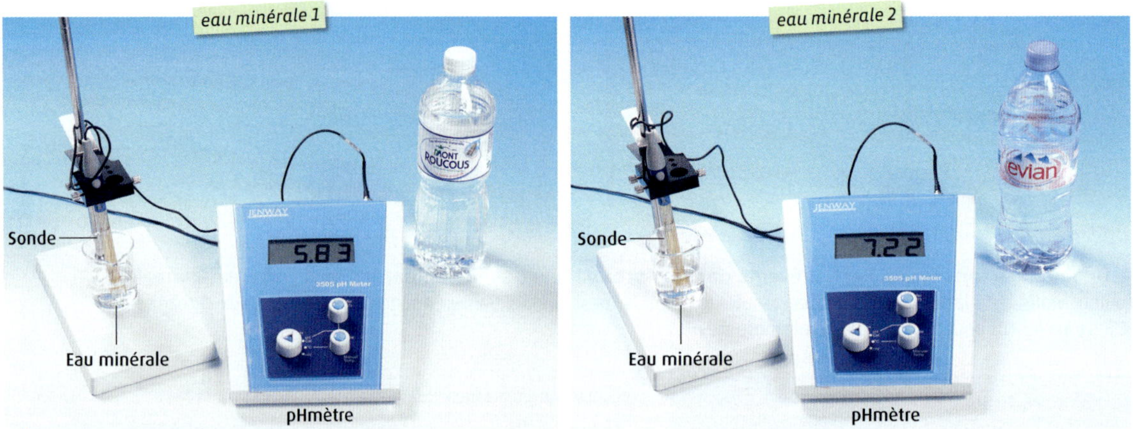

1 Mesure du pH de deux eaux minérales.

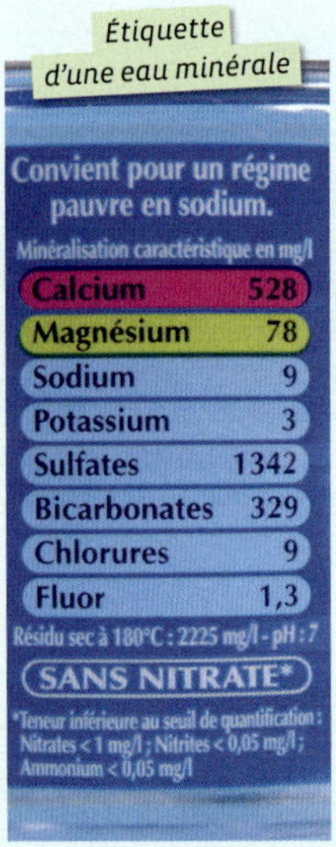

■ Toutes les eaux de consommation, qu'elles soient minérales, de source (voir p. 83) ou du robinet, ont une composition chimique.

■ Depuis la loi Barnier de 1995, les maires des communes et les gestionnaires du service de l'eau doivent établir un rapport annuel détaillé sur la qualité du service de l'eau délivré au consommateur (eau du robinet).

2 La composition chimique des eaux de consommation.

MANIPULER

- Dans un tube à essais, introduire 2 mL d'une eau minérale riche en calcium et en magnésium.
- Ajouter quelques gouttes d'une solution d'oxalate d'ammonium ($1{,}0.10^{-2}$ mol.L^{-1}).
- Observer l'apparition d'un précipité.

3 Mise en évidence des ions calcium Ca^{2+} et magnésium Mg^{2+} dans une eau minérale (sa composition chimique est donnée doc. 2).

Un précipité est un dépôt solide qui apparaît à la suite d'une réaction chimique entre des ions présents en solution. L'apparition d'un précipité blanc lors de l'ajout d'une solution d'oxalate d'ammonium est observé lorsque la solution testée contient des ions calcium Ca^{2+}, des ions magnésium Mg^{2+} ou les deux.

Étudier la dureté d'une eau

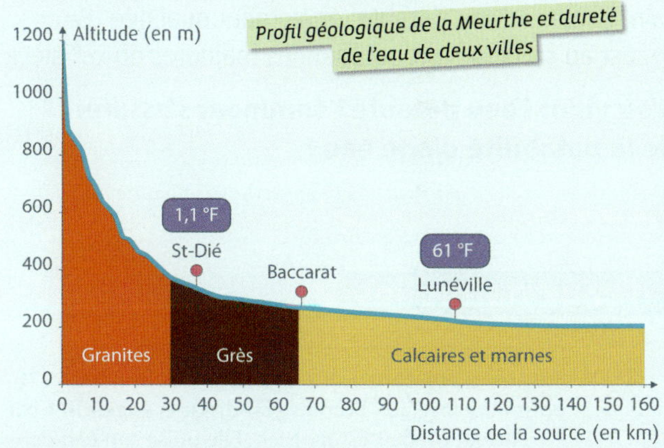

Tableau de composition chimique des roches

Type de roches / Éléments chimiques	Granite	Grès	Calcaire	Marnes
Calcium (Ca)	1 %	2 %	43 %	9 %
Magnésium (Mg)	1 %	traces	8 %	1 %
Silicium (Si)	32 %	96 %	5 %	9 %
Autres	66 %	< 2 %	44 %	81 %

* Les pourcentages sont massiques.

4 Dureté de l'eau d'une rivière et nature géologique des sols traversés par l'eau.
La Meurthe est un sous-affluent du Rhin qui traverse les départements des Vosges, de la Meurthe-et-Moselle et de la Moselle. La dureté de l'eau dépend de la présence d'ions calcium et magnésium dans l'eau. Plus une eau est riche en ions calcium et magnésium, plus elle est dure. Cette valeur s'exprime en degré français (°F).

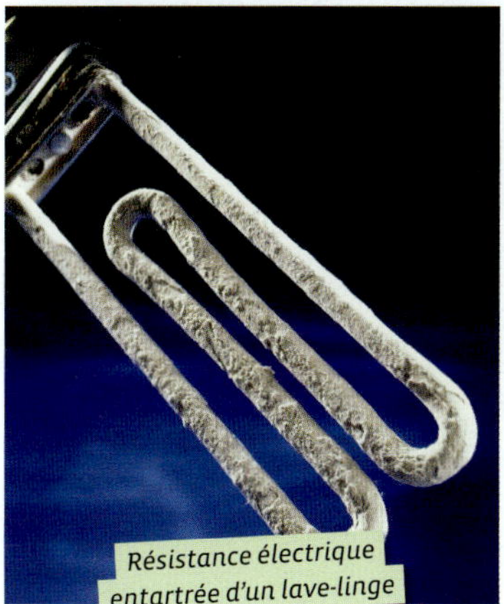

Résistance électrique entartrée d'un lave-linge

5 Le tartre dans les appareils ménagers. Une eau dure ne présente aucun danger pour la santé, mais elle peut entraîner un dépôt de tartre dans les appareils où l'eau est chauffée (bouilloire, lave-vaisselle, lave-linge...), entraînant une diminution de leur efficacité.

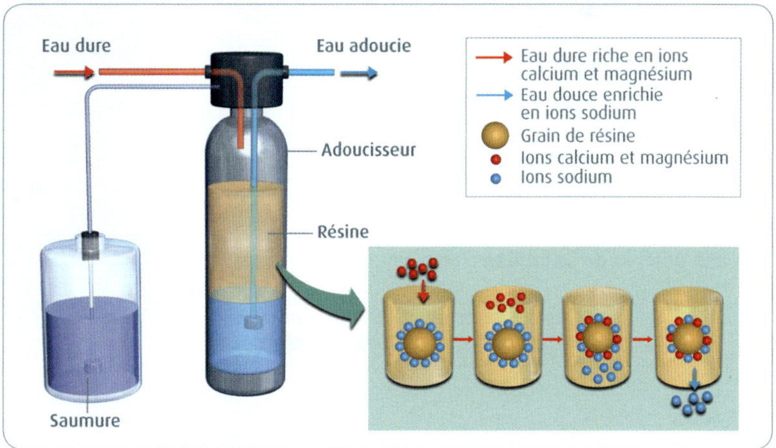

6 Un adoucisseur d'eau.
Il est possible de modifier la composition chimique de l'eau en utilisant des adoucisseurs d'eau. Ces appareils échangent, par l'intermédiaire d'une résine, les ions calcium et magnésium présents dans l'eau dure avec des ions sodium qui ne provoquent pas l'apparition de tartre. Lorsqu'elle est saturée en ions calcium et magnésium, cette résine est rincée à l'aide d'une solution riche en ion sodium (saumure).

EXPLOITATION

1. **DOC. 1** Quelle est l'eau minérale la plus acide ?
2. **DOC. 2 ET 3** Quelle information le test du doc. 3 fournit-il sur la composition chimique de l'eau minérale ? Est-ce en accord avec les données de l'étiquette ?
3. **DOC. 4** Proposer une explication à la différence de dureté de l'eau observée entre Saint-Dié et Lunéville.
4. **DOC. 5 ET 6** Comment évoluent la concentration en ions calcium et magnésium et celle en ions sodium de l'eau au cours de son passage dans l'adoucisseur d'eau ?
5. **EN CONCLUSION** Sachant qu'une solution est pure si elle contient une seule espèce chimique, est-ce que l'eau que nous consommons est pure ?

Voir Dico p. 187

PHYSIQUE - CHIMIE 4 ACTIVITÉ

Des eaux naturelles à l'eau potable

Depuis le 29 juillet 2010, l'Organisation des Nations unies a reconnu l'accès à l'eau potable comme étant un droit humain. L'accès à l'eau potable, également qualifiée d'« or bleu », est au cœur des préoccupations majeures du XXIe siècle.

D'où vient l'eau potable ? Comment s'assurer de la potabilité d'une eau ?

Compétence : • Rechercher et exploiter des informations concernant : la potabilité d'une eau ; le traitement des eaux naturelles.

Obtention d'eau potable à partir d'eaux naturelles

Une eau « propre à la consommation humaine » doit satisfaire à 56 critères de potabilité (établis par un décret du 11 janvier 2007). Il s'agit de fournir au consommateur une eau sûre, définie par des paramètres physico-chimiques (température, composition chimique) et microbiologiques (absence d'organismes pathogènes), mais aussi lui offrir une eau agréable à boire, claire et inodore.

Limites de qualité		Références de qualité	
Fluorure	1,50 mg.L^{-1}	Chlorure	250 mg.L^{-1}
Nitrate	50 mg.L^{-1}	Sodium	200 mg.L^{-1}
Total pesticides*	0,50 µg.L^{-1}	Sulfate	250 mg.L^{-1}
pH	6,5 ≤ pH ≤ 9		

*somme de tous les pesticides individualisés détectés et quantifiés.

1 Les critères de potabilité d'une eau.

L'usine a été construite au début des années 1970 pour faire face aux besoins grandissants engendrés par l'urbanisation de l'Est parisien. Elle puise son eau dans la Marne et produit en moyenne 105 000 m^3 d'eau potable par jour, contre 25 000 m^3 au début. Son principal abonné est l'aéroport de Roissy.

2 L'usine de production d'eau potable d'Annet-sur Marne (en Seine-et-Marne).

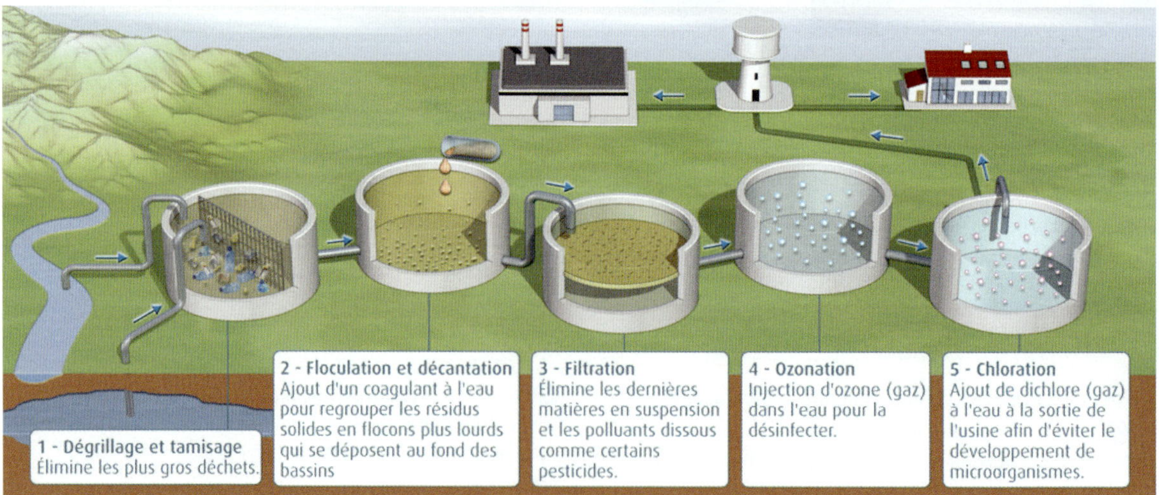

3 Les étapes du traitement de l'eau depuis son prélèvement en milieu naturel (rivière, lac ou nappe phréatique) jusqu'à sa distribution au robinet du consommateur.

Les différentes eaux de consommation

ARGUMENTER/DÉBATTRE
page 88

■ « Une **eau minérale** naturelle est une eau possédant un ensemble de caractéristiques qui sont de nature à lui apporter ses propriétés favorables à la santé [reconnues par le ministre de la Santé] Elle témoigne, d'une stabilité de ses caractéristiques essentielles, notamment de composition et de température à l'émergence, qui n'est pas affectée par le débit de l'eau prélevée. »

■ « Une **eau de source** est une eau d'origine souterraine microbiologiquement saine et protégée contre les risques de pollution, apte à la consommation humaine sans traitement. [...] »

4 Eaux de sources et eaux minérales.
Les dénominations « eau de source » et « eau minérale » sont réglementées en France (décret du 6 juin 1989).

Eau minérale

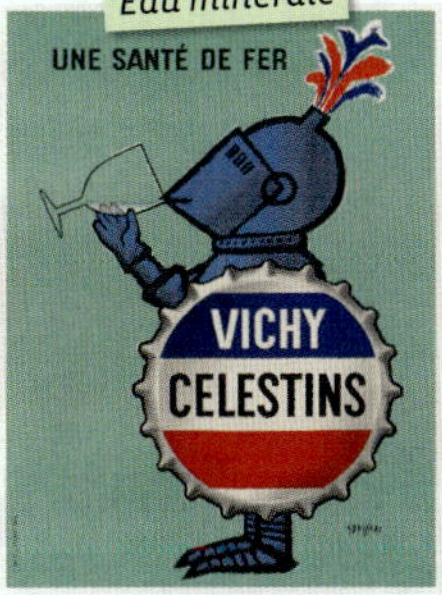

Eau du robinet

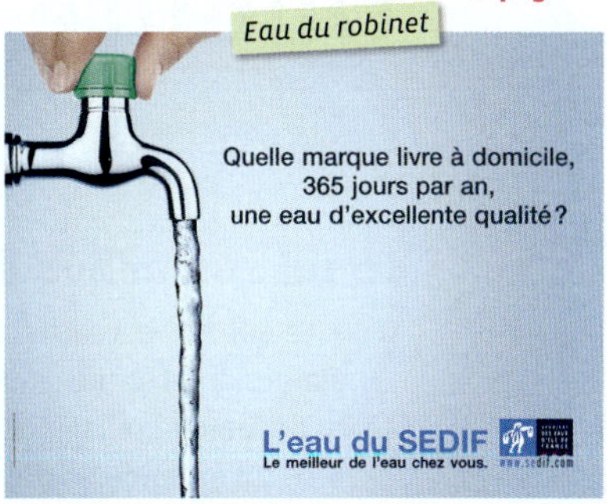

5 Affiches en faveur de deux eaux de boisson.
Les eaux de source, comme les eaux du robinet, ont une composition en sels minéraux variable, alors que les eaux minérales ont toujours la même composition, différente d'une marque à l'autre. Certaines sont fortement minéralisées et doivent être consommées avec modération.

Collecte d'eau potable au Malawi

Population ayant accès à l'eau potable en 2008

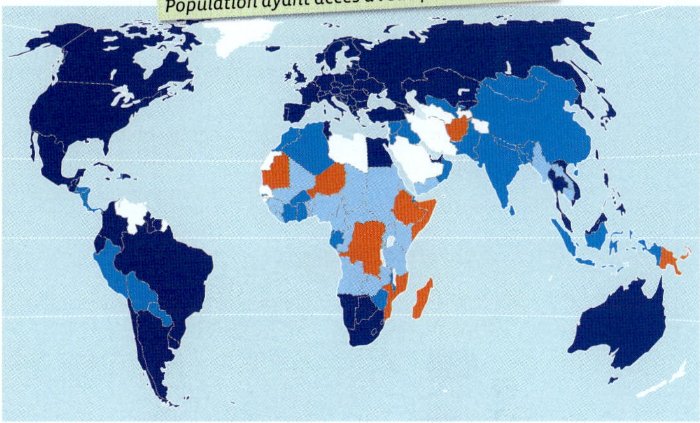

6 L'accès à l'eau potable, un droit de l'Homme.
En 2010, 884 millions de personnes dans le monde n'ont pas accès à une eau potable de qualité et plus de 2,6 milliards ne disposent pas d'installations sanitaires de base. Chaque année, environ 2 millions de personnes, pour la plupart des enfants, meurent des suites de maladies causées par une eau impropre à la consommation. En 2010, l'Assemblée générale de l'ONU déclare l'accès à une eau de qualité et à des installations sanitaires comme un droit humain.

EXPLOITATION

❶ **DOC. 1** Une eau potable doit-elle contenir aucun nitrate ?

❷ **DOC. 2** Comment a évolué la consommation d'eau depuis le début des années 1970 ? Quelles pourraient être les conséquences d'une telle évolution sur les réserves en eau ?

❸ **DOC. 3** Comment justifier la présence de « chlore » dans l'eau du robinet ?

❹ **DOC. 3 À 5** Quelles sont les différences entre l'eau du robinet, une eau de source et une eau minérale ?

❺ **DOC. 6** Pourquoi l'accès à l'eau potable a-t-il été reconnu comme un droit de l'Homme par l'ONU ?

❻ **EN CONCLUSION** Quelles sont les sources d'eau potable, avec ou sans traitement, sur la planète ?

Voir Dico p. 187

BILAN

Qualité des sols et de l'eau

Le sol : un milieu d'échanges de matière

- Le **sol** est la couche superficielle de l'écorce terrestre dans laquelle se développent les racines des plantes. Il est formé de matière minérale provenant de l'altération de la roche mère du sous-sol sous-jacent et de matière organique (sous forme d'humus) issue de la dégradation des êtres vivants après leur mort.
- Le sol échange en permanence de la matière avec son environnement. Grâce à la présence d'agrégats, il retient l'eau et échange des cations avec les plantes afin de leur fournir les minéraux indispensables à leur développement. Le sol est donc un milieu dynamique d'échanges de matière. **[Activité 1]**
- L'apport en carbone, oxygène et hydrogène nécessaire à la croissance des plantes est assuré par le dioxyde de carbone de l'air et par l'eau (qui entrent dans le processus de photosynthèse en présence d'énergie solaire). Les autres éléments minéraux indispensables (azote, phosphore, fer, etc.) sont fournis sous forme d'ions par le sol.
- Les **engrais**, qu'ils soient naturels (déjections animales) ou de synthèse fournissent aux plantes des minéraux complémentaires qui favorisent leur croissance. Ils contiennent un ou plusieurs des trois éléments fertilisants fondamentaux : l'azote, le phosphore et le potassium. En complément de ces apports minéraux, les **produits phytosanitaires** protègent les végétaux des parasites et des maladies qui limitent leur croissance.
- La composition chimique des engrais et des produits phytosanitaires peut être déterminée par un **dosage**. **[Activité 2]**

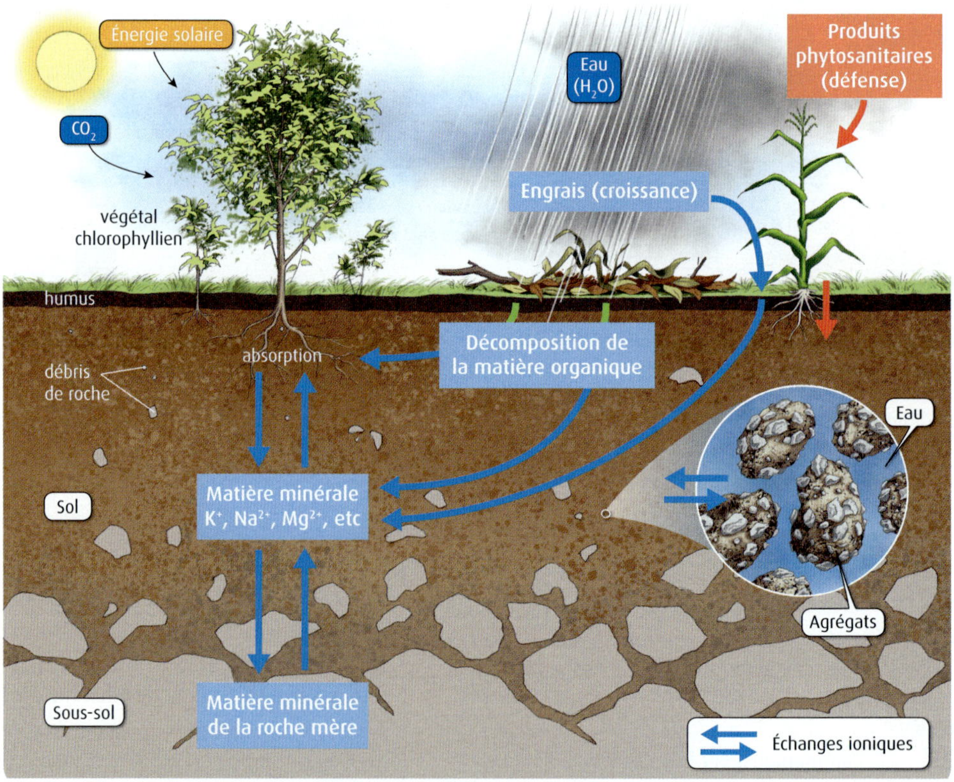

Des eaux naturelles à l'eau potable

- Une eau de consommation n'est pas pure. Elle contient principalement des gaz dissous (dioxyde de carbone, dioxygène), ainsi que différents ions appelés également sels minéraux. La présence ou non de certains ions peut être déterminée à l'aide de tests caractéristiques. L'ensemble des constituants d'une eau définit sa **composition chimique**. [Activité 3]
- Il existe trois types d'eau potable : les **eaux minérales**, les **eaux de source** et l'eau du robinet. Les eaux minérales et les eaux de source sont des eaux qui jaillissent naturellement potables. La composition chimique des eaux minérales est constante et reconnue bénéfique pour la santé. L'eau du robinet est issue d'eaux prélevées dans les rivières ou les nappes phréatiques et généralement non potables. Avant d'être consommée, elle subit une série de traitements qui la clarifient et la désinfectent. [Activité 4]
- Les eaux destinées à la consommation humaine obéissent à une réglementation stricte. Pour être potables, elles doivent vérifier plusieurs critères (critères de **potabilités**) qui correspondent à des conditions de pH, de température à l'émergence, de composition chimique et de qualité microbiologique. [Activité 4]
- Il est possible de modifier la composition chimique d'une eau. Les eaux riches en ions calcium et magnésium sont dites **dures**. Leur consommation modérée n'a pas de conséquence sur la santé, mais peut entraîner des désagréments notamment pour les appareils ménagers. L'utilisation d'adoucisseurs d'eau permet de diminuer la concentration des ions magnésium et calcium dans l'eau en les remplaçant par des ions sodium. [Activité 3]

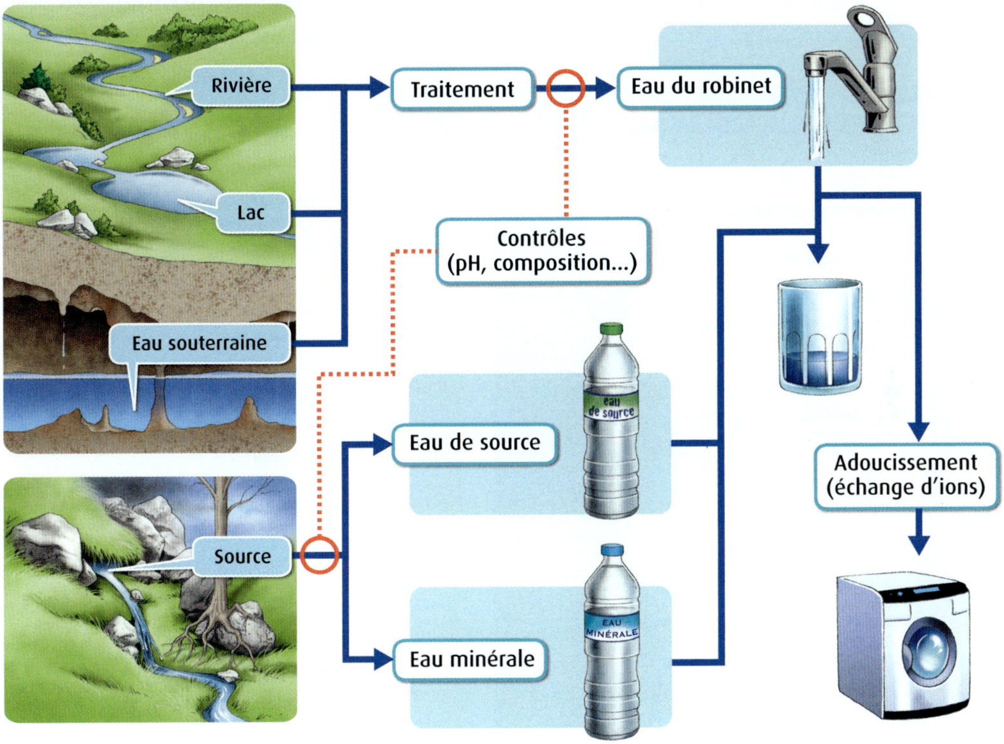

Mots clés du chapitre

Voir Dico p. 187

- Composition chimique
- Dosage
- Eau de source
- Eau dure
- Eau minérale
- Engrais
- Minéral
- Potabilité
- Produit phytosanitaire
- Sol

EXERCICES

Tester ses connaissances

1 Vrai ou faux ?

Identifier les affirmations fausses et les rectifier.

1. Un engrais est un pesticide.
2. Les eaux de consommation sont pures.
3. Le sol est un milieu d'échanges de matière.
4. Les adoucisseurs éliminent tous les ions présents dans l'eau.
5. Une eau minérale a une composition chimique constante.

2 QCM

Identifier la (ou les) bonne(s) réponses.

1. L'utilisation de 800 kg d'engrais apporte 120 kg d'azote au sol. Cet engrais a une composition en azote de :
a. 15 %.
b. 12 %.
c. cela dépend de la quantité d'engrais utilisée.

2. Une eau dure :
a. est déconseillée à la consommation en tant qu'eau de boisson.
b. entartre les appareils ménagers.
c. est due à la présence d'ions calcium Ca^{2+} et magnésium Mg^{2+}.

3. L'eau du robinet :
a. ne subit pas de traitement entre son prélèvement en milieu naturel et sa distribution.
b. respecte les critères de potabilité.
c. a des vertus thérapeutiques reconnues par le ministère de la Santé.

4. Le dosage d'une solution contenant un produit phytosanitaire indique que sa concentration en ions cuivre (II) Cu^{2+} vaut Cm = 750 mg.L^{-1}. Sachant que $m = Cm \times V_S$, 200 mL (0,200 L) de cette solution contient :
a. 200 mg d'ions cuivre (II) Cu^{2+}.
b. 375 mg d'ions cuivre (II) Cu^{2+}.
c. 150 mg d'ions cuivre (II) Cu^{2+}.

S'entraîner avec un exercice guidé

3 Eau minérale et critères de potabilité

Étiquette d'une eau minérale.

Quelques critères de potabilité d'une eau

Limites de qualité		Références de qualité	
Fluorure	1,50 mg.L^{-1}	Chlorure	250 mg.L^{-1}
Nitrate	50 mg.L^{-1}	Sodium	200 mg.L^{-1}
Total pesticides*	0,50 µg.L^{-1}	Sulfate	250 mg.L^{-1}
pH	$6,5 \leq pH \leq 9$		

*somme de tous les pesticides individualisés détectés et quantifiés.

❶ Rappeler la différence entre une eau minérale et une eau de source.

❷ Quelle est la masse des ions sodium contenus dans un verre de 200 mL (0,200 L) d'eau Saint-Yorre ?

❸ L'eau de Saint-Yorre vérifie-t-elle les critères de potabilité ?

❹ Pourquoi n'est-il pas recommandé de consommer de l'eau de Saint-Yorre dans le cadre d'un régime alimentaire sans sel ?

Un peu d'aide

• Mobiliser ses connaissances
Retrouver les caractéristiques d'une eau minérale et d'une eau de source.

• Saisir des informations
Repérer sur l'étiquette la concentration massique des ions sodium. Attention aux unités !

• Mettre en relation des informations
Comparer la composition de l'eau de Saint-Yorre aux critères d'une eau propre à la consommation et conclure.

OBJECTIF BAC
page 108

4 L'eau des carafes filtrantes

Saisir des informations et argumenter

Bien que l'eau du robinet soit potable en France, un grand nombre de foyers la filtre avant de la consommer. Le succès des carafes filtrantes se justifie-t-il ? L'association « UFC-Que Choisir » a réalisé plusieurs tests pour le savoir. Par ailleurs, le prix du litre d'eau filtrée est en moyenne multiplié par 20 (0,04 euro) par rapport à l'eau du robinet. Quant aux eaux en bouteille, elles sont 100 à 200 fois plus chères que l'eau du robinet.

« Le premier test portait sur des carafes filtrantes neuves, le second sur l'eau du robinet et l'eau filtrée de 31 familles. Les premières répondent en partie à leurs promesses : éliminer le goût de chlore* et diminuer la dureté de l'eau ; en revanche les résultats sont catastrophiques au domicile des utilisateurs de carafes. Alors que la plupart reçoivent une eau du robinet potable, l'eau filtrée est dégradée. L'utilisation des carafes exige des précautions : changer régulièrement les cartouches et les manipuler avec des mains propres, la moindre contamination étant propice à la prolifération des microbes, surtout si l'eau est conservée à température ambiante. »

* utilisé dans le traitement de l'eau pour éliminer les microorganismes (voir p. 82).

D'après UFC-Que Choisir, avril 2010.

Des carafes filtrantes

Les résultats de tests sur des carafes filtrantes.

1. Est-ce que la consommation d'une eau ayant un goût chloré est dangereuse pour la santé ? Justifier.
2. Quelles sont les contraintes d'utilisation des carafes filtrantes ?
3. Argumenter les avantages et les inconvénients de l'utilisation de carafes filtrantes.

5 La dépollution des sols par les plantes

Mobiliser ses connaissances et formuler une hypothèse

Différentes sources de pollution entraînent une augmentation de métaux lourds dans le sol, présents sous forme d'ions (zinc Zn^{2+}, cadmium Cd^{2+}, plomb Pb^{2+}, etc.). Ceux-ci se retrouvent dans l'eau ou dans les aliments et leur consommation présente un risque pour la santé en cas d'exposition prolongée.
Les métaux lourds n'étant pas biodégradables, il faut les extraire pour dépolluer les sols. Or certaines plantes accumulent des ions métalliques dans la tige et les feuilles. Une fois celles-ci coupées, séchées et incinérées, les cendres qui concentrent les métaux lourds sont récupérées. Des expériences ont révélé que les plants de moutarde ou de tabac peuvent ainsi extraire environ 20 % du zinc, 60 % du cadmium et 40 % du plomb présents dans les échantillons de sédiments utilisés.

Un champ de moutarde

1. À l'aide des connaissances, proposer une hypothèse pour expliquer l'accumulation dans le sol des ions métalliques Zn^{2+}, Cd^{2+} et Pb^{2+}.
2. Expliquer le principe de dépollution des sols par les plants de moutarde.
3. Pourquoi les plantes sont-elles incinérées au lieu d'être consommées ?

6 Engrais et fertilisation raisonnée

Exploiter un graphique et mobiliser ses connaissances

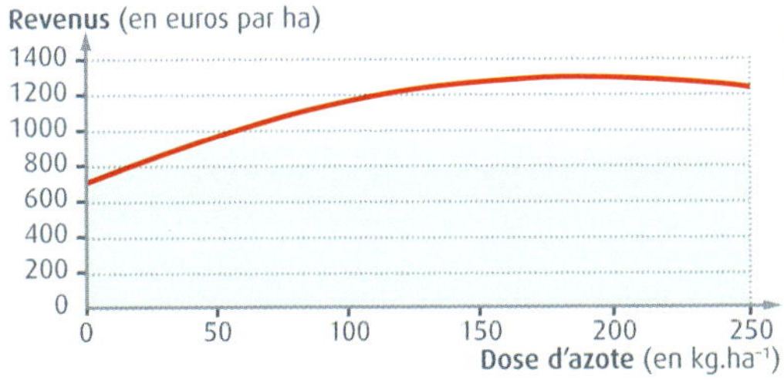

Évolution du revenu d'une parcelle en fonction de la dose d'azote apportée sous forme d'engrais.

1. Qu'est-ce qu'un engrais ?
2. Quel est l'intérêt d'utiliser des engrais en agriculture ?
3. Proposer une explication à la baisse de revenus au-delà d'une certaine dose d'engrais azotée.
4. Que devient l'azote non consommé par les plantes ?

« Une accumulation de faits n'est pas plus une science qu'un tas de pierres n'est une maison. »

HENRI POINCARÉ (1854-1912), mathématicien et philosophe français

Enquête

Faut-il boire de l'eau du robinet ou de l'eau embouteillée ?

Une collecte pour le recyclage de bouteilles en plastique.

En France, la consommation d'eau embouteillée (eau minérale et eau de source) a doublé en l'espace de dix ans. Notre pays est l'un des principaux consommateurs au monde d'eau embouteillée.

1. Rechercher sur Internet des informations sur le coût de l'eau en bouteille comparé au coût de l'eau du robinet.
2. Pourquoi peut-on dire que l'eau embouteillée a un coût énergétique et environnemental élevé ?
3. Consommer autant d'eau en bouteille dans un pays comme la France vous semble-t-il justifié ? Et ailleurs dans le monde ?

PLUS LOIN AVEC INTERNET B2i

- www.cnrs.fr/cw/dossiers/doseau/decouv/potable/sourceMin.html
- www.mce-info.org/eau/index.php
- www.pseudo-sciences.org/spip.php?article1009
- www.notre-planete.info/actualites/actu_845_consommation_eau_bouteille_environnement.php
- www.anses.fr/index.htm

Débat

Le sol, une ressource menacée

Comment nourrir 7 milliards d'individus avec des sols surexploités ? Daniel Nahon professeur de géochimie, sonne l'alarme : « D'une certaine manière, le sol est la peau de la Terre. Les sols de nos champs, de nos pâturages, de nos jardins s'épuisent plus vite qu'ils ne se reconstituent. De plus, la charge humaine par hectare augmente inexorablement. Il est donc devenu vital pour l'humanité de conserver, de renouveler et de considérer cette ressource comme un bien commun mondial. »

Pourquoi et comment protéger les sols ?

Vous êtes...	Votre mission consiste à...
agronome	... expliquer comment se forme un sol et en quoi il ne s'agit pas d'une ressource renouvelable.
agriculteur	... expliquer l'importance de maintenir la fertilité des sols.
journaliste	... présenter les principales menaces qui pèsent sur les sols en France et dans le monde et l'urgence qu'il y a à les sauver.
décideur politique	... envisager des mesures pouvant contribuer à la protection des sols.

PLUS LOIN AVEC INTERNET B2i

- www.inra.fr/la_science_et_vous/le_sol_ressource_pour_une_agriculture_durable
- www.mpl.ird.fr/suds-en-ligne/sols/index.html
- www2.cnrs.fr/journal/3847.htm
- www.terrethique.org/universite/universite-terrethique-sol.php

Esprit critique

Une campagne choc

Une campagne d'affichage par l'association « France Nature environnement » (FNE, mars 2011).

1. À l'aide de vos connaissances, expliquez le phénomène de prolifération des algues vertes.
2. Que pensez-vous des arguments des uns et des autres concernant cette campagne d'affichage ?

Des arguments pour et contre.

« La Bretagne concentre sur 4 départements la moitié des porcs et de la volaille française. La Bretagne est également la première région française en élevage bovin laitier. Au total, la quantité d'effluents produite chaque année (lisier, fientes et fumier) dans ces 4 départements est équivalente à la pollution émise par 50 millions d'habitants. ■ »

www.fne.asso.fr

« "Il y a d'autres façons d'ouvrir le dialogue que de taper toujours sur la tête des mêmes", a regretté Inaporc, l'interprofession nationale porcine [...]. »

« Jean-Yves Le Drian, le président (PS) du conseil régional, dénonce une opération qu'il juge "malveillante". "Ces attaques caricaturales ne permettront pas de résoudre la question des algues vertes", poursuit-il, en soulignant que, sur le terrain, se noue un "vrai dialogue entre ceux qui, hier, refusaient de s'écouter". Autrement dit, entre les agriculteurs et les associations de défense de l'environnement. ■ »

www.ouest-france.fr/

Science et société

La chimie est-elle bonne ou mauvaise ?

Quelque 50 000 substances « chimiques », au sens de produites par synthèse, sont utilisées dans le monde. Mais l'industrie chimique a mauvaise presse, elle est accusée de polluer notre eau et notre air et d'être dangereuse pour la santé.

1. La distinction inoffensif / dangereux coïncide-t-elle avec la distinction naturel / artificiel ? Justifiez votre réponse.
2. À l'aide de vos connaissances, montrez l'importance de l'industrie chimique par exemple dans le traitement de l'eau ou le développement de la production alimentaire. Quel est le revers de la médaille ?
3. À l'aide du texte, commentez le slogan choisi pour l'année de la chimie en 2011 : « Notre vie, notre avenir. »

POUR EN SAVOIR PLUS

- ✔ www.chimie2011.fr/
- ✔ Paul Arnaud, *Si la chimie m'était contée*, Belin-Pour la Science, 2002.

« "On pense souvent que ce qui vient de la nature est bon, alors que ce qui est synthétique est mauvais, constate Christian Bochet [professeur à l'Université de Fribourg]. Pourtant, les contre-exemples sont nombreux." Et de citer les champignons vénéneux, ou la toxine botulinique, le poison le plus puissant connu à ce jour, sécrété le plus naturellement du monde par une bactérie.

Quant à se déclarer "contre la chimie", l'expression n'a simplement et littéralement pas de sens. Car nous sommes la chimie. Tout ce qui nous entoure, de la Terre qui nous porte à l'air que nous respirons, et bien sûr notre chair et notre sang, est produit de la transformation de la matière, donc de la chimie.

"Par contre, poursuit Christian Bochet, [il] est clair que de nombreuses industries ont abusé de la chimie à des fins strictement économiques. Y compris en exportant certains procédés qui ont toujours été connus pour être très dangereux dans des pays moins regardants que nous. [...]" "Ces procédés doivent être supprimés en première priorité", clame le professeur. Qui n'en croit pas moins qu'une industrie chimique 100 % propre est possible, "mais peut-être dans quelques siècles". ■ »

« La chimie fait sa révolution verte », www.swissinfo, 31 janvier 2011.

MOBILISER SES ACQUIS

1. Quelle est l'importance des microorganismes dans notre environnement ?

Boîte de culture contaminée par une main

L'hygiène dans une usine de conditionnement de fromages

1. Où trouve-t-on les microorganismes dans notre environnement ?
2. En quoi certains microorganismes sont-ils utiles à l'Homme ?
3. Comment peuvent-ils contaminer l'organisme ?
4. Quelles sont les règles d'hygiène permettant de limiter les contaminations ?

mots clés

Microorganisme : être vivant de taille microscopique.

Pathogène : qui peut causer une maladie.

2. Pourquoi conserver les aliments ?

Cuillère exposée à l'air et à l'eau

Fruits après séchage au contact de l'air à 30-35°C

1. Quelle est la composition de l'air ?
2. Quel type de transformation se produit sur la cuillère exposée à l'eau et à l'air ?
3. Citer des effets visibles du séchage sur des fruits. Identifier quels éléments ou facteurs présents dans l'environnement des fruits sont responsables de tels changements.

Oxydation ;
Transformation chimique ;
Transformation physique.

Voir Dico p. 187

CHAPITRE 6

Sciences de la Vie et de la Terre
Physique-chimie

Qualité des aliments : le contenu de nos assiettes

Sommaire

SVT

ACTIVITÉ 1

Biologie des microorganismes et conservation des aliments

Les microorganismes sont présents en grand nombre dans notre environnement. Certains sont utiles à l'Homme et d'autres, dits pathogènes, sont dangereux pour sa santé et se retrouvent parfois dans nos aliments.

→ Comment les microorganismes pathogènes se développent-ils dans les aliments ?

Compétences : • Expliquer à partir de données expérimentales ou documentaires le rôle des conditions physico-chimiques sur le développement de microorganismes.

Des microorganismes dans les aliments

Fiche d'identité du champignon

- **Microorganisme** : *Penicillium digitatum*, ou moisissure verte, un champignon filamenteux blanc produisant des spores de couleur verte.
- **Aliments contaminés** : Agrumes au contact de l'air. Une blessure du fruit accélère le développement de la moisissure.
- **Toxicité** : Les agrumes atteints deviennent mous et ont une saveur indésirable, mais ne sont pas toxiques pour l'Homme.

1 Des champignons sur un citron (agrume).

Fiche d'identité de la bactérie

- **Microorganisme** : *Salmonella enterica*, bactérie intestinale de nombreux animaux.
- **Aliments contaminés** : Produits animaux contaminés par des germes fécaux, consommés crus ou peu cuits (produits laitiers, œufs, viandes hachées). Ils ne présentent pas forcément d'altération visible ni d'odeur suspecte.
- **Toxicité** : Gastro-entérites (vomissements, diarrhées) appelées salmonelloses, contractées avec l'ingestion d'un nombre important de microorganismes (10^5 minimum), souvent guéries en quelques jours, mais pouvant être mortelles dans le cas de personnes affaiblies.

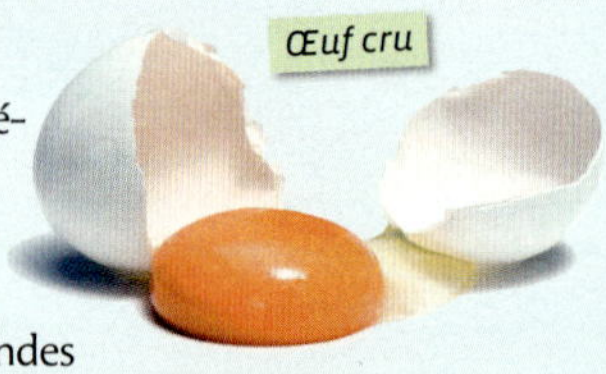

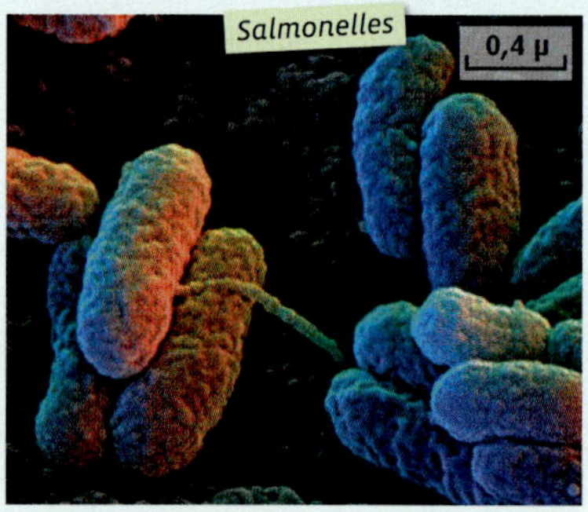

2 Des bactéries dans les œufs.

3 Évolution du nombre de foyers de salmonellose déclarés au cours de l'année 2008 en France.
Les salmonelloses constituent l'une des toxi-infections les plus répandues. Elles font l'objet d'une déclaration obligatoire auprès des services sanitaires français et européens.

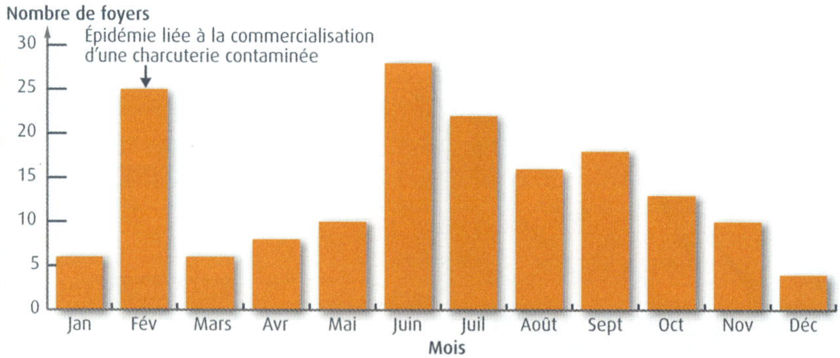

Conditions de développement des microorganismes

HISTOIRE DES SCIENCES → page 107

- Les microorganismes se multiplient rapidement dans les milieux riches en matières organiques (sucres, protéines). Certaines bactéries, par exemple, se divisent toutes les 20 min. Les principaux facteurs modulant leur croissance sont la composition du milieu nutritif (l'aliment contaminé), celle de l'atmosphère (dioxygène, humidité), la température, le pH et la disponibilité en eau.
- La disponibilité en eau quantifie la facilité avec laquelle l'eau peut être extraite de l'aliment, permettant ainsi le développement des microorganismes (de 0 à 1, 1 étant la disponibilité maximale). Elle est par exemple de 0,98 dans les fruits et légumes frais et de 0,5 dans les pâtes alimentaires crues.
- Des conditions non optimales ralentissent ou inhibent totalement le développement des microorganismes sans forcément les tuer.

4 Les conditions de développement des microorganismes.

Microorganismes		Moisissures (*Penicillium*)	Bactéries (salmonelles ou *Clostridium**)
Température (en °C)	minimum	– 5 à 15	5 à 10
	optimum	10 à 35	25 à 43
	maximum	35 à 60	30 à 50
pH	minimum	1,5 à 3,5	3,5 à 4,5
	optimum	4 à 7	6 à 8
	maximum	8 à 11	7,5 à 9
Disponibilité en eau minimale	(de 0 à 1)	0,7	0,95

* Bactérie présente dans les conserves ou charcuteries avariées, responsable du botulisme, une infection alimentaire rare, mais souvent mortelle.

5 Conditions de développement de microorganismes en fonction de quelques paramètres.

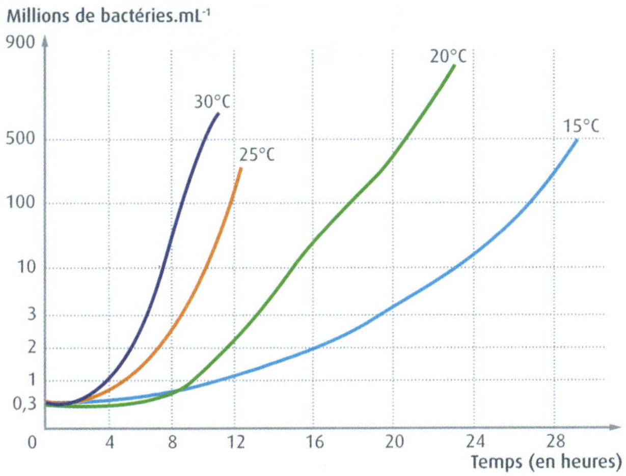

6 Évolution du développement de salmonelles à différentes températures en fonction du temps.

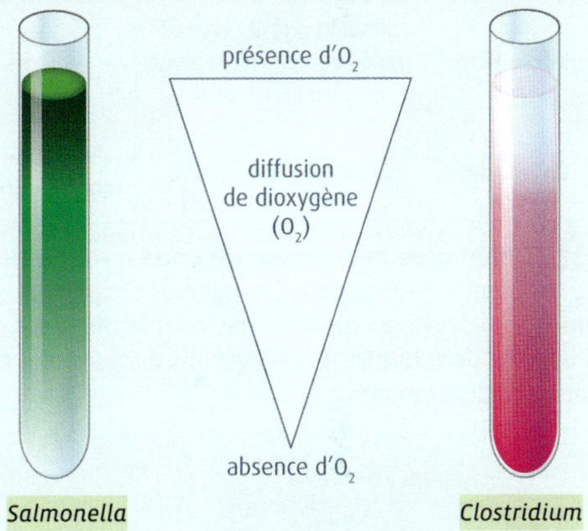

L'expérience. Les bactéries sont ajoutées dans un milieu nutritif agité avant gélification du milieu. Elles sont ainsi distribuées de manière homogène avant la culture. Leur distribution dans le milieu de culture est observée plusieurs heures après (l'intensité de la couleur est ici proportionnelle au nombre de bactéries).

7 Comparaison des conditions de culture de deux bactéries.

EXPLOITATION

1. **DOC. 1, 2 ET 4** Dire pourquoi les aliments peuvent être contaminés par des microorganismes.
2. **DOC. 3** Proposer une hypothèse pour expliquer l'évolution du nombre de foyers au cours d'une année.
3. **DOC. 2, 5 ET 6** Expliquer pourquoi la consommation d'aliments crus ou peu cuits augmente le risque de salmonellose.
4. **DOC. 5 À 7** Comparer les conditions de développement des salmonelles et des *Clostridium*.
5. **EN CONCLUSION** Citer sous forme de tableau les paramètres qu'il est possible de moduler pour limiter le développement de microorganismes et proposer des techniques permettant de le faire.

Voir Dico p. 187

SVT

ACTIVITÉ 2

Conservation et qualité des aliments

Afin de limiter le développement des microorganismes pathogènes et de prolonger ainsi la conservation des aliments, différentes techniques ont été mises au point.

Quelles sont les techniques de conservation ? Ont-elles un impact sur la qualité des aliments ?

Compétences : • Identifier les avantages et les inconvénients de certains traitements appliqués dans le cadre de la conservation des aliments. • Confirmer ou infirmer certaines affirmations concernant l'action de certains produits alimentaires sur la santé.

Diverses techniques de conservation

ART ET SCIENCE page 107

Lait	Traitement	Conservation avant ouverture
Cru	aucun	2-3 jours au frais
Pasteurisé	70 °C pendant 15 s (certains microorganismes résistent)	8 jours au frais
Stérilisé UHT (Ultra Haute Température)	autour de 120 °C pendant 1 à 4 s	3 mois à température ambiante
Microfiltré	filtration du lait écrémé (pores de 1,5 µm) et ajout de crème pasteurisée	15 jours au frais
En poudre	séchage à 150-200 °C	1 an au sec à température ambiante

1 Différentes techniques de conservation du lait.
Le lait étant un milieu riche en matières organiques, il est propice au développement de microorganismes. Les conditions d'hygiène doivent être respectées lors de toutes les étapes de son conditionnement.

Le principe. La mise en conserve ou appertisation consiste à détruire par la chaleur (10-30 minutes autour de 120 °C) tous les microorganismes : c'est la stérilisation. Le conditionnement étanche et l'absence de dioxygène (O_2) permettent une conservation pendant 3 à 5 ans.

2 Des aliments en conserve.

Légumes congelés

Le principe. La congélation (-18 °C) et la surgélation (de -40 °C à -80 °C) entraînent un arrêt total du développement des microorganismes, sans les tuer tous. Selon les aliments, la conservation dure 6 à 9 mois dans un congélateur à compartiment 4 étoiles.

3 Des aliments congelés ou surgelés.

Tofu

Le principe. L'atmosphère modifiée (absence de O_2 et concentration élevée en CO_2 ou N_2) inhibe le développement des microorganismes ayant besoin d'O_2. La conservation est 2 à 5 fois plus longue que sous atmosphère normale.

4 Des aliments sous atmosphère modifiée.

Carottes et persil

Le principe. La lyophilisation (élimination de l'eau après congélation) diminue la disponibilité en eau nécessaire au développement des microorganismes. Un aliment lyophilisé peut se conserver 1 an.

5 Des aliments lyophilisés.

Conséquences de la conservation sur la qualité des aliments

6 Légumes frais et légumes en cours de décongélation. Certains légumes décongelés deviennent flasques et ont une texture aqueuse en raison d'une rupture des parois et membranes des cellules sous l'effet du froid. Ils perdent une partie de leur goût.

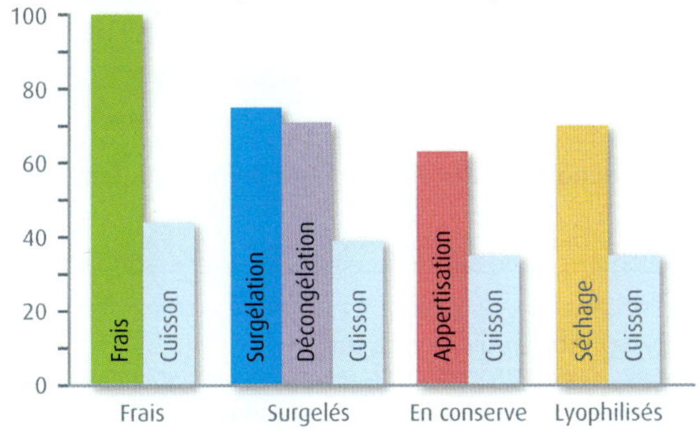

Les chiffres indiquent la teneur en % dans le produit en fin de processus par rapport à la teneur initiale dans le produit frais .

7 Teneur en vitamine C des petits pois selon le mode de conservation. L'appertisation, la surgélation et la lyophilisation ne modifient pas la teneur en nutriments (protéines, lipides et glucides) et en sels minéraux (par exemple, le calcium dans le lait). Elles réduisent nettement la teneur initiale en vitamines, mais elles permettent une cuisson plus rapide (du fait d'un traitement thermique avant conservation) et donc une teneur finale assez proche de celle de l'aliment cuit sans conservation préalable.

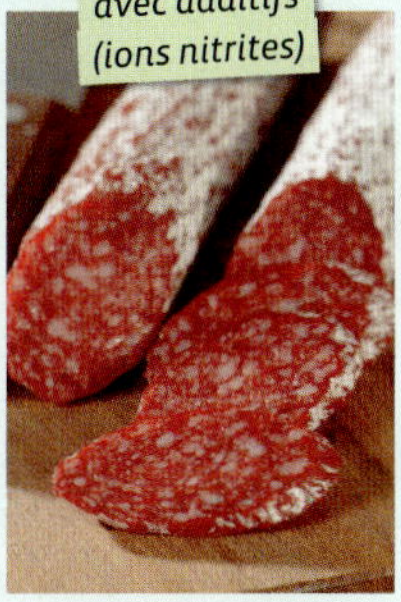

Les additifs sont des substances naturelles ou artificielles ajoutées aux aliments pour les colorer, modifier les propriétés gustatives ou prolonger leur conservation (voir p. 96). Il existe une liste officielle des additifs alimentaires* autorisés et de leurs concentrations maximales d'emploi. Des observations chez l'Homme et les animaux ont permis de déterminer une dose maximale sans effet toxique démontrable (DSE). La dose journalière admissible (DJA, en mg/kg corporel/jour) est la DSE divisée par un facteur de sécurité, habituellement de 100. À cette dose, un additif alimentaire est censé pouvoir être consommé quotidiennement toute la vie sans effet indésirable sur la santé. Cela est cependant contesté car les effets d'interactions entre plusieurs additifs alimentaires sont mal connus et les risques d'allergie ne sont pas négligeables.

*Les conservateurs sont codés E2XX et les anti-oxydants E3XX.

8 Additifs alimentaires et réglementation européenne.

Code	Nom	DJA (mg/kg/j)	Utilisations principales	Groupes humains à risques	Symptômes
E220 à E228	Ions sulfite	0,7	Vins, bières	Asthmatiques	• Troubles cutanés et respiratoires • Migraines
E233	Thiabendazole	0,1	Traitement en surface des agrumes et des bananes		• Troubles digestifs
E249 à E250	Ions nitrite	0,1	Viandes, charcuteries	Nourrissons	• Migraines • Troubles respiratoires, digestifs et cutanés • Cancers

9 Quelques conservateurs autorisés en Europe et effets toxiques possibles.

EXPLOITATION

1 **DOC. 1 À 5** Comparer dans un tableau le mode d'action des différentes techniques de conservation sur le développement des microorganismes. Indiquer les techniques de stérilisation.

2 **DOC. 3 ET 6** Expliquer pourquoi il est recommandé de ne pas recongeler un aliment déjà décongelé et de consommer cuits les aliments congelés.

3 **DOC. 6 ET 7** Comparer la qualité gustative et nutritive des aliments en fonction de leur mode de conservation.

4 **DOC. 8 ET 9** Expliquer dans quels cas les conservateurs alimentaires peuvent être nocifs.

5 **EN CONCLUSION** Identifier, sous forme d'un tableau, les avantages et les inconvénients pour le consommateur des différents traitements appliqués.

Voir Dico p. 187

PHYSIQUE - CHIMIE

ACTIVITÉ 3

Effet de l'air, de la température et de la lumière sur les aliments

Au contact du dioxygène de l'air, de la température ou de la lumière, les propriétés nutritionnelles et organoleptiques (couleur, flaveur, texture) des aliments peuvent être modifiées.

Comment se manifestent ces modifications et comment les contrôler ?

Compétences : • Mettre en œuvre un protocole pour mettre en évidence l'oxydation des aliments. • Distinguer une transformation physique d'une transformation chimique.

Effets de l'oxygène de l'air sur les aliments

Expérience 1 : un morceau de pomme est placé dans une coupelle, au contact de l'air.

Expérience 2 : un morceau de pomme est placé dans une enceinte dépourvue de dioxygène contenant uniquement du diazote (N_2).

Expérience 3 : un morceau de pomme est recouvert de jus de citron et placé dans une coupelle au contact de l'air.

1 Effet du dioxygène de l'air, du diazote et du jus de citron sur des morceaux de pomme.
La transformation chimique subie par la pomme au contact de l'air est appelée oxydation : elle est rendue possible par la présence d'enzymes présentes dans la pomme. Une astuce de cuisine consiste à frotter les morceaux de pommes avec du citron.

2 Une expérience pour comprendre l'action du jus de citron.
Les morceaux de pomme sont au contact de l'air. Le jus de citron est essentiellement constitué des espèces suivantes : eau, sucres, acide citrique et acide ascorbique (vitamine C). Dans l'industrie alimentaire, l'acide ascorbique est un antioxydant, fréquemment utilisé comme additif alimentaire repérable par son appellation E300 (voir p. 95). Il réagit avec le dioxygène de l'air et empêche ainsi l'oxydation de la pomme : c'est un procédé chimique de conservation des aliments.

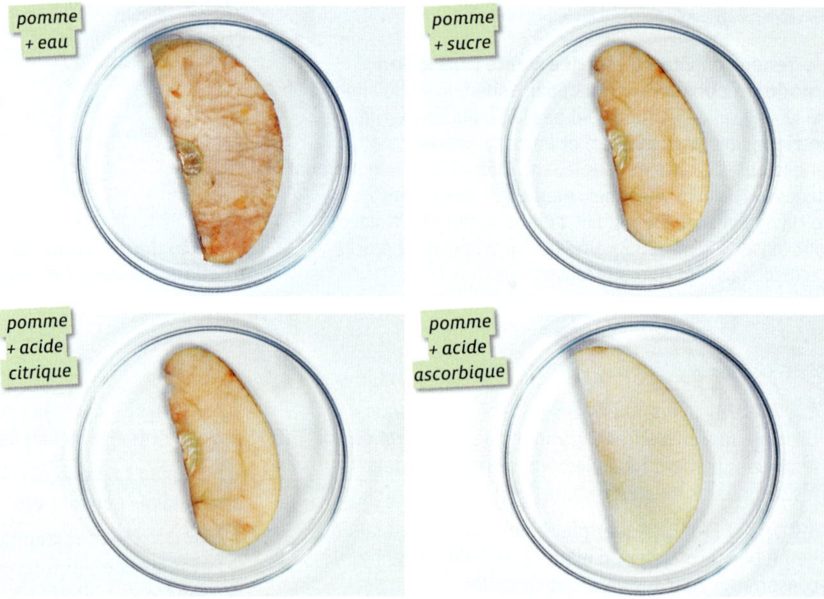

Effets de la lumière et de la température sur les aliments

4. pomme + chauffage

Expérience 1 : un morceau de pomme est placé dans une coupelle au contact de l'air (voir doc. 1).

Expérience 4 : un morceau de pomme est placé dans une coupelle au contact de l'air après chauffage dans un four à micro-ondes pendant 30 secondes. Les enzymes nécessaires à l'oxydation de la pomme sont dénaturées par un chauffage rapide et intense : l'oxydation est stoppée.

3 Effet de la température sur la réaction d'oxydation.

Lorsqu'on prépare une tarte aux pommes, on observe que la pâte et les pommes changent de couleur et d'aspect lors de la cuisson. De plus, de nouvelles flaveurs (sensations de goûts et d'odeurs) apparaissent. Ces changements sont dus à des transformations chimiques appelées réactions de Maillard qui interviennent lors de la cuisson des aliments. Elles sont à différencier de l'oxydation par le dioxygène de l'air : réactions de Maillard et oxydation sont des transformations chimiques qui n'ont pas les mêmes effets.

4 Réactions de Maillard et pâtisserie.

Deux morceaux de pommes sont placés dans une coupelle au contact de l'air. L'un d'eux est soumis à des rayonnements UV, l'autre en est protégé.
Les morceaux de pomme sont observés au bout de 30 minutes.

L'expérience (rayons UV)

Résultat de l'expérience

5 Effet des rayonnements lumineux sur la réaction d'oxydation. Afin de contrôler l'oxydation des aliments, il est préférable de stocker les aliments à l'abri de la lumière : c'est un procédé physique de conservation.

EXPLOITATION

1 DOC. 1 Quelle espèce chimique présente dans l'air est responsable du brunissement de la pomme ?

2 DOC. 1 ET 2 Quel est le phénomène évité par le jus de citron ? Quelle(s) espèce(s) chimique(s) présente(s) dans le jus de citron semble(nt) éviter le brunissement des pommes ?

3 DOC. 3 ET 5 Décrire les effets de la température et de la lumière sur le processus d'oxydation des aliments.

4 DOC. 4 Quelles sont les transformations chimiques citées et leur(s) effet(s) sur les morceaux de pomme ?

5 CONCLUSION Quels procédés physiques et chimiques de conservation permettent de contrôler le processus d'oxydation ? Les décrire succinctement.

Voir Dico p. 187

PHYSIQUE - CHIMIE

ACTIVITÉ 4

Évolution des techniques de conservation : aspects chimiques et physiques

Les premières techniques de conservation datent de la préhistoire. Au fil du temps, elles ont largement évolué en parallèle des découvertes scientifiques.

Quels sont les principes physiques et chimiques à l'œuvre dans les techniques de conservation ?

Compétences : • Extraire et organiser des informations pour : rendre compte de l'historique des modes de conservation des aliments ; associer un changement d'état à un processus de conservation ; distinguer une transformation physique d'une transformation chimique.

Évolution des techniques de conservation

ARGUMENTER/DÉBATTRE

page 106

XIIIe siècle
Lyophilisation des pommes de terre* par les Indiens des Andes

1748
Découverte du principe des machines thermiques, à l'origine du réfrigérateur, par William Cullen à l'Université de Glasgow (Angleterre)

1877
Voyage trans-océanique de viandes congelées

1918
Création de la première marque de réfrigérateur « Frigidaire » par la société américaine General Motors

Antiquité
Conservation des aliments dans la glace ou la neige

XVIe siècle
Découverte de la réfrigération par utilisation de ruissellement d'eau et de salpêtre**

1795
Découverte de la stérilisation des aliments en bocaux par Nicolas Appert

1904
(Ré)invention du processus de lyophilisation par des physiciens français

Années 1940
Mise au point de la technique d'irradiation des aliments par des scientifiques français

*L'eau des pommes de terre est solidifiée par les nuits fraiches, puis sublimée par les basses pressions en altitude.

**La dissolution du salpêtre dans l'eau consomme l'énergie thermique du milieu extérieur qui est alors refroidi.

1 Quelques techniques de conservation dans le temps. La salaison ou le séchage sont d'autres techniques anciennes.

« J'ai mis un pot au feu [...] dans des bouteilles que j'ai bien bouchées, ficelées, et enveloppées chacune dans un sac. [...] Je les ai rangées [...] debout dans une chaudière. J'ai empli cette chaudière d'eau froide, de manière que les bouteilles baignassent jusqu'à la cordeline, [...] j'ai mis le feu sous la chaudière ; lorsque le bain-marie a été en ébullition, j'ai entretenu le même degré de chaleur pendant une heure, après quoi j'ai retiré le feu. [...] J'en ai retiré les bouteilles, dont j'ai goudronné les bouchons le lendemain avec du galipot, pour les expédier dans divers ports de mer. Au bout d'un an et six mois, le bouillon a été retrouvé aussi bon que fait du jour même ».

Nicolas Appert, *Le livre de tous les ménages*, 1810.

2 Nicolas Appert, inventeur en 1795 du procédé de mise en conserve (ou appertisation) des aliments.

Fraises irradiées et non irradiées après le même temps de conservation

L'irradiation consiste à soumettre les aliments à un rayonnement de forte énergie (supérieur à 10 eV), provoqué par la désintégration d'éléments radioactifs. On parle de « rayonnement ionisant » car certaines molécules sont transformées en ions. Les aliments irradiés ne sont pas radioactifs, mais ils peuvent perdre leurs qualités nutritives et organoleptiques (goût, odeur, texture), la structure moléculaire des espèces chimiques (telles les vitamines) pouvant être modifiée. En France, l'irradiation est autorisée sur de nombreux aliments (oignons, légumes et fruits secs, pommes de terre, etc.), mais par sur les fraises par exemple. Elle est utilisée pour détruire les microorganismes, bloquer la germination, etc.

3 L'irradiation des aliments.

Techniques de conservation et transformations physiques

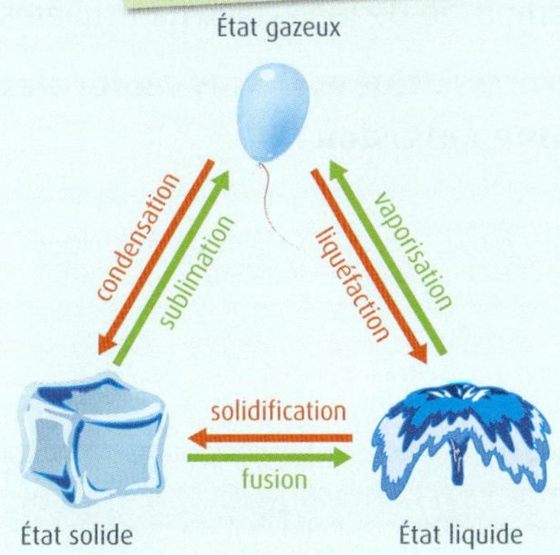

■ Les transformations physiques concernent les changements d'état d'une espèce chimique.

■ Les transformations chimiques concernent les transformations où des molécules de réactifs se transforment en molécules de produits. Il y a alors une modification des structures moléculaires des réactifs pour former des produits.

4 Transformation physique et transformation chimique.

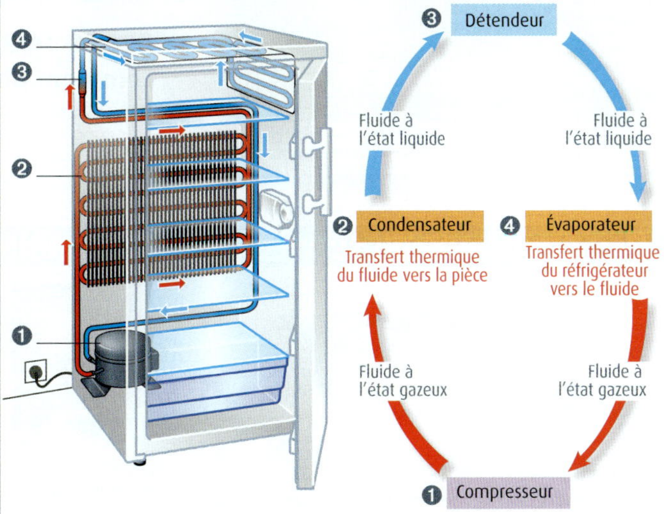

5 Principe de la conservation par le froid.
Un réfrigérateur assure un transfert d'énergie thermique des compartiments réfrigérés, dont la température diminue, vers le milieu extérieur dont la température augmente. Le transfert d'énergie thermique s'effectue grâce à un fluide réfrigérant circulant en circuit fermé. Ce fluide réfrigérant subit un cycle composé de deux changements d'état.

6 Lyophilisation et changements d'états.
Le procédé de lyophilisation (voir p. 94) permet d'obtenir des aliments de faible volume et poids (l'eau pouvant occuper jusqu'à 90 % du volume d'un aliment). Les aliments lyophilisées sont très utilisés par les randonneurs et astronautes.

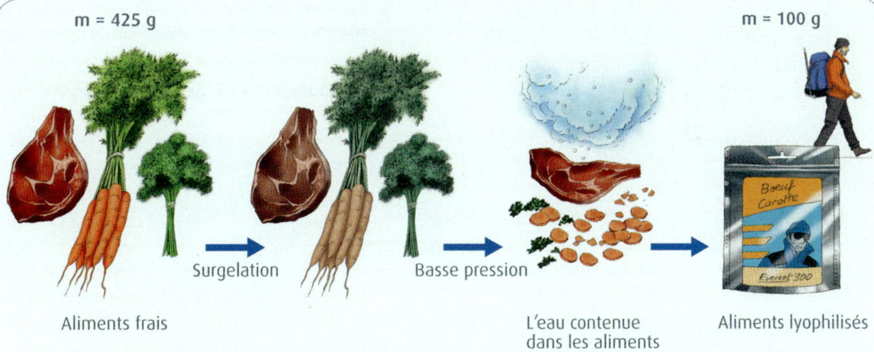

QUESTIONS

❶ **DOC. 1** Retrouver la période d'invention des principales techniques de conservation citées p. 94.

❷ **DOC. 2** Quelles sont les conditions à respecter pour réaliser la stérilisation lors du procédé d'appertisation ?

❸ **DOC. 3 ET 4** Lors de l'irradiation, les molécules subissent-elles une transformation chimique ou physique ?

❹ **DOC. 4 ET 5** Préciser les états physiques du fluide réfrigérant lorsqu'il parcourt le cycle de changements d'états.

❺ **DOC. 6** Pourquoi la masse des aliments lyophilisés diminue-t-elle considérablement ? Lors de quelle étape cette diminution de masse a-t-elle lieu ?

❻ **EN CONCLUSION** Résumer les transformations physiques et chimiques utilisées dans les techniques de conservation présentées dans cette activité.

Voir Dico p. 187

PHYSIQUE-CHIMIE 5 ACTIVITÉ

Les émulsions

La mayonnaise est souvent appréciée dans nos assiettes, notamment pour sa texture originale. Comme toutes les émulsions, elle est composée de molécules particulières.

Quelles sont les caractéristiques de ces molécules ? Comment obtenir une émulsion ?

Compétences : • Analyser la formulation d'un produit alimentaire. • Interpréter le rôle d'une espèce tensioactive dans la stabilisation d'une émulsion. • Mettre en évidence les conditions physicochimiques nécessaires à la réussite d'une émulsion culinaire.

Des émulsions au service de l'art culinaire

Dans une mayonnaise industrielle, certains additifs alimentaires sont ajoutés aux trois ingrédients de la recette de base (jaunes d'œufs, huile, vinaigre) : des antioxydants (acide ascorbique), des émulsifiants (lécithines) ou des épaississants (gel d'agar-agar). Ces additifs prolongent la conservation et modifient la consistance du produit fini.

1 Formulation de la mayonnaise. La formulation consiste à choisir des constituants, dans des proportions précises et mettre en œuvre la préparation de ce mélange en vue d'obtenir un produit fini aux propriétés désirées.

Interview d'**Hervé This**, physico-chimiste à l'INRA et AgroParisTech

« **Dans une mayonnaise, la consistance résulte de la dispersion** de la microstructure, qui est celle d'une "émulsion"* : dans l'eau du jaune d'œuf et du vinaigre, l'huile a été dispersée sous la forme de minuscules gouttelettes (de diamètre inférieur au dixième de millimètre). C'est un "système colloïdal", ou système dispersé. C'est simple : de l'eau, de l'huile... et, pour faciliter la dispersion de l'eau dans l'huile, laquelle nécessiterait beaucoup d'énergie, le jaune d'œuf, qui apporte des protéines (surtout) et des phospholipides, molécules qui enrobent les gouttes d'huile. Ce sont ce que l'on nomme des "émulsifiants", ou des molécules "tensioactives". En bouche, la texture résulte de l'écoulement très particulier du système, lequel écoulement s'accompagne de la déformation des gouttes d'huile.»

* du latin *emulgere*, qui signifie traire : on trait effectivement les vaches pour récupérer le lait, qui est une dispersion de gouttelettes de matière grasse dans de l'eau.

2 Qu'est-ce qu'une émulsion ?

MANIPULER

► **1. Réaliser une vinaigrette.** Dans un bécher, réaliser le mélange de 3 cuillères d'huile et d'une de vinaigre. Mélanger vigoureusement à l'aide d'une fourchette. Observer la préparation une heure après.

► **2. Réaliser une émulsion.** Dans un bécher, réaliser le mélange de 3 cuillères d'huile et d'une de vinaigre. Ajouter ensuite de la lécithine de soja. Mélanger vigoureusement à l'aide d'une fourchette.

► **3. Mettre en évidence de l'eau dans l'œuf.** Dans une coupelle, déposer un jaune d'œuf après avoir séparé le blanc du jaune. Saupoudrer le jaune d'œuf de cristaux de sulfate de cuivre à l'aide d'une spatule. Au contact de l'eau, le sulfate de cuivre forme un complexe bleu nuit caractéristique, qui permet alors de mettre en évidence la présence d'eau.

► **4. Réaliser une mayonnaise.** Dans un bécher, introduire un jaune d'œuf et une cuillère de vinaigre. Mélanger. Introduire ensuite 3 cuillères d'huile en filet. Mélanger doucement à l'aide d'une fourchette (voir doc. 1).

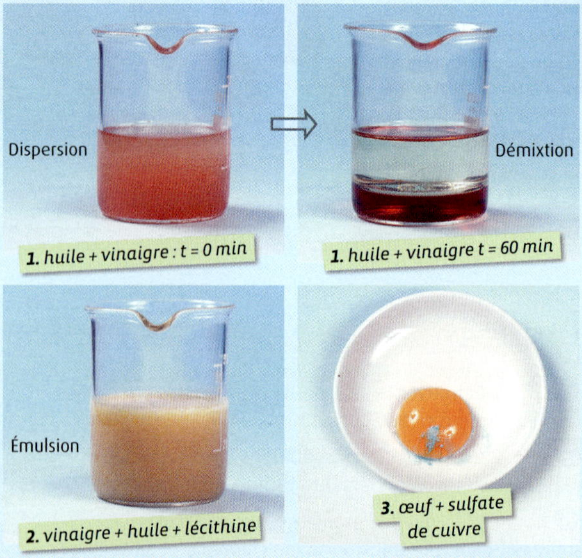

3 Expériences pour comprendre ce qu'est une émulsion. La démixtion désigne la séparation de deux phases liquides.

Les conditions nécessaires à la réussite d'une émulsion

ART ET SCIENCE

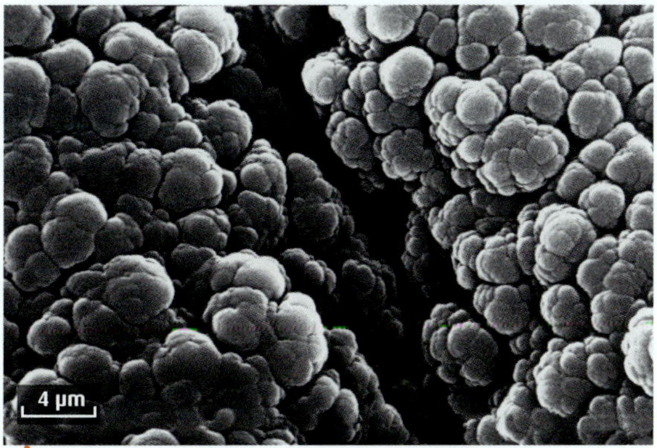

4 Observation de la mayonnaise à 20 °C au microscope électronique à balayage (MEB).

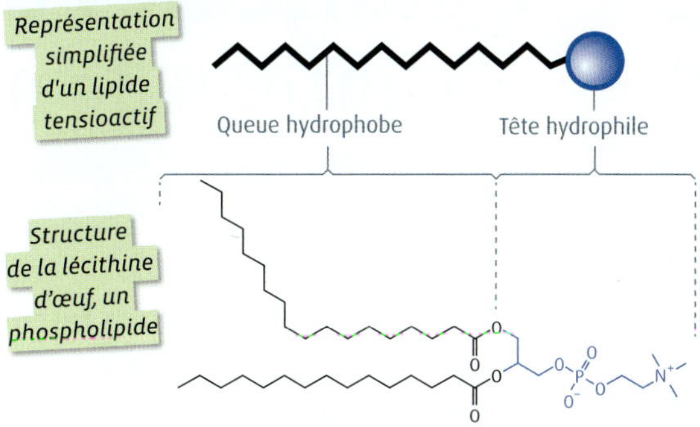

5 Un exemple de molécule tensioactive.
Les phospholipides appartiennent à la famille des lipides.
Ces molécules sont aussi qualifiées d'amphiphiles.

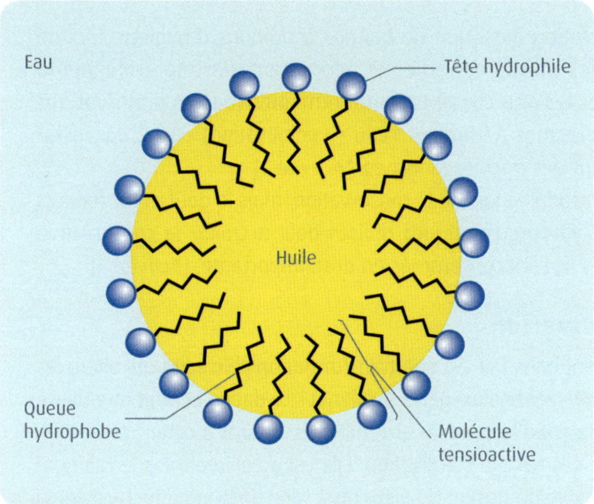

6 Schéma d'une micelle. Une micelle est un agrégat de molécules dites « tensioactives ». La formation de micelles permet de stabiliser par exemple une dispersion « huile dans l'eau » : les tensioactifs jouent le rôle de « relais » entre les deux phases (huile et eau).

7 La *tempera* ou les vertus de l'œuf.
Le procédé *a tempera* est une technique de peinture largement utilisée jusqu'au XVe siècle, notamment par Léonard de Vinci (1452-1519) et ses contemporains.

La Cène, Léonard de Vinci : exemple de peinture *a tempera*

« On qualifie de *tempera* la technique qui consiste à mélanger des pigments avec un liant à base d'eau, contenant de l'œuf et souvent d'autres ingrédients tels que la cire, des résines, des vernis ou de l'huile. [...] Pourquoi de l'œuf ? C'est parce que le jaune d'œuf contient de la *lécithine*, un tensioactif qui stabilise les émulsions dans l'eau (comme dans la mayonnaise) en tapissant l'interface entre l'eau et l'huile. [...] La technique de la *tempera* est très ancienne [...]. Son succès réside dans la beauté des couleurs obtenues, légèrement plus claires que celles de la peinture à l'huile. »

Extrait de *Matière et matériaux*, sous la direction d'Étienne Guyon, Belin-Pour la Science, 2010.

EXPLOITATION

1 **DOC. 1 À 3** Expliquer pourquoi la formulation de la mayonnaise permet l'obtention d'une émulsion.

2 **DOC. 3 À 6** Proposer des définitions pour les adjectifs hydrophile, hydrophobe et amphiphile. Quelle molécule présente dans la mayonnaise permet d'éviter la démixtion de la préparation ?

3 **DOC. 7** Quels sont les constituants mélangés par le peintre permettant la réalisation d'une émulsion dans la technique *a tempera* ?

4 **CONCLUSION** À partir du cas particulier de la mayonnaise, donner une description générale d'une émulsion.

Voir Dico p. 187

BILAN

Qualité des aliments : le contenu de nos assiettes

Les connaissances

Des microorganismes dans les aliments

• Les **microorganismes** (**bactéries**, champignons, etc.) sont des êtres vivants de taille microscopique qui peuvent se multiplier dans les aliments et en altérer la qualité gustative ou sanitaire. Dans ce dernier cas, ils sont dits pathogènes et peuvent entraîner une toxicité pour l'Homme. Leur développement est optimal dans certaines conditions de température, d'oxygénation et d'humidité, conditions propres à chaque espèce de microorganisme. La multiplication des microorganismes peut alors être très rapide. **[Activité 1]**

La conservation des aliments

• L'utilisation de différents procédés de conservation ainsi que de bonnes conditions d'hygiène lors de leur manipulation limitent le développement des microorganismes et permettent ainsi de prolonger la durée de conservation des aliments. Les procédés les plus courants sont thermiques (basses températures ou hautes températures). D'autres procédés consistent à éliminer l'eau (lyophilisation) ou le dioxygène (aliments sous vide) favorables au développement des microorganismes. **[Activité 2]**

• La teneur en **nutriments** des aliments n'est pas modifiée lors de la conservation, mais le goût et les teneurs en vitamines peuvent être affectées. Des **conservateurs chimiques** utilisés pour accroître la conservation peuvent avoir des effets indésirables sur la santé s'ils sont consommés en dose importante. **[Activité 2]**

L'oxydation des aliments et leur conservation

• Le processus d'**oxydation** par le dioxygène présent dans l'air est une **transformation chimique** qui altère les aliments. Un antioxydant est une molécule qui réagit avec le dioxygène : il ralentit l'oxydation et peut être utilisé pour conserver les aliments. L'oxydation est aussi ralentie lorsque les enzymes nécessaires à cette transformation chimique sont altérées par chauffage : c'est le cas avec la **stérilisation**. Elle est accélérée lorsque l'aliment est soumis à un rayonnement UV : il est donc préférable de stocker les aliments à l'abri de la lumière. **[Activité 3]**

• Les transformations chimiques comme l'oxydation des aliments ou les réactions de Maillard (connues en pâtisserie pour l'apparition de flaveurs lors de la cuisson des aliments) sont à différencier des **transformations physiques** dans certains procédés de conservation (lyophilisation, surgélation). **[Activité 4]**

Les émulsions

• Les **émulsions** telles que la mayonnaise sont caractérisées par la dispersion stable de gouttelettes d'huile dans l'eau. Trois éléments sont indispensables à leur formation : eau, huile et tensioactifs. Les molécules **tensioactives** sont **amphiphiles**, elles sont composées d'une tête **hydrophile** et d'une queue **hydrophobe**. Ces molécules évitent la **démixtion** du mélange (séparation des deux phases eau et huile) en formant des **micelles**. **[Activité 5]**

Mots clés du chapitre

Voir Dico p. 187

- Additif alimentaire
- Amphiphile
- Antioxydant
- Bactérie
- Conservateur chimique
- Émulsion
- Hydrophile/Hydrophobe
- Matière organique
- Microorganisme
- Micelle
- Nutriment
- Oxydation
- Stérilisation
- Tensioactif
- Transformation physique ou chimique

L'essentiel par l'image

Conditions de développement des micro-organismes

Conditions de développement
- Milieu oxygéné (la plupart)
- Température optimale
- Présence de nutriments

Effet de la température sur les micro-organismes

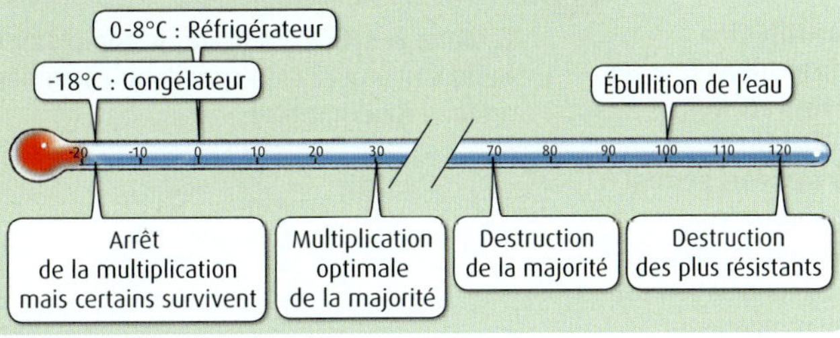

L'oxydation des aliments

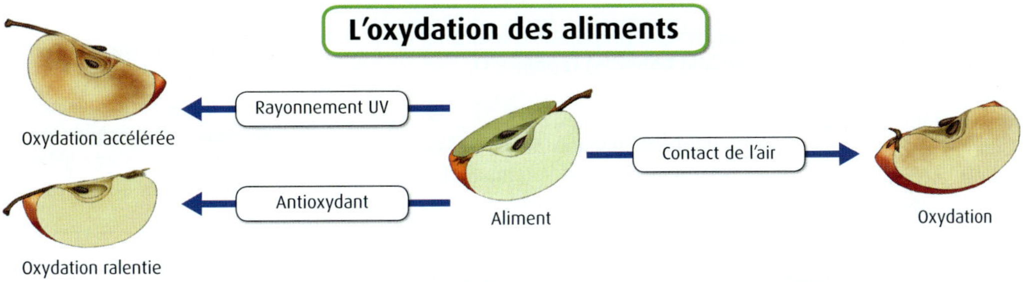

Principaux modes de conservation des aliments

Froid

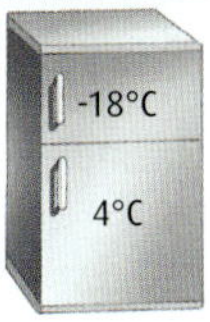

Chaleur

Stérilisation

Appertisation

Élimination d'eau

Sucraison (ou salaison)

Lyophilisation

Élimination de dioxygène

Aliment sous vide

Irradiation

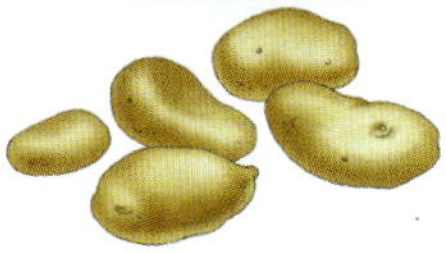
Rayons ionisants

Additifs alimentaires

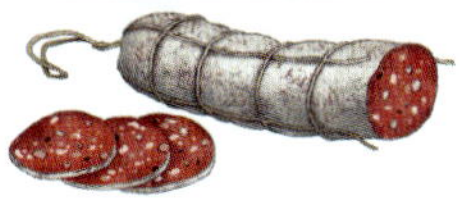
Conservateurs, antioxydants

L'essentiel par le texte

> La conservation des aliments se fonde sur la connaissance de la biologie des microorganismes, dont certains sont pathogènes, et vise à empêcher leur développement. Si la teneur en nutriments d'un aliment conservé n'est pas modifiée, les qualités gustatives et les teneurs en vitamines peuvent l'être. Les procédés de conservation sont, selon les situations, physiques ou chimiques.

> Les aliments sont altérés par le dioxygène de l'air : il s'agit d'une transformation chimique qui peut être accélérée par la lumière ou ralentie par le chauffage.

EXERCICES

Tester ses connaissances

1 Vrai ou faux ?

Identifier les affirmations fausses et les rectifier.

a. Chauffer légèrement les aliments permet d'éliminer les microorganismes.
b. La congélation est une méthode de stérilisation des aliments.
c. Les produits en conserve ont la même teneur énergétique que les aliments crus.
d. Lors de la congélation, le changement d'état subi par l'eau contenue dans les aliments est la condensation.

2 Un schéma

Recopier le schéma suivant, le compléter en indiquant à quoi correspondent les numéros, et lui donner un titre.

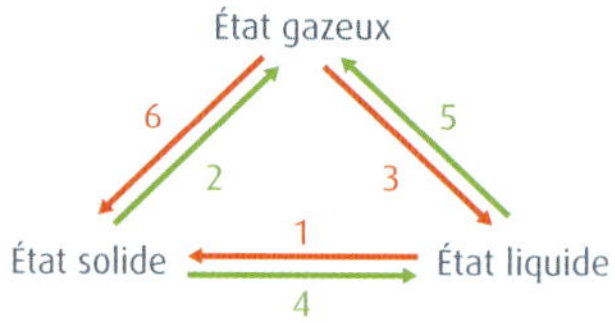

3 QCM

Pour chaque proposition, identifier la (ou les) bonne(s) réponse(s).

1. Le développement des microorganismes :
a. demande toujours du dioxygène.
b. est influencé par la température.
c. est plus rapide dans des aliments déshydratés.

2. L'espèce chimique contenue dans l'air qui est responsable de l'oxydation de certains aliments est :
a. le dioxyde de carbone (CO_2).
b. le dioxygène (O_2).
c. le diazote (N_2).

3. L'oxydation des aliments :
a. est une transformation chimique.
b. altère les aliments.
c. est accélérée par chauffage.
d. est ralentie par l'introduction d'un antioxydant.

4. Une émulsion :
a. est une dispersion de gouttelettes d'huile dans l'eau.
b. nécessite l'introduction de molécules hydrophiles.
c. peut être réalisée grâce à l'introduction de lipides.

S'entraîner avec un exercice guidé

4 Brunissement d'une pomme

Au cours du vieillissement d'une pomme coupée en quartiers, le dioxygène transforme les molécules de phloridzine présentes dans la pomme en pigment jaune-brun par l'intermédiaire d'enzymes. Il existe plusieurs méthodes pour conserver une pomme coupée : l'introduction d'acide ascorbique (un des constituants du jus de citron) qui réagit avec le dioxygène à la place des molécules de phloridzine ; la chaleur ou encore l'ajout de sucre (un sirop par exemple).

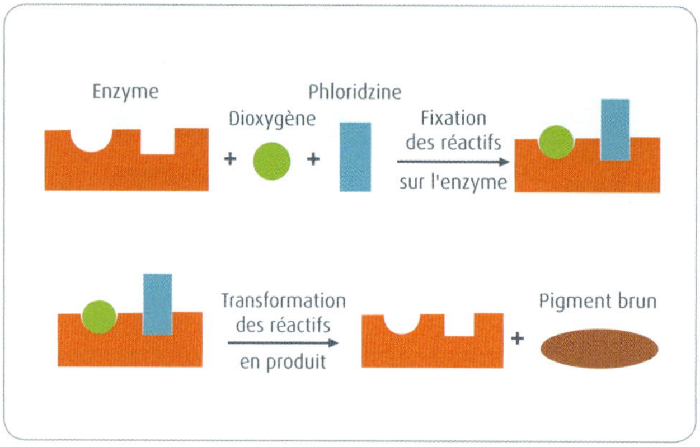

L'action du dioxygène sur un morceau de pomme.

❶ Quel est l'effet du dioxygène sur une pomme coupée ?
❷ L'oxydation des molécules de phloridzine est-elle une transformation chimique ou physique ? Justifier.
❸ Quels sont le rôle et le mode d'action de l'acide ascorbique ?
❹ Proposer une hypothèse sur le mode d'action des autres méthodes de conservation citées.

Un peu d'aide

• Analyser des documents et raisonner
Comprendre l'effet du dioxygène sur les molécules de phloridzine, puis transposer ce résultat à l'échelle macroscopique.

• Mobiliser ses connaissances
Rappel : au cours d'une transformation chimique, des réactifs sont transformés en produits. Identifier réactifs et produits. Une transformation physique ne modifie que l'état physique de l'espèce chimique.

• Saisir des informations
– Indiquer à quelle étape intervient l'acide ascorbique pour identifier son mode d'action.
– Repérer quel phénomène l'acide ascorbique permet d'éviter pour identifier son rôle.

• Effectuer une synthèse
Identifier tous les réactifs nécessaires à la réaction d'oxydation et évaluer l'effet des procédés mis en œuvre sur cette réaction.

Appliquer ses connaissances

OBJECTIF BAC
page 109

5 La confiture ou l'art de conserver les fruits

Mobiliser ses connaissances et raisonner

Ingrédients (pour environ 4 pots de 350 g) :
1 kg de fraises ; 1 kg de sucre

Préparation

Mettre les fraises lavées et le sucre dans une casserole et placer celle-ci sur le feu en tournant de temps en temps pour répartir le sucre.

Dès que le mélange se met à bouillir, baisser le feu et laisser cuire 1 heure et demi à feu doux en tournant de temps en temps.

Mettre dans des pots en verre préalablement bouillis pendant quelques minutes. Bien remplir les pots. Refermer les pots encore chauds ou à froid en déposant une pastille de papier sulfurisé imbibé d'alcool de même diamètre que le pot.

La recette de la confiture de fraises.

1. Citer les termes de la recette (ingrédients et gestes) qui sont en relation avec la bonne conservation de la confiture. Expliquer à chaque fois leur effet.
2. Expliquer pourquoi on n'obtient pas 2 kg de confiture au final.

6 La préparation de frites

Mettre en relation des connaissances et des informations

Des pommes de terre frites dans de l'huile.

L'huile utilisée en cuisine doit être protégée de l'air et de la lumière pour limiter le processus d'oxydation qui modifie le goût et forme des espèces chimiques dangereuses pour la santé. La vitamine E naturellement présente dans l'huile limite l'oxydation, mais elle est dénaturée par chauffage à plus de 40 °C. Des chercheurs suédois ont découvert qu'une cuisson des frites à plus de 120 °C engendre la formation d'acrylamide produit par les réactions de Maillard.
Or l'acrylamide peut créer des lésions au niveau des tissus nerveux.

1. Quelle molécule est responsable de l'oxydation de l'huile ? Quel facteur accélère ce processus ? Justifier.
2. Quel est l'antioxydant naturel présent dans l'huile ?
3. Pourquoi n'est-il pas recommandé de réutiliser une huile de friture ?
4. La formation d'acrylamide résulte-t-elle d'une transformation physique ou chimique ? Justifier la réponse.

7 La formulation de crèmes glacées

Extraire des informations et raisonner

Les principaux ingrédients des crèmes glacées sont : l'eau (60 %), le sucre (16 %), les matières grasses (13 %), les protéines de lait (9 %), les émulsifiants et l'air. L'air introduit sous forme de petites bulles, stabilisées par les matières grasses et les émulsifiants, forment une mousse qui confère à la crème glacée une texture moelleuse.
Les crèmes glacées industrielles sont pasteurisées avant d'être congelées. Après congélation, il faut les conserver au minimum à -18 °C. Si elles sont décongelées puis recongelées, il se forme de gros cristaux de glace donnant une texture désagréable.

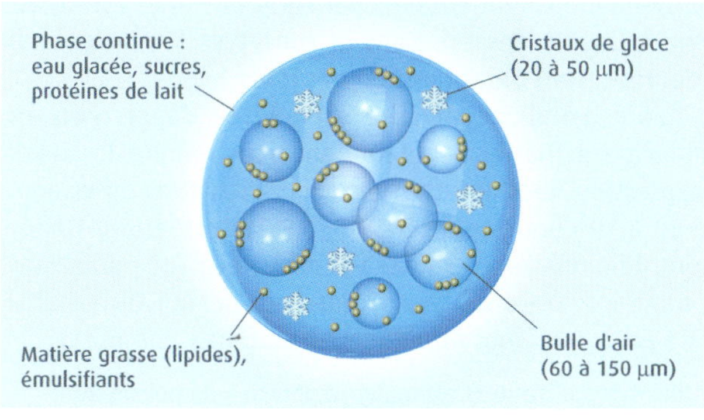

Organisation microscopique d'une crème glacée.

1. Expliquer pourquoi la crème glacée est une suspension stable d'air dans l'eau. Argumenter la réponse en effectuant un parallèle avec les émulsions de type huile dans l'eau.
2. Représenter en détail comment se placent les molécules de lipides autour des bulles d'air dans la crème glacée. Nommer la structure obtenue.
3. À l'aide des connaissances, dire pourquoi la crème glacée est propice au développement de microorganismes.
4. Pour quelles raisons faut-il éviter de décongeler et recongeler la crème glacée ?

La Science et vous

> « Le savant n'est pas l'homme qui fournit les vraies réponses : c'est celui qui pose les vraies questions. »
>
> CLAUDE LÉVI-STRAUSS (1908-2009), antropologue français

Enquête

L'irradiation des aliments en cause

Le Collectif français contre l'irradiation des aliments regroupe une vingtaine d'associations et se mobilise en France et en Europe contre l'irradiation des aliments (voir p. 98).

1. Rappelez pourquoi la technique d'irradiation permet la conservation des aliments et quel est le type de transformation subie par les aliments irradiés.
2. Recherchez sur le site à l'adresse ci-dessous les 10 principaux arguments de ceux qui s'opposent à l'irradiation des aliments.
3. Le consommateur est-il correctement informé sur les aliments irradiés ?
4. Qu'est-ce que le principe de précaution ? Discutez de son application dans le cas présent.

PLUS LOIN AVEC INTERNET B2i

✔ www.irradiation-aliments.org

Science actualité

La toxine botulique : un poison contre les rides !

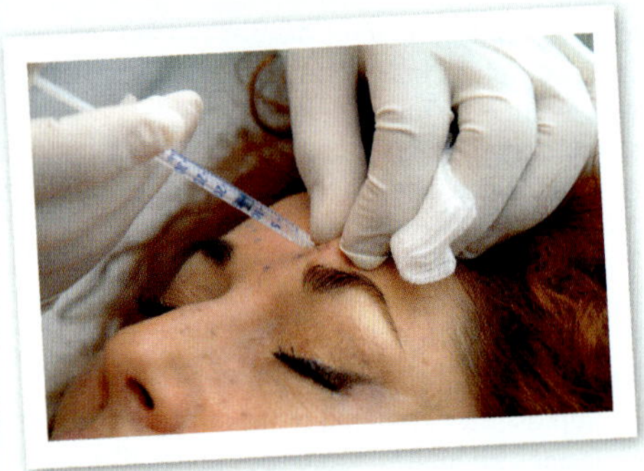

Injection locale de toxine botulique (ou Botox).

Le *Clostridium botulinum* est une bactérie présente dans le sol qui produit une toxine bloquant la synapse assurant la transmission du message nerveux aux muscles. Son ingestion provoque une paralysie des muscles respiratoires et locomoteurs pouvant être mortelle (le botulisme). Les contaminations alimentaires par cette bactérie, essentiellement dues à des salaisons et conserves familiales mal préparées, sont assez rares de nos jours.

La toxine botulique purifiée est utilisée depuis peu en médecine esthétique, notamment pour réduire les rides d'expression liées aux contractions musculaires du visage. De 50 à 100 unités de « Botox » sont injectées par traitement. Une unité correspond à la dose nécessaire pour tuer la moitié d'un lot de souris (dose qui devrait être multipliée par 3 000 pour être dangereuse chez l'Homme).

1. Recherchez les conditions de développement du *Clostridium botulinum* dans les conserves alimentaires.
2. Proposez une hypothèse sur le mode d'action de la bactérie sur les rides.
3. Illustrez par d'autres exemples la phrase « du poison au médicament : un problème de concentration ».

Art et Science

Le confit : une pratique ancestrale

Avant la découverte de la Polynésie par les Européens, les Polynésiens organisaient des expéditions maritimes lointaines vers différents archipels. Pour s'alimenter durant leurs longues traversées à bord de pirogues, ils emportaient des provisions de nourriture riche et qui se conservent bien. Ils préparaient ainsi un confit à base de puffins, des oiseaux migrateurs capables de parcourir de longues distances (65 000 kilomètres en six à dix mois !) et qui accumulent pour ce faire des réserves de graisse importantes. Les oiseaux étaient cuits dans leur graisse et stockés dans des gourdes faites d'algues géantes.

1. Émettez une hypothèse expliquant la conservation de la viande confite.
2. Recherchez sur Internet des informations montrant que le confit est une pratique de conservation universelle.

Guerrier des îles Marquises armé d'un casse-tête et d'une gourde de confit.

Histoire des sciences

Louis Pasteur et la génération spontanée

Au début des années 1860, le scientifique Louis Pasteur, pionnier de la microbiologie, anéantit la théorie de la « génération spontanée » en démontrant par une série d'expériences le rôle de la contamination microbienne.

Louis Pasteur (1822-1895). Huile sur toile d'Albert Edelfelt (1885).

« Il y a donc dans l'air, à toutes les époques de l'année, des corpuscules organisés. Sont-ce des germes féconds de productions végétales ou d'infusoires ? Voilà bien la question à résoudre. J'ai eu recours à trois méthodes distinctes. […] La deuxième méthode paraît inattaquable et tout à fait démonstrative. Dans un ballon de 300 centimètres cubes environ, j'introduis 100 à 150 centimètres cubes d'une eau sucrée albumineuse, formée dans les proportions suivantes : eau 100, sucre 10, matières albuminoïdes et minérales provenant de la levure de bière 0,2 à 0,7. Le col effilé du ballon communique avec un tube de platine chauffé au rouge. On fait bouillir le liquide pendant deux à trois minutes, puis on le refroidit complètement. Il se remplit d'air brûlé à la température ordinaire. Puis on ferme à la lampe le col du ballon. Le ballon, placé dans une étuve à une température de 28 à 32 degrés, peut y demeurer indéfiniment sans que son liquide éprouve la moindre altération […]. ■ »

Louis Pasteur, *Note à l'Académie des sciences*, 1860.

1. Relevez dans ce texte les conditions qui ont permis de détruire les « germes féconds ».
2. Lors de ses travaux, Pasteur a été confronté aux tenants de la génération spontanée. Recherchez sur Internet des éléments sur ce qu'on appelle la génération spontanée et sur la controverse à laquelle elle a donné lieu.
3. Montrez en quoi l'expérience décrite ci-dessus ouvre la voie à la pasteurisation des aliments.

Partie 1

1 PC/SVT Les produits laitiers

Le lait de vache est un aliment courant : plus de 140 millions de tonnes sont consommées en Europe. C'est un milieu aqueux complexe (**doc. 1**), dans lequel les bactéries se développent rapidement : 4 000 par mL à 4 °C, 1 500 000 par mL à 16 °C au bout de 24 h. Pour garantir la qualité sanitaire entre la traite et sa consommation, le lait subit des traitements dont la nature dépend du mode et de la durée de conservation (**doc. 2**).

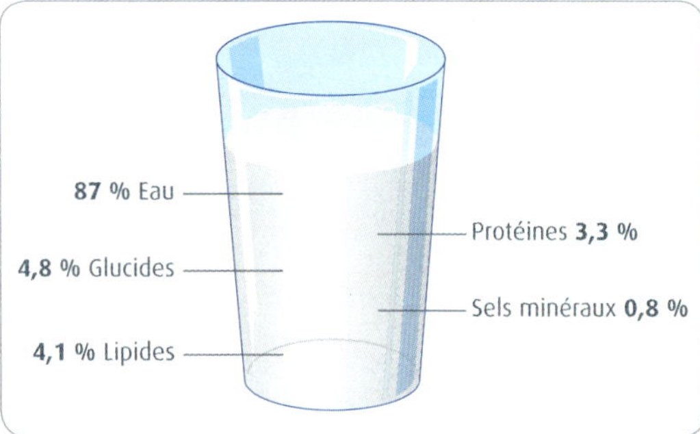

1. Composition du lait.

1. À l'aide de vos connaissances et des informations apportées par le doc. 1, dire pourquoi le lait est un milieu favorable à la prolifération de microorganismes et discuter la pertinence des traitements thermiques pour la conservation du lait.
2. À partir des informations apportées par le doc. 2, expliquer pourquoi les techniques de concentration et de dessication permettent la conservation du lait.
3. Identifier dans les doc. 1 et 2 les transformations physiques et chimiques qui apparaissent dans ces procédés. Justifier votre réponse.
4. En vous appuyant sur le doc. 2, expliquer en quoi le lait constitue un enjeu industriel et économique important.

Traitement	Conditions d'obtention	Produits obtenus
Pasteurisation	Chauffage du lait liquide à 72 °C pendant 15 s	Lait frais pasteurisé
Stérilisation	Chauffage du lait liquide à 120 °C pendant 1 à 4 s	Lait UHT
Concentration	Chauffage du lait liquide avec vaporisation partielle de l'eau	Lait concentré
Dessiccation	Vaporisation totale du lait liquide soumis à un courant d'air chaud	Lait en poudre
Écrémage	Centrifugation du lait liquide afin d'isoler les lipides du reste du lait	Crèmes, Beurre
Fermentation	Chauffage puis ensemencement par une bactérie.	Yaourts

2. Quelques produits dérivés du lait cru.

Partie 3

2 SVT L'élevage du saumon au Chili

« En vingt ans, le Chili a créé une industrie dont il est devenu l'un des leaders mondiaux : plus d'un saumon d'élevage sur trois grandit aujourd'hui dans ses eaux côtières. L'ensemble des activités qui gravitent autour emploie 53 000 personnes dans des conditions de travail souvent contestées.
Mais les défenseurs de l'environnement fustigent l'impact sur l'environnement de ce type d'élevage. Dans le premier fjord à avoir été envahi par les cages, il faut 40 ans pour que l'eau se renouvelle et les saumons rejettent en déchets organiques l'équivalent d'une ville de 560 000 personnes. Cette zone est en train de mourir car les fonds marins sont détériorés et les autres espèces disparaissent.
Les élevages sont aussi maudits par les pêcheurs artisanaux qui voient leurs espaces de pêche diminuer. Un responsable affirme *"Alors que les réserves marines diminuent, je trouve absurde de pêcher 6 kilos de poisson pour produire 1 kilo de saumon"*.
Reste enfin l'état sanitaire des élevages dégradé par l'abus d'antibiotiques et autres pour soigner les poissons. »

D'après « L'or rose de Chiloé », *Le Point*, 31 mai 2007.

Pour chaque proposition des questions 1 et 2, identifier la ou les bonnes réponse(s) :

1. Au Chili, l'élevage du saumon dans des cages :
a. permet d'éviter de pêcher des poissons en pleine mer. **b.** est une production alimentaire « coûteuse en énergie » car l'animal est carnivore. **c.** se fait sans apports de produits particuliers hormis la nourriture des saumons.
2. Au Chili, l'élevage du saumon dans des cages représente une menace pour l'environnement :
a. à cause de la production importante de déchets organiques par les saumons. **b.** car les saumons élevés sont génétiquement modifiés. **c.** car les produits donnés aux saumons peuvent diffuser hors des cages et être consommés par les espèces sauvages.
3. Au Chili, l'élevage du saumon dans des cages répond-il aux critères du développement durable (pour chaque critère, argumenter votre réponse) ?
a. économique. **b.** social. **c.** environnemental.

Partie 3

3 SVT L'évolution des rendements du blé en France

Une étude a été menée en 2010 par des chercheurs de l'INRA (Institut national de recherche agronomique) sur l'évolution du rendement du blé en France et ses causes possibles.

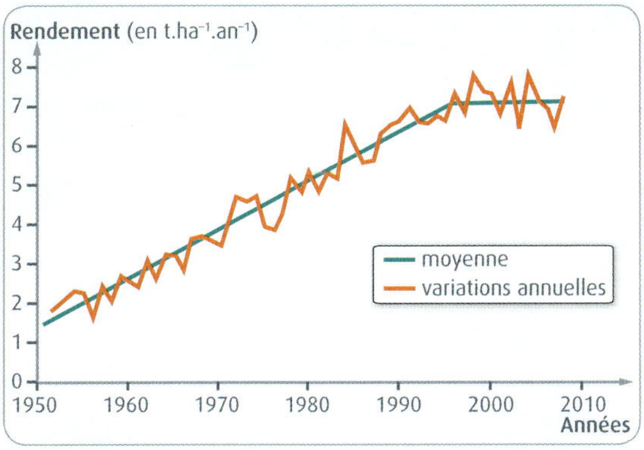

1. Évolution du rendement du blé entre 1950 et 2010 en France. La même tendance s'observe ailleurs en Europe.

Paramètres	Commentaire	Impact sur le rendement du blé
Génétiques	Effet continu des progrès génétiques sur le rendement depuis 1970	Impact positif
Agronomiques : engrais azotés	Augmentation des doses jusqu'en 2000, puis baisse entre 2000 et 2007	Effet dépressif à partir de 2000 : – 15 $kg.ha^{-1}.an^{-1}$
Agronomiques : pratiques de culture	À partir des années 2000, les légumineuses (qui enrichissent le sol en azote) sont remplacées par le colza comme culture précédent celle du blé	Effet dépressif à partir de 2000 : – 35 $kg.\ ha^{-1}.an^{-1}$
Climat	Changement climatique affectant la croissance des tiges et le développement des grains	Effet dépressif : – 20 à – 50 $kg.\ ha^{-1}.an^{-1}$

2. Différents paramètres agissant sur le rendement.

1. Commenter le tracé du graphe du document 1.
2. Rappeler les facteurs définissant le climat.
3. À l'aide de vos connaissances, justifier la baisse de l'utilisation des engrais dans les cultures de blé.
4. Mettre en relation les informations des doc. 1 et 2 et discuter de l'impact des différents paramètres sur la stagnation du rendement du blé.
5. Indiquer les conséquences du réchauffement climatique en cours sur les rendements de blé en France si celui-ci se poursuivait.

Partie 2

4 PC L'eau au quotidien

« L'eau est la chose la plus nécessaire à l'entretien de la vie, mais il est aisé de la corrompre [...], pour cette raison, [elle] a besoin que la loi vienne à son secours. Voilà la loi que je propose : quiconque aura corrompu l'eau d'autrui, eau de source ou eau de pluie ramassée [...], sera tenu de nettoyer la source ou le réservoir conformément aux règles prescrites [...] »

Platon, *Les lois*, livre VII, 400 avant J.-C.

1. L'eau et les lois.

Ions (en $mg.L^{-1}$)	Eau minérale A	Eau minérale B	Eau de source C	Eau du robinet D	Limites de potabilité
Calcium	11,5	549	49	38	aucune
Magnésium	8	119	12	3,6	aucune
Potassium	6,2	4	1	3,5	aucune
Sodium	11,6	14	35	10	200
Sulfate	31,7	1530	17	21	250
Chorure	13,5	18	54	11	250
Nitrate	6,3	4,3	5	6	50
Fluorure	0,22	0,4	–	–	1,5
pH	7	7,2	7,8	8,1	6,5 à 9

2. Composition de différentes eaux de consommation (2008).

1. D'après le doc. 1. justifier que la préservation de l'eau ait fait l'objet de lois dès l'Antiquité.
2. Parmi les quatre eaux du doc. 2, quelle est la plus dure ?
3. Citer une conséquence de l'utilisation d'une eau dure au quotidien. Peut-on y remédier ?
4. Les eaux souterraines et de surface peuvent être polluées par les nitrates et les pesticides. Quelle est l'origine de cette pollution ? Qu'en est-il des eaux de boisson ?
5. Afin de vérifier la potabilité d'une eau, un chimiste réalise le dosage des ions nitrate NO_3^-. Il trouve une teneur de 0,72 mg pour 10 mL d'eau. L'eau analysée respecte-t-elle les critères de potabilité ?

THÈME

3 Féminin / masculin

1 Qu'appelle-t-on l'activité sexuelle ?

L'éducation à la sexualité ne doit laisser de place ni aux informations erronées sur le fonctionnement de son corps ni aux préjugés.

Dans l'Égypte ancienne (– 6 000 ans), on utilisait déjà des « préservatifs » pour empêcher la survenue d'une grossesse.

2 Quels sont les différents moyens de contraception ?

3 Comment éviter ou surmonter les difficultés à procréer ?

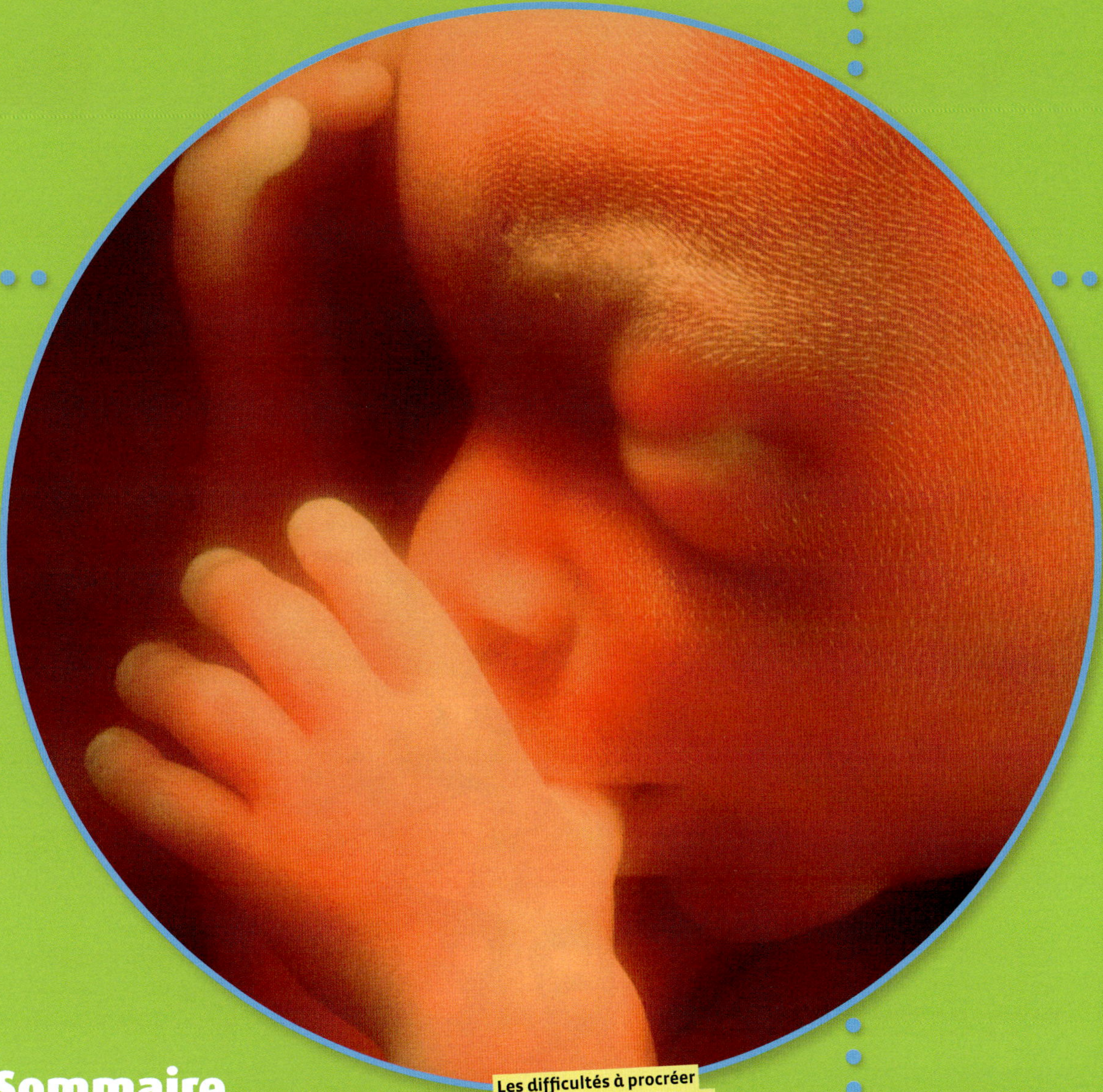

Les difficultés à procréer peuvent parfois être évitées en se protégeant des IST et surmontées par les techniques de PMA.

Sommaire

MOBILISER SES ACQUIS

1. Comment fonctionnent l'ovaire et l'utérus ?

Appareil sexuel de la femme

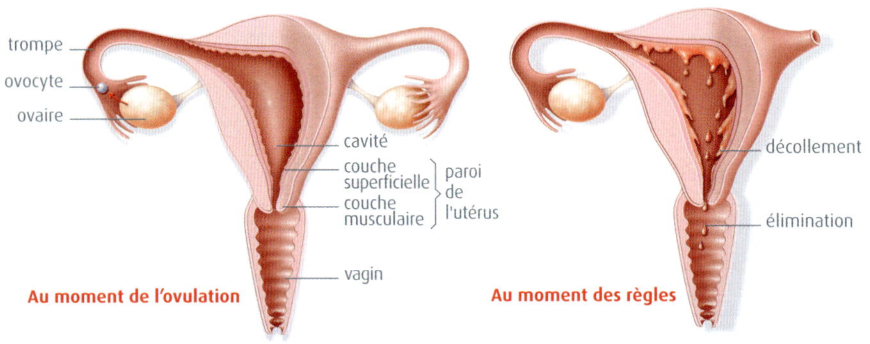

Cycle de la femme

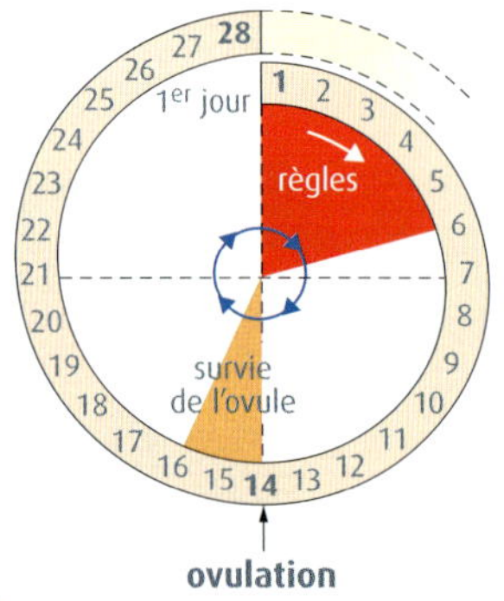

1. Citer les deux cycles de la femme.
2. Donner les noms des hormones sexuelles responsables du cycle de l'utérus.
3. Quel est le signe qui marque le début d'une grossesse ?

mots clés

Hormone : substance produite par une glande, transportée par le sang et qui agit sur un ou plusieurs organes.

Ovulation : libération d'un ovule par l'ovaire vers le 14e jour du cycle.

Organe cible : organe capable de réagir en présence d'une hormone.

2. Qu'est-ce que la contraception ?

Appareil sexuel de la femme

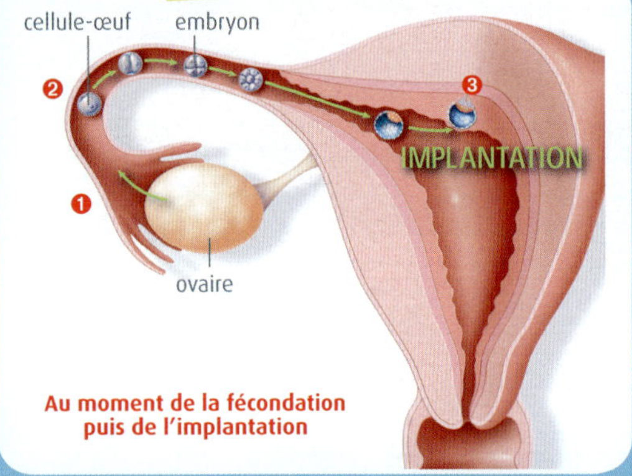

Plaquettes de pilules féminines

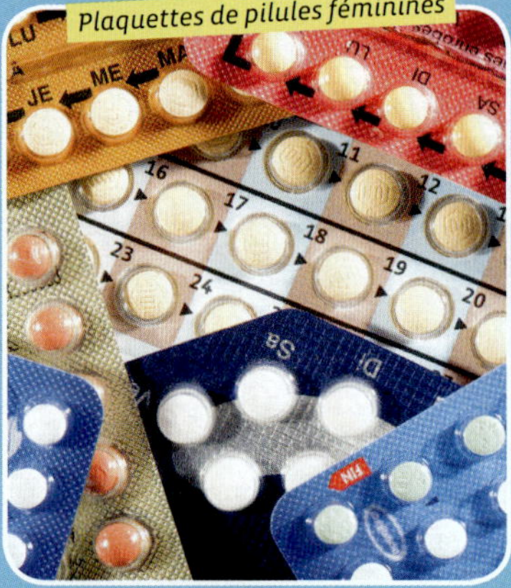

Préservatifs

1. Où se produit la fécondation après un rapport sexuel ?
2. À l'aide des numéros, situer sur le schéma le niveau d'action de chacun des contraceptifs suivants pour prévenir une grossesse : pilule, stérilet, préservatif.
3. Rappeler comment agit la pilule du lendemain.

Contraception : ensemble des méthodes réversibles utilisées avant et pendant un rapport sexuel afin d'empêcher une grossesse.

Contraception d'urgence : méthode utilisée en cas de rapport sexuel non ou mal protégé et visant à éviter une grossesse.

Fécondation : union d'un spermatozoïde et d'un ovule.

CHAPITRE 7

Sciences de la Vie et de la Terre

Prendre en charge sa vie sexuelle

Sommaire

SVT

ACTIVITÉ 1

Le cycle de la femme et son contrôle naturel

Le fonctionnement de l'appareil reproducteur chez la femme est remarquable par son caractère cyclique qui concerne les ovaires et toute la sphère génitale, en particulier l'utérus.

Comment le cycle de la femme est-il contrôlé ?

Compétences : • Identifier les modes d'action des molécules sur le fonctionnement de l'appareil sexuel féminin.

L'activité cyclique de l'ovaire et de l'utérus

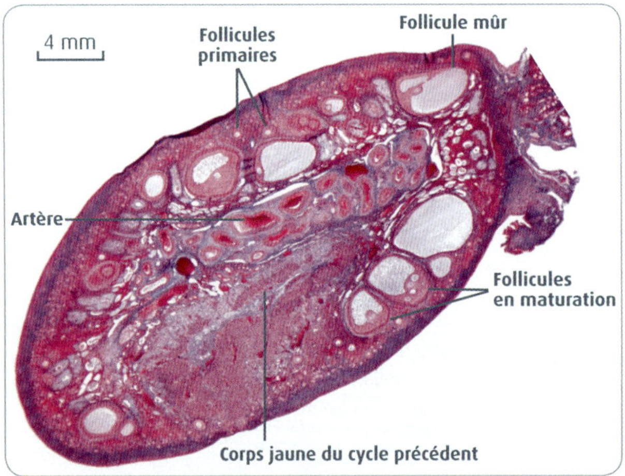

1 Coupe dans un ovaire de primate (microscope optique).
À la puberté, chaque ovaire contient 200 000 à 300 000 follicules, constitués chacun d'un ovocyte (futur ovule) entouré de cellules folliculaires. À chaque cycle ovarien, un seul follicule atteint sa maturité à l'ovulation et expulse son ovocyte avant de se transformer en corps jaune.

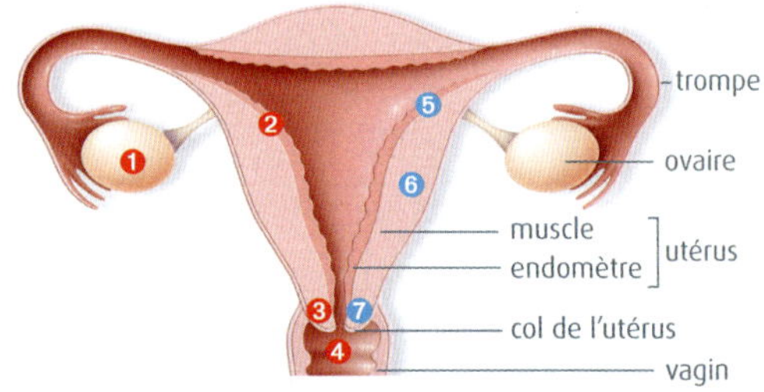

Effets des œstrogènes
1. participent au mécanisme de l'ovulation
2. stimulent la prolifération de l'endomètre
3. provoquent la sécrétion de glaire cervicale perméable
4. augmentent les sécrétions des voies génitales

Effets de la progestérone
5. contrôle le developpement de l'endomètre (pour l'accueil de l'embryon)
6. calme les contractions du muscle utérin
7. provoque la sécrétion de glaire cervicale visqueuse
8. stimule le développement des glandes mammaires

2 Principaux effets biologiques des hormones ovariennes. Les œstrogènes sont produits par le follicule dominant et le corps jaune, la progestérone par le corps jaune.

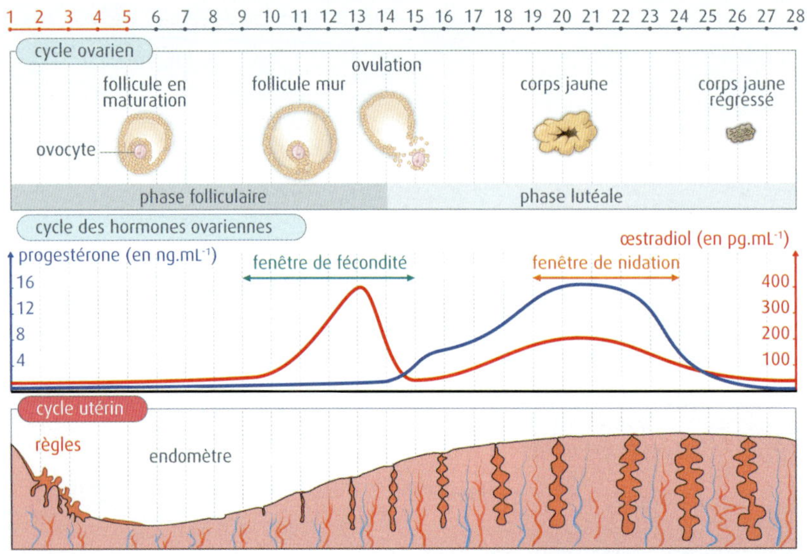

3 Évolution d'un follicule, de la concentration des hormones ovariennes (sexuelles) et de l'endomètre au cours du cycle de la femme.
L'œstradiol est le principal œstrogène. La durée d'un cycle peut varier d'une femme à l'autre car l'ovulation ne se produit pas toujours au 14e jour, alors que les règles surviennent toujours 14 jours après l'ovulation.

Fenêtre de fécondité : réunit les conditions propices à une rencontre des cellules reproductrices.

Fenêtre de nidation : réunit les conditions favorables à l'implantation d'un embryon dans l'endomètre.

Comprendre le contrôle du cycle menstruel

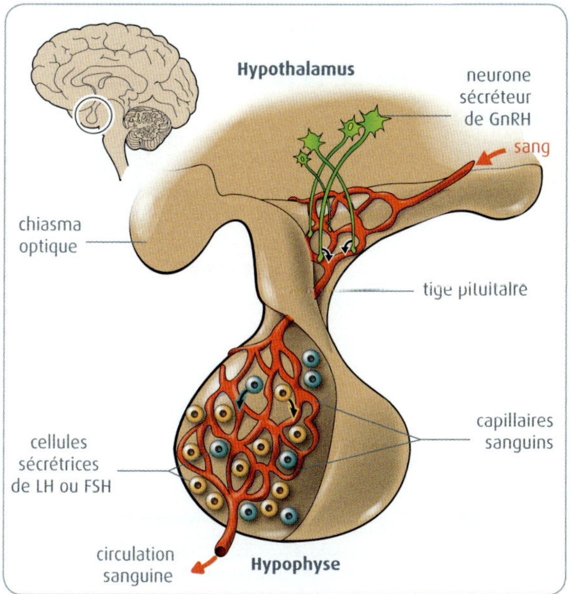

4 Le complexe hypothalamo-hypophysaire.
Situé à la base du cerveau, l'hypothalamus sécrète une neurohormone, la GnRH, fabriquée par des neurones. L'hypophyse est une glande endocrine qui sécrète deux hormones, dites gonadotrophines ou gonadostimulines : la FSH et la LH.

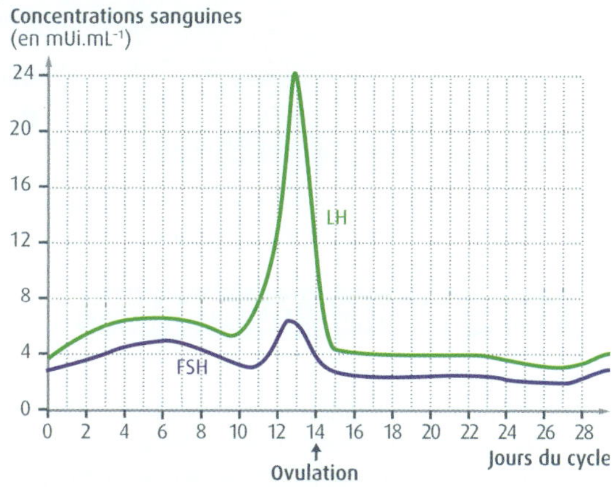

5 Évolution des concentrations sanguines de FSH et de LH chez la femme au cours du cycle.

Expériences sur des rates	Résultats
1a. Ablation de l'hypophyse chez une rate adulte	atrophie des ovaires, stérilité, disparition des cycles et du comportement sexuel
1b. Puis injection de FSH	maturation de nombreux follicules et augmentation du taux d'œstrogènes
2. Ablation de l'hypophyse puis 7 jours après injection d'une très forte dose de LH	successivement : ovulation, formation de corps jaunes et augmentation des concentrations d'œstrogènes et progestérone
3a. Ablation de l'hypothalamus	atrophie de l'hypophyse et des ovaires, disparition des cycles et du comportement sexuel, stérilité
3b. Puis perfusion régulière rythmée de GnRH	rétablissement du fonctionnement de l'hypophyse et des ovaires

6 Des expériences pour comprendre le rôle des hormones du complexe hypothalamo-hypophysaire.

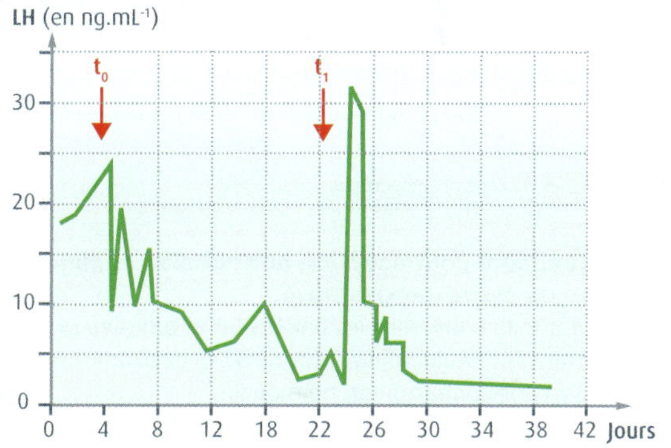

t_0 : début d'une perfusion continue d'une faible dose d'œstradiol
t_1 : injection supplémentaire d'une forte dose d'œstradiol

7 Évolution des concentrations sanguines de LH chez une femelle macaque ovariectomisée (ablation des ovaires).
Le cycle sexuel normal de la femelle macaque présente des caractéristiques proches de celui de la femme.

EXPLOITATION

1 DOC. 1 À 3 Mettre en relation les concentrations des hormones ovariennes et leurs effets avec les moments clés d'un cycle. Préciser les conditions nécessaires à la procréation.

2 DOC. 2 ET 3 Expliquer l'origine de la synchronisation entre le cycle ovarien et le cycle utérin.

3 DOC. 4 ET 6 Formuler une hypothèse sur le rôle de la GnRH.

4 DOC. 3 ET 5 Formuler une hypothèse sur le rôle des pics de sécrétion de LH et FSH au 14e jour du cycle.

5 DOC. 5 ET 7 Expliquer, à partir des effets de différentes concentrations d'œstradiol, l'influence (ou rétrocontrole) de l'ovaire sur la sécrétion de LH.

6 EN CONCLUSION Résumer dans un schéma bilan les différents mécanismes hormonaux contrôlant le déroulement d'un cycle sexuel ou menstruel.

Voir Dico p. 187

SVT

ACTIVITÉ 2

La maîtrise hormonale de la procréation

La synthèse de molécules imitant les hormones naturelles a ouvert la voie à la possibilité de choisir le moment de procréer.

Quelles sont les bases de la maîtrise hormonale de la procréation ?

Compétences : • Identifier les modes d'action des molécules de synthèse et les expliquer par les mécanismes biologiques sur lesquels ils se fondent. • Replacer la chronologie de l'apparition des méthodes de régulation des naissances. • Discuter leurs limites.

La contraception hormonale

ARGUMENTER/DÉBATTRE page 126

« Pour empêcher l'ovulation, la méthode la plus simple consiste à donner des œstrogènes et des progestatifs* de synthèse qui bloquent la stimulation de l'ovaire par l'hypophyse. En quelque sorte, on leurre l'hypophyse, qui ne fait pas la différence entre les hormones de synthèse apportées par la pilule et les hormones naturelles : elle est mise au repos.
C'est la première des contraceptions, simple et efficace. Mais si les premières pilules étaient surdosées, aujourd'hui leur quantité d'hormones est divisée par 10.»

D'après F. Kuttenn « Les limites de la contraception », *Pour La Science*, juillet 2008.

* Hormones de type progestérone.

1 La première contraception hormonale : la pilule combinée ou œstro-progestative.
Elle a été mise au point dans les années 50 et commercialisée en France en 1967. Aujourd'hui, plus de 57 % des Françaises ont recours à une contraception hormonale.

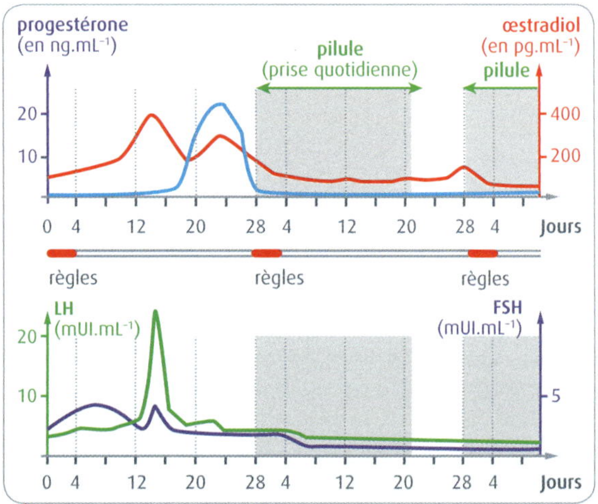

2 L'effet de la pilule combinée sur les concentrations sanguines des hormones naturelles.

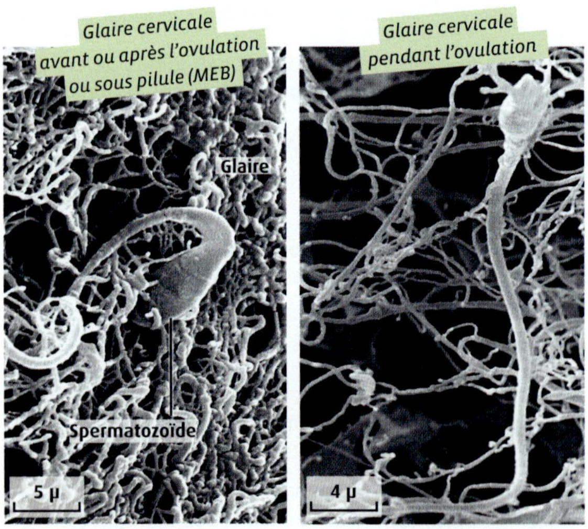

3 L'effet de la contraception hormonale sur la glaire cervicale. C'est l'effet majeur de la micropilule progestative (années 80) qui ne contient qu'un progestatif de synthèse et doit être prise en continu.

Contraceptif	Avantages
• 2009 : **pilule séquentielle** à prendre pendant 28 jours avec dosages variables, contenant un œstrogène « naturel » et un progestatif de synthèse de nouvelle génération.	• Diminution des effets secondaires dus aux œstrogènes de synthèse (risques vasculaires et métaboliques). • Effet anti-acnéique du progestatif.
• 2004 : **micropilule progestative** contenant un progestatif de nouvelle génération.	• Agit surtout sur la glaire cervicale, mais aussi sur l'ovulation. • Convient aux femmes qui ne supportent pas les œstrogènes.
• 2004 : **anneau vaginal** en matière plastique contenant des œstrogènes et progestatifs. Les hormones diffusent sous l'effet de l'humidité et de la chaleur du vagin.	• Il peut être gardé 4 semaines d'affilée au maximum.
• 2001 : **implant contraceptif** Réservoir en matière plastique souple contenant un progestatif.	• Glissé sous la peau, il peut rester en place 3 ans.

4 Des innovations dans la contraception hormonale.
L'efficacité de ces méthodes, délivrées sur ordonnance par un médecin, est celle de la pilule combinée, proche ou égale à 100 %.

La contraception d'urgence et l'IVG médicamenteuse

5 Modèles moléculaires d'une hormone naturelle (progestérone) et de molécules de synthèse.
Le lévonorgestrel est le principe actif de la contraception d'urgence, le RU-486 est celui de l'IVG médicamenteuse.

Progestérone — *Lévonorgestrel (1970)* — *RU-486 (1980)*

Les mécanismes d'action du lévonorgestrel restent hypothétiques et les rares résultats expérimentaux sont encore souvent contradictoires. Il pourrait :

- **avant l'ovulation** :
  - modifier le développement de l'endomètre et perturber les conditions de l'implantation ;
  - modifier la glaire cervicale en la rendant impropre au passage des spermatozoïdes ;
  - assurer une inhibition ou un retard de l'ovulation.
- **après l'ovulation** : les deux premiers effets précédents restent probables ; un retard de la formation du corps jaune et un manque de persistance de ce dernier sont possibles.

Étude expérimentale de l'action du lévonorgestrel

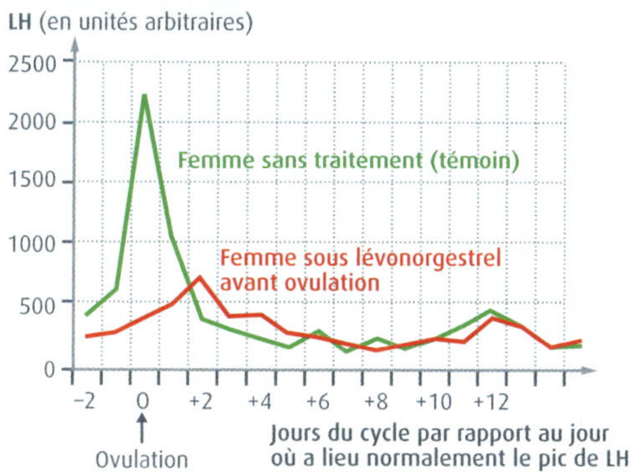

6 Le principe de la contraception d'urgence (contragestion ou pilule du lendemain).
Son efficacité est de 95 % le 1er jour après un rapport sexuel, de 85 % le 2e jour, de 58 % le 3e jour. Son usage doit rester exceptionnel afin d'éviter tout risque d'un début de grossesse.

L'interruption volontaire de grossesse, ou IVG, est une intervention chirurgicale ou médicamenteuse (à l'aide du RU-486) qui vise à supprimer une grossesse débutante. Selon la loi, on ne peut pas recourir à l'IVG médicamenteuse à l'aide du RU-486 au-delà de 7 semaines d'absence de règles (14 semaines pour l'IVG chirurgicale).

Le RU-486 a une action anti-progestative sur l'utérus. Cette molécule provoque :

- un ramollissement du col de l'utérus ;
- une augmentation de la contractibilité du muscle utérin ;
- un décollement plus facile de l'embryon.

Étude expérimentale de l'action du RU-486

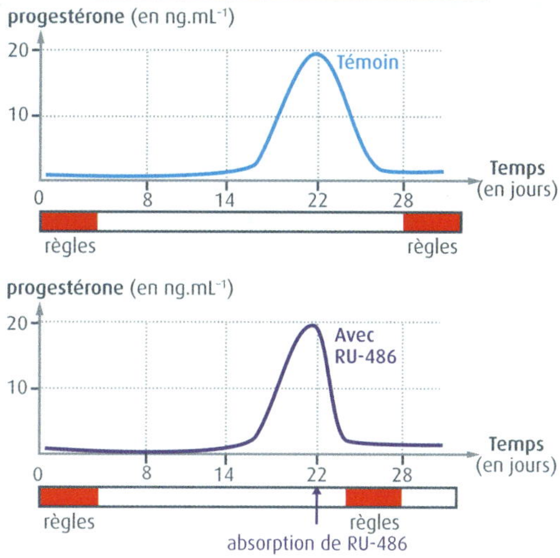

7 Le principe de l'IVG médicamenteuse.

EXPLOITATION

1 DOC. 1 À 3 À l'aide des connaissances sur le rôle des hormones ovariennes, expliquer les mécanismes d'action des pilules contraceptives.

2 DOC. 4 Citer les avantages apportés par les nouvelles pilules et les nouveaux dispositifs contraceptifs.

3 DOC. 5 ET 6 Justifier l'appellation de progestatif de synthèse donnée au lévonorgestrel.

4 DOC. 6 Proposer une explication à la baisse d'efficacité de la contraception d'urgence avec le temps.

5 DOC. 5 ET 7 Expliquer pourquoi le RU-486 est qualifié de molécule à effet anti-progestatif.

6 EN CONCLUSION Construire un tableau comparant les principes actifs, les niveaux d'action et les moments d'intervention des contraceptifs, contragestifs et RU-486.

Voir Dico p. 187

SVT

ACTIVITÉ 3

Les infections sexuellement transmissibles ou IST

Prendre en charge de façon responsable sa vie sexuelle, c'est aussi se prémunir soi-même et protéger les autres des infections qui peuvent être contractées lors d'un rapport sexuel.

Quelles sont les infections sexuellement transmissibles (IST) et comment s'en protéger ?

Compétences : • *Relier les conseils d'hygiène, de dépistage, de vaccination et d'utilisation du préservatif aux modes de contamination et de propagation des IST.*

S'informer sur les IST

IST	Agent responsable	Complications graves si non traitées
Blennorragie gonococcique ou « chaude-pisse »*	bactérie	risque de stérilité surtout chez la femme ; atteinte du nouveau-né si la mère est infectée
Chlamydiose*	bactérie (chlamydia)	risques de stérilité, de grossesse extra-utérine ; atteinte du nouveau-né si la mère est infectée
Hépatite B**	virus	risques de cirrhose et de cancer du foie ; atteinte possible du nouveau-né si la mère est infectée
Papillomavirus**	virus	risque de cancer du col de l'utérus ; atteinte du nouveau-né si la mère est infectée
Syphilis*	bactérie	atteinte du cerveau, des nerfs, du cœur, des artères et des yeux ; atteinte possible du nouveau-né si la mère est infectée
VIH/sida	virus (VIH)	évolution possible vers le sida ; atteinte possible du nouveau-né si la mère est infectée

* Un traitement médical avec guérison existe   ** Un vaccin existe

1 Quelques IST parmi les plus répandues et les plus graves. Une IST est une infection qui se transmet par les relations sexuelles. Certaines infections, comme le VIH, peuvent se transmettre par d'autres voies également (la voie sanguine notamment).

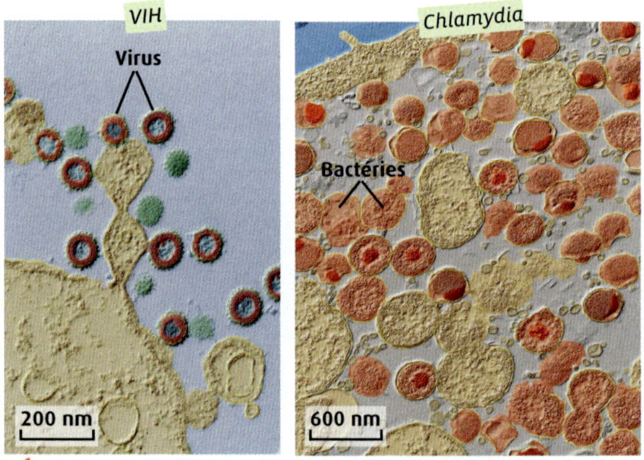

2 Deux agents responsables d'IST (microscope électronique à transmission, fausses couleurs).

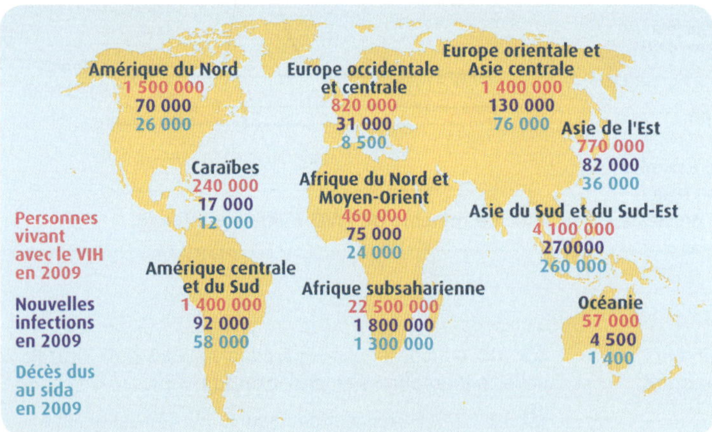

3 L'épidémie de sida dans le monde en 2009.
En France, en 2009, 150 000 personnes vivaient avec le VIH (dont 40 000 à 50 000 qui ignoraient qu'elles étaient contaminées) et 253 personnes en sont mortes. 7 000 nouvelles contaminations ont été recensées.

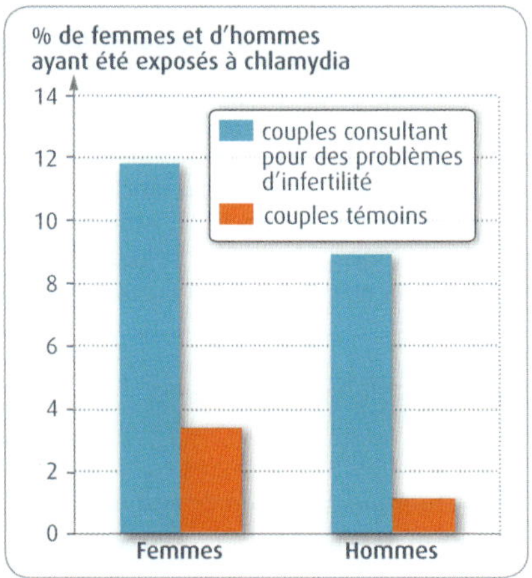

4 Relation entre l'exposition à la bactérie chlamydia et l'infertilité.
Beaucoup de femmes porteuses de la bactérie présentent des dommages aux trompes.

Lutter contre sur les IST

ARGUMENTER/DÉBATTRE → page 127

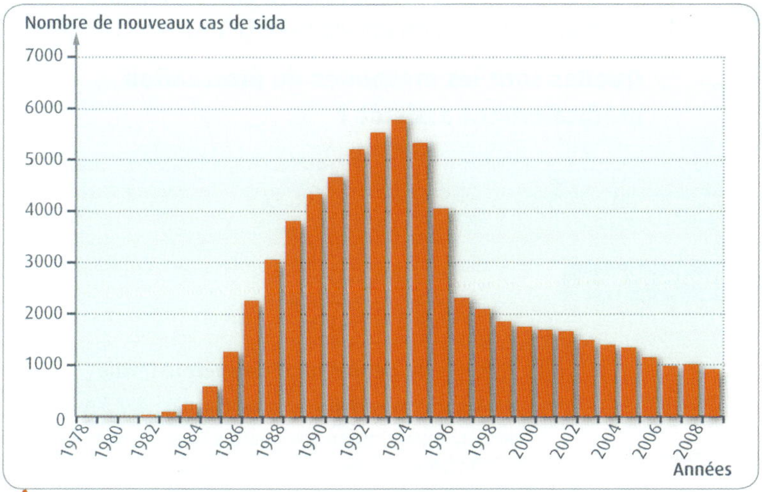

5 Évolution du nombre de nouveaux cas de sida déclarés en France.
Dans les pays occidentaux (depuis 1996 en France), la grande majorité des personnes porteuses du VIH bénéficient de trithérapies qui retardent, voire empêchent, l'évolution de la maladie vers le sida. En Afrique subsaharienne, 30 à 70 % des personnes séropositives (selon les pays) ont accès aux trithérapies.

CENTRE DE DÉPISTAGE
Anonyme et Gratuit
du **V.I.H.** *(Virus du Sida)*

« Les IST se transmettent facilement et il n'y a pas toujours de signes visibles. Pour savoir si on est atteint d'une IST, il est important de se faire dépister. Beaucoup d'IST ne guérissent pas seules. Mais des traitements existent pour stopper leur évolution et éviter de les transmettre. Votre ou vos partenaires doivent se faire également dépister pour limiter les réinfections entre vous. Pendant le traitement, utilisez toujours un préservatif avec votre partenaire. »

Source : *Le livre des IST*, Inpes

6 Le dépistage des IST : une nécessité.

- « En France, chaque année, 4 000 femmes sont touchées par le cancer du col de l'utérus et 1 000 en décèdent. Depuis 2006, une vaccination contre les papillomavirus humains HPV 16 et 18, responsables de 70 à 80 % de ces cancers, est proposée. Composé uniquement d'un fragment de virus, le vaccin stimule le système immunitaire et protège de l'infection. Il s'adresse d'abord aux jeunes filles de 14 ans avant le premier rapport sexuel, mais un rattrapage est possible jusqu'à 23 ans.
- Remboursé depuis 2007, ce vaccin prévient une grande partie des cancers du col de l'utérus et des états précancéreux (entre 20 000 et 40 000 cas par an). Dans ces derniers cas, le traitement consiste en l'ablation d'une partie du col, ce qui peut rendre risquée une future grossesse.
- Cette prévention ne remplace pas le contrôle gynécologique régulier : d'autres HPV sont responsables de 10 % des cas de cancer du col de l'utérus, contre lesquels le vaccin ne protège pas... »

D'après A.S. Glover Bondeau et F. Lemaire, www.doctissimo.fr

7 Un nouveau vaccin pour prévenir le cancer du col de l'utérus.

8 Une campagne d'information en faveur du préservatif.

EXPLOITATION

1. **DOC. 1 ET 2** Relever les conséquences les plus graves des différentes IST.
2. **DOC. 3 ET 5** Repérer les régions du monde particulièrement touchées par l'épidémie de sida. Dire, en justifiant sa réponse, si ces régions sont « armées » pour faire face à l'épidémie.
3. **DOC. 4** Expliquer ce que suggère ce document sur une conséquence possible d'une infection à chlamydia.
4. **DOC. 5 À 8** Présenter les différents moyens et comportements qui permettent de se prémunir des IST ou d'en limiter les conséquences. Justifier les campagnes d'information sur le préservatif et sur le dépistage.
5. **EN CONCLUSION** Résumer pourquoi il est important de se protéger des IST et de quelle manière on peut le faire.

Voir Dico p. 187

SVT

ACTIVITÉ 4

La procréation médicalement assistée

Certains couples rencontrent des difficultés à procréer de façon naturelle et peuvent recourir aux techniques de procréation médicalement assistée (PMA).

Quelles sont les méthodes de procréation médicalement assistée ?

Compétences : • Expliquer les pratiques médicales chimiques mises en œuvre en cas de déficience de la fertilité du couple. • Discuter les limites des méthodes de maitrise de la procréation.

Identifier des indications de la PMA

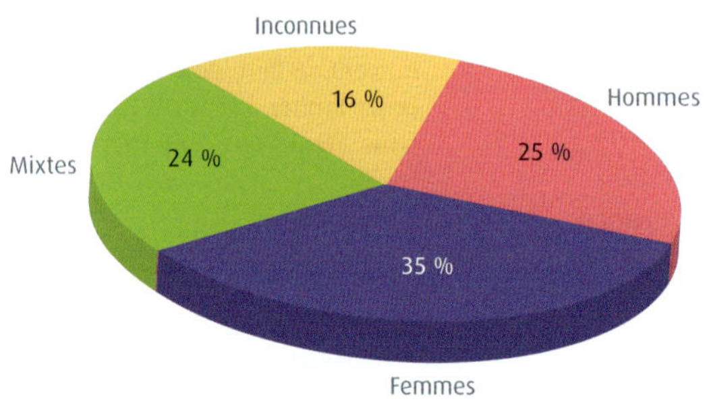

1 Répartition des causes d'infertilité et/ou de stérilité dans le couple dans le monde (données OMS).
La stérilité est l'impossibilité irréversible d'avoir un enfant (elle concerne 5 % des couples). On parle d'infertilité quand un couple n'arrive pas à procréer au bout d'un an de rapports sexuels non protégés et que la PMA peut y répondre.

Critères de définition d'un sperme fertile
- Volume moyen du sperme éjaculé : 2 à 5 mL
- Concentration en spermatozoïdes : > 40 millions.mL^{-1}
- Nombre de spermatozoïdes vivants : > 80 %
- Nombre de spermatozoïdes mobiles : > 80 %
- Nombre de formes anormales : < 30 %

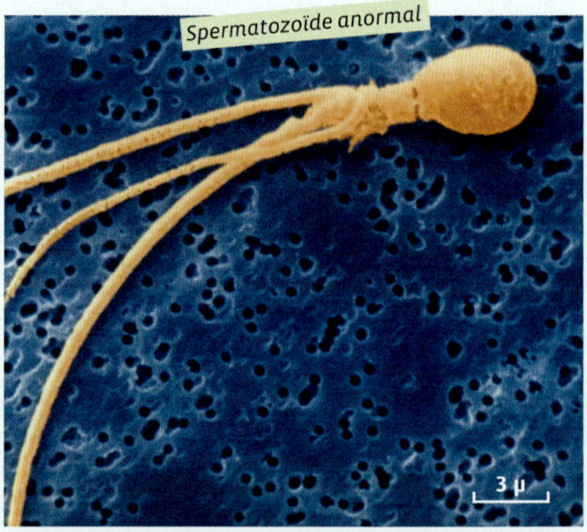

2 Des causes d'infertilité masculine.
Un sperme ne répondant pas aux critères ci-dessus est considéré comme infertile. Une autre cause d'infertilité est la présence d'obstacles s'opposant au trajet des spermatozoïdes dans les voies génitales masculines.

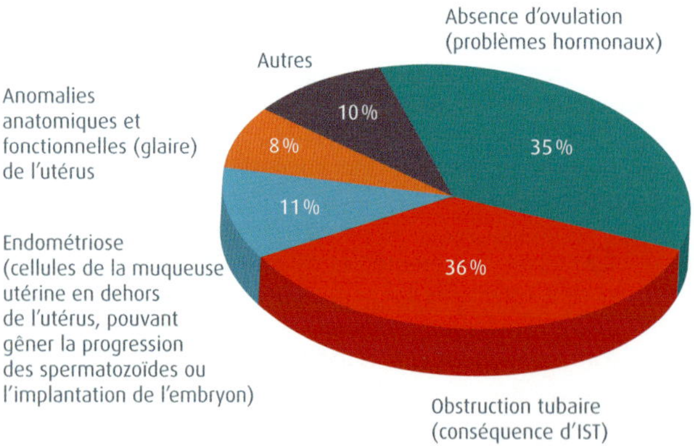

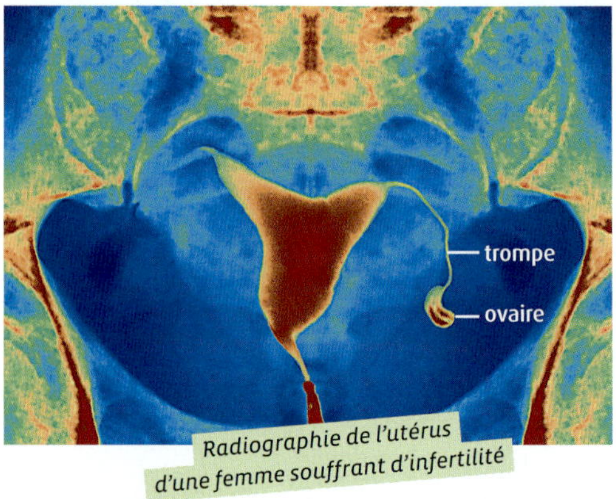

Radiographie de l'utérus d'une femme souffrant d'infertilité

3 Répartition des causes d'infertilité féminine dans le monde (données OMS).

Des méthodes pour remédier à l'infertilité

ARGUMENTER/DÉBATTRE → page 127

« • Pour un couple fertile âgé de 25 ans, la probabilité mensuelle d'obtenir naturellement une grossesse est de 25 %. Cette probabilité diminue avec l'âge et la durée d'infertilité. On estime qu'un couple sur 10 suit des traitements pour remédier à son infertilité.

• En France en 2008, 20136 enfants sont nés par PMA, soit 2,4 % des naissances. En majorité, les techniques de PMA sont effectuées avec les gamètes du couple : plus de 5 300 enfants ont ainsi été conçus suite à une insémination intraconjugale, près de 12000 enfants après une fécondation *in vitro** intraconjugale en 2008. Seulement 8,4 % des inséminations artificielles sont réalisées avec le sperme d'un donneur et 3 % des Fiv avec des gamètes issues d'un don.»

D'après www.agence-biomedecine.fr

* La Fiv se pratique avec ou sans ICSI (voir doc. 6 et 7).

4 Les PMA en quelques chiffres. En France, ces techniques sont encadrées par la loi de bioéthique de 2004 révisée en 2011. Elles sont réservées aux couples hétérosexuels « mariés ou en mesure d'apporter la preuve d'une vie commune d'au moins deux ans ».

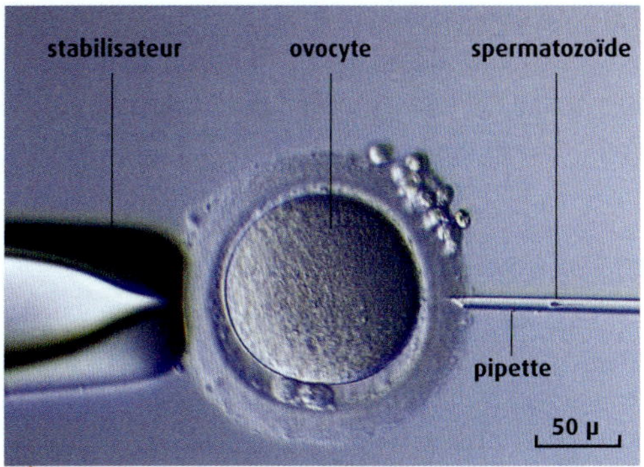

6 La micro-injection ovocytaire de spermatozoïdes ou ICSI.
L'ICSI est employée lorsque le sperme ne contient pas assez de spermatozoïdes ou pas assez de spermatozoïdes mobiles. La fécondation *in vitro* est suivie du transfert de l'embryon dans l'utérus (voir doc. 7).

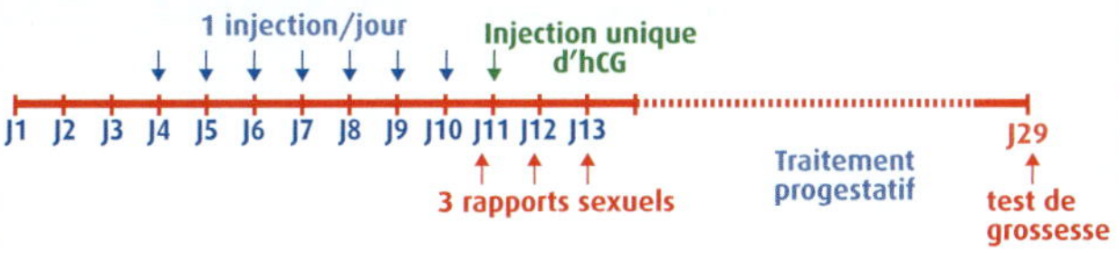

J1 : premier jour des règles
Chaque flèche bleue correspond à une injection de gonadotrophines (LH, FSH)

5 L'induction de l'ovulation.
La maturation des follicules est suivie par dosages hormonaux (œstradiol, progestérone, LH) et échographie. L'hormone hCG est très proche de LH.

Après stimulation des follicules et induction de l'ovulation par des hormones, des ovocytes prélevés dans l'ovaire sous échographie sont mis en présence des spermatozoïdes préparés pour la fécondation. Les embryons sont transférés dans l'utérus maternel 2 jours plus tard. Le taux de réussite est d'environ 20 %.

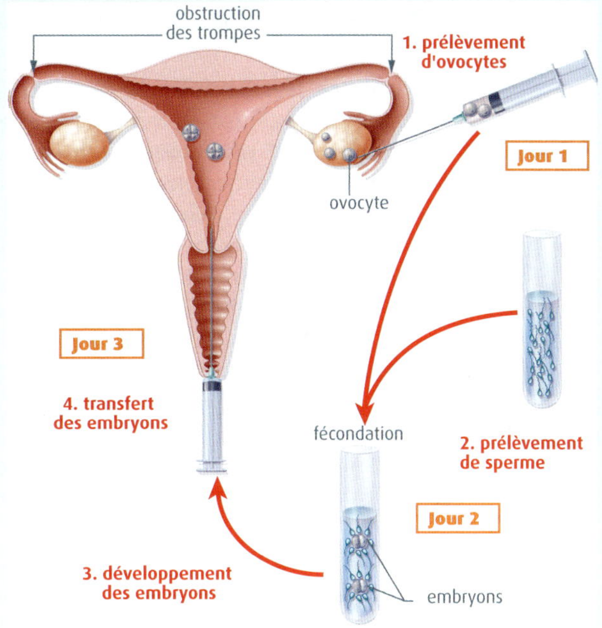

7 La FIVETE ou Fécondation In Vitro Et Transfert d'Embryon.

EXPLOITATION

❶ **DOC. 1 À 3** Citer les causes les plus fréquentes d'infertilité chez la femme et chez l'homme.

❷ **DOC. 4** Indiquer les limites dans lesquelles un couple peut avoir recours aux PMA. Suggérer des problèmes éthiques soulevés par ces possibilités techniques.

❸ **DOC. 5** Préciser le rôle des injections de gonadotrophines dans cette technique.

❹ **DOC. 4 ET 7** Énoncer des raisons motivant une FIVETE. Préciser le rôle des traitements hormonaux.

❺ **DOC. 6 ET 7** Citer les étapes strictement « in vitro » de la FIVETE et y situer l'ICSI.

❻ **EN CONCLUSION** Construire un schéma bilan situant les différents niveaux d'intervention des techniques de PMA dans les étapes de la procréation.

Voir Dico p. 187

BILAN

Prendre en charge sa **vie sexuelle**

Les connaissances

Le cycle menstruel de la femme

• Le **cycle menstruel** comporte le **cycle ovarien** et le cycle utérin. Le cycle ovarien comprend deux phases :
– du début des règles à l'ovulation, la phase folliculaire durant laquelle un **follicule** mûrit ;
– de l'ovulation aux règles suivantes, la phase lutéale pendant laquelle le **corps jaune** est actif.

• Le follicule et le corps jaune sécrètent les œstrogènes et la progestérone, hormones sexuelles qui synchronisent l'activité de l'utérus et celle des autres organes génitaux.

• Les œstrogènes et surtout la progestérone contrôlent les modifications de l'endomètre utérin, marquées par son développement et l'élimination de la couche superficielle au moment des règles : c'est le cycle utérin.

• Le cycle ovarien est contrôlé par le **complexe hypothalamo-hypophysaire** (CHH). La GnRH sécrétée par l'hypothalamus induit la libération des **hormones hypophysaires** FSH et LH, qui stimulent l'ovaire.

• Les hormones ovariennes influencent en retour le CHH. Une concentration moyenne d'œstrogènes freine la sécrétion de LH et FSH : le **rétrocontrôle** est négatif. Une concentration d'œstrogènes très élevée, produits par le follicule mûr, déclenche un pic de LH responsable de l'ovulation : le **rétrocontrôle** est positif. [Activité 1]

La maîtrise hormonale de la procréation

• La **pilule** combinée contient des œstrogènes et un progestatif de synthèse, qui inhibent le CHH par rétrocontrôle négatif. La **micropilule** contient un progestatif, dont l'effet majeur est la coagulation de la **glaire cervicale**. Les micropilules les plus récentes agissent aussi sur l'ovulation.

• Dans la **contraception d'urgence**, dont l'usage doit rester exceptionnel, on utilise principalement un analogue de la progestérone, le lévonorgestrel, qui inhibe l'ovulation et empêche la nidation.

• L'**IVG médicamenteuse** est déclenchée par un anti-progestatif, le RU-486, qui induit le rejet de l'embryon par l'utérus. [Activité 2]

Les infections sexuellement transmissibles ou IST

• Les **IST** sont essentiellement contractées lors de relations sexuelles et certaines peuvent avoir des conséquences très graves (cancer, sida, atteinte de l'enfant à naître). Elles sont une cause fréquente d'**infertilité**, voire de **stérilité**, dans les deux sexes. Leur propagation est limitée par le préservatif, ainsi que par le dépistage, les traitements ou la vaccination quand ils existent. [Activité 3]

La procréation médicalement assistée

• L'infertilité ou la stérilité masculine sont généralement dues à la qualité du sperme ou à des anomalies des voies génitales. Chez la femme, elles sont surtout dues à des troubles de l'ovulation ou à l'obstruction des trompes consécutive à une IST. Les techniques de procréation médicalement assistée (PMA), aussi nommées AMP, permettent d'améliorer la fertilité quand celle-ci est insuffisante (par induction de l'ovulation, insémination intra-utérine), voire de contrer certaines infertilités (FIVETE, ICSI). [Activité 4]

Mots clés du chapitre

Voir Dico p. 187

- **Contraception**
- **Contraception d'urgence**
- **Cycle menstruel, ovarien**
- **Fécondité, Fertilité**
- **Stérilité, Infertilité**
- **Follicule**
- **Hormone**
- **Glaire cervicale**
- **IST**
- **IVG médicamenteuse**
- **Micropilule**
- **Ovulation**
- **Pilule**
- **PMA**
- **Rétrocontrôle**

L'essentiel par l'image

Le fonctionnement de l'appareil sexuel féminin

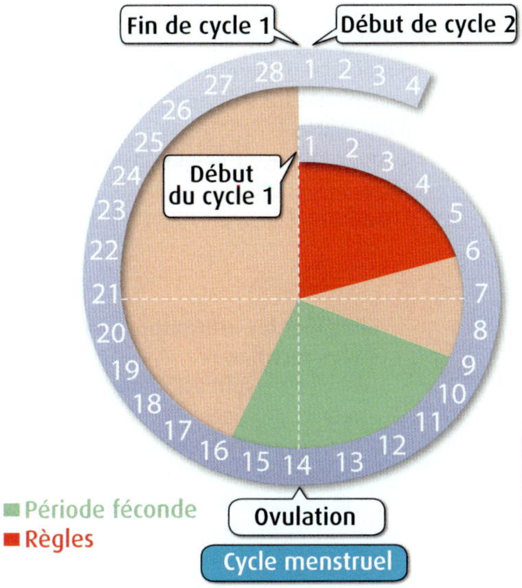

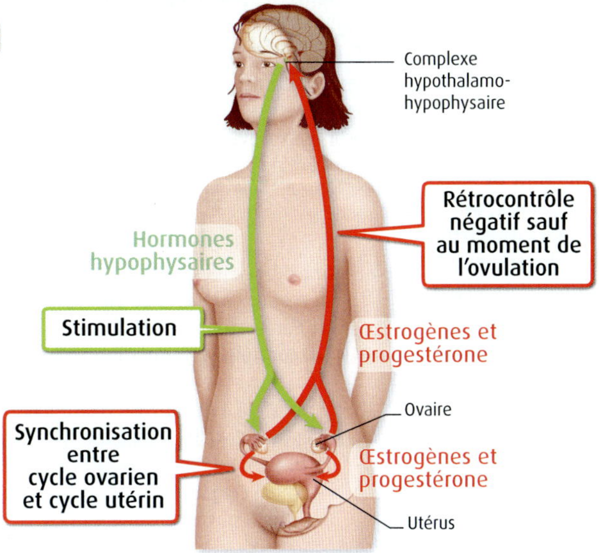

La contraception

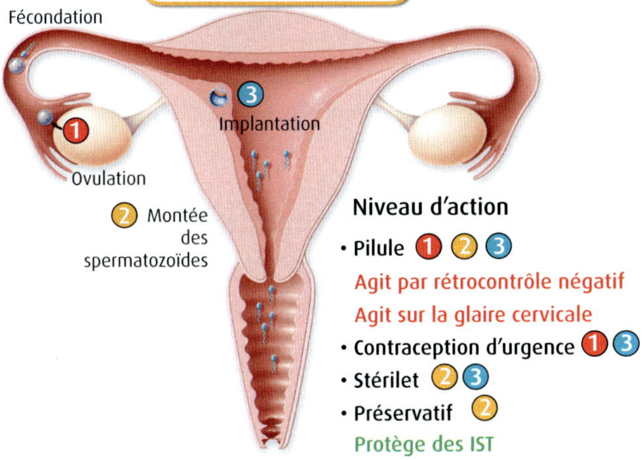

La procréation médicalement assistée (PMA)

Homme → Femme

Des causes d'infertilité variées dont les IST

↓

Des solutions possibles
- FIV
- ICSI
- Insémination artificielle

L'essentiel par le texte

> Le cycle de la femme est contrôlé par des hormones qui créent les conditions nécessaires à la procréation. La connaissance du mécanisme de rétrocontrôle par les ovaires et la production d'hormones de synthèse ont ouvert la voie à la contraception hormonale. La contraception d'urgence et l'IVG médicamenteuse s'appuient sur des analogues de la progestérone.

> Les IST, contre lesquels le préservatif est un bon moyen de protection, peuvent avoir des conséquences graves dont la stérilité.

> Les techniques de PMA, comme l'induction de l'ovulation, l'insémination intra-utérine, la FIVETE et l'ICSI, permettent de répondre à l'infertilité.

EXERCICES

Tester ses connaissances

1 Retrouver les bonnes propositions

Les hormones ovariennes, œstrogènes et progestérone, ont des effets distincts et nombreux. Attribuer à l'une et/ou à l'autre, ou à aucune d'entre elles, les affirmations suivantes :

a. contrôlent le développement des follicules.
b. stimulent le développement du corps jaune.
c. contrôlent l'évolution de l'endomètre utérin.
d. rendent la glaire cervicale imperméable.
e. influencent le fonctionnement du complexe hypothalamo-hypophysaire.

2 QCM

1. L'hormone LH :
a. est sécrétée par l'hypothalamus.
b. a pour organe cible l'utérus.
c. déclenche l'ovulation.
d. contrôle la maturation folliculaire.

2. Le mécanisme du rétrocontrôle :
a. est dû à l'action des œstrogènes sur le complexe hypothalamo-hypophysaire.
b. est dû à l'action de la FSH sur l'ovaire.
c. est négatif au moment de l'ovulation.
d. est positif au moment de l'ovulation.

3. Les infections sexuellement transmissibles (IST) :
a. guérissent dans la plupart des cas spontanément, sans traitement médical.
b. peuvent être à l'origine de problèmes d'infertilité.
c. peuvent passer longtemps inaperçues.
d. se transmettent très rarement à l'occasion d'un seul rapport sexuel.

3 Vrai ou faux ?

Identifier les affirmations fausses et les rectifier.

a. Le préservatif est un moyen efficace pour se protéger des IST.
b. C'est le complexe hypothalamo-hypophysaire seul qui contrôle le moment de l'ovulation.
c. La FSH est une hormone hypophysaire.

S'entraîner avec un exercice guidé

4 Un traitement contre l'infertilité

Une femme est infertile et reçoit un traitement par injection d'HMG, une hormone dont certains effets sont proches de ceux de la FSH. Le traitement est considéré comme efficace chez cette patiente.

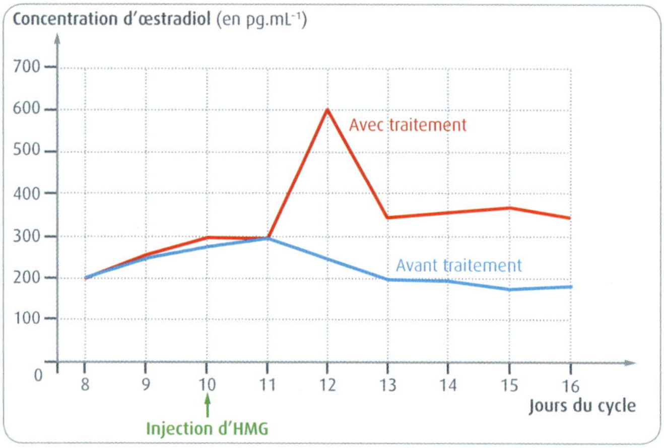

Évolution de la concentration sanguine d'œstradiol chez une femme infertile avant et sous traitement en fonction des jours du cycle.
Chez une femme fertile, la concentration sanguine d'œstradiol dépasse généralement 400 pg.mL^{-1} les jours précédents l'ovulation.

> **Un peu d'aide**
>
> **• Mobiliser ses connaissances**
> – Chercher les rôles majeurs de la FSH et de l'œstradiol.
> – Retrouver l'origine de la sécrétion d'œstradiol et la signification de l'évolution de sa concentration.
>
> **• Analyser et décrire un graphique**
> Décrire l'évolution de la concentration d'œstradiol chez cette femme infertile, en donnant quelques valeurs repères et les relier aux données de la légende.
>
> **• Mettre en relation des données**
> – Relier les valeurs des concentrations d'œstradiol à la fertilité ou l'infertilité.
> – En déduire la présence ou non d'une maturation des follicules chez cette patiente, et donc l'efficacité du traitement.

QUESTION Décrire puis expliquer la signification de l'évolution de la concentration sanguine d'œstradiol chez cette femme infertile, avant et après traitement. Justifier l'efficacité constatée du traitement.

Appliquer ses connaissances

OBJECTIF BAC
→ page 146

5 Conséquences d'un traitement contre l'infertilité

Mobiliser des connaissances et analyser des images

Une échographie des ovaires est réalisée sur une jeune femme présentant une infertilité. Elle montre une absence totale de follicules au stade représenté sur le doc. 1. Le médecin lui propose alors un traitement hormonal. Une nouvelle échographie des ovaires est réalisée à la fin du traitement (doc. 2).

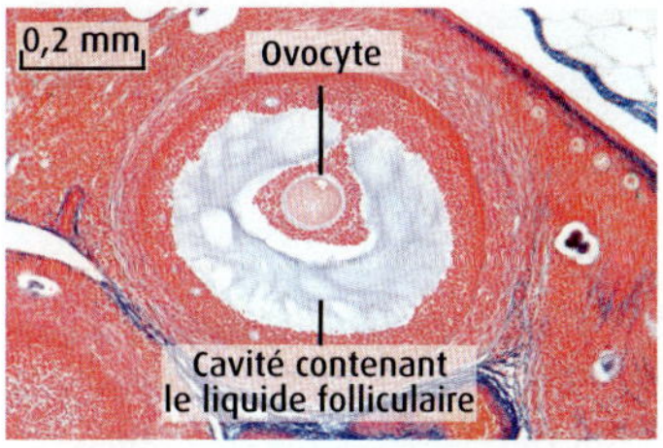

1. **Follicule en développement chez une femme fertile.**

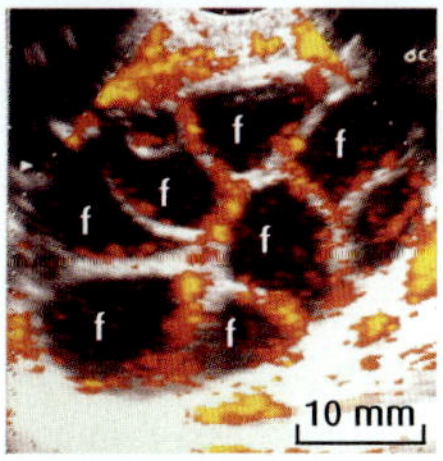

2. **Échographie des ovaires (f : follicule).**

1. Identifier le stade folliculaire du doc. 1 et expliquer en quoi son absence peut être la raison de l'infertilité.
2. Dire en quoi peut consister le traitement hormonal.
3. Sachant qu'à l'échographie les zones de liquides apparaissent en noir, identifier le stade des follicules du doc. 2. Dire si le résultat du traitement permet de surmonter l'infertilité et quels sont les risques encourus par la patiente.

6 Mode d'action du RU-486

Formuler une hypothèse

Au cours du cycle menstruel, l'endomètre utérin subit des modifications qui sont sous le contrôle de la progestérone. Celle-ci, en se fixant sur un récepteur cellulaire, agit sur l'expression de gènes responsables de ces modifications.
Le RU-486 est une molécule qui empêche l'action de la progestérone sur les cellules de l'endomètre, ce qui provoque une interruption de grossesse (voir p. 117).

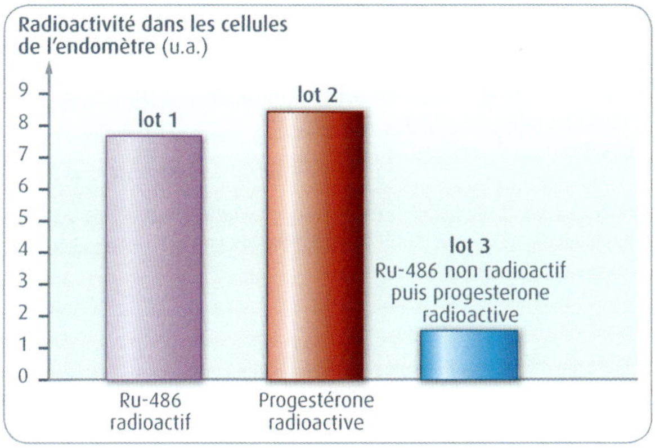

Expérience de marquage radioactif. **Trois lots de rates ont reçu par injection une même quantité de substances.**

1. Préciser le devenir de l'endomètre en fin de cycle s'il y a eu ou non fécondation.
2. Rappeler le rôle de la progestérone sur l'endomètre.
3. À partir des informations fournies et du doc. 5 p. 117, formuler une hypothèse sur un mode d'action possible du RU-486.
4. Rappeler le cadre légal de l'emploi du RU-486.

7 L'efficacité de la pilule combinée

Raisonner en s'appuyant sur les connaissances

L'activité ovarienne peut se mesurer en suivant l'évolution de la concentration sanguine d'œstradiol et du diamètre des follicules. On sait que l'ovulation est quasi certaine lorsque le diamètre d'un follicule est supérieur à 13 mm. Par ailleurs, dans certains cas de stérilité liés à l'absence d'ovulation, des dosages sanguins d'œstradiol montrent des valeurs faibles, toujours inférieures à 50 $pg.mL^{-1}$.

1. Rappeler les événements de la première partie du cycle ovarien qui aboutissent à l'ovulation.
2. Que montre le graphe quant à l'impact de la pilule sur les deux paramètres étudiés ?
3. Discuter de l'efficacité de ce contraceptif.

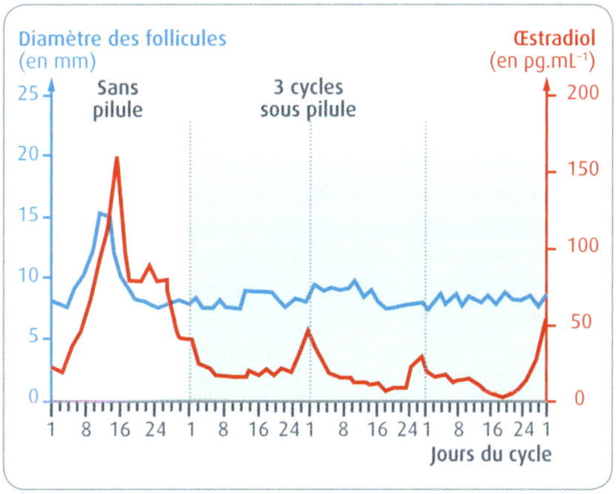

Évolution du diamètre des follicules et de la concentration d'œstradiol chez un groupe de femmes sous pilule œstroprogestative (pendant 24 jours suivis d'un arrêt de 4 jours).

La Science et vous

> « L'importance même de la science appelle un regard critique. »
>
> PIERRE THUILLIER (1932-1997), philosophe et historien des sciences

Science et société

Maîtrise de la procréation : un long combat

La première pilule a été mise au point dans les années 1950 et commercialisée en France en 1967.

1 **Comparez l'accueil fait à la pilule contraceptive aux États-Unis et en France.**

2 **La législation française a-t-elle précédé ou accompagné l'évolution des mentalités dans le domaine du contrôle de la sexualité ?**

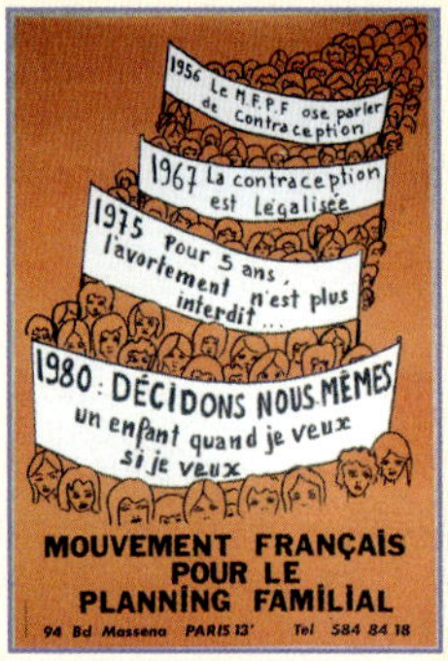

1. Une affiche du Mouvement français pour le planning familial (MFPF, 1980).

2. La législation française et l'évolution des mentalités.

« En 1960 le premier contraceptif oral était en vente aux USA sans qu'il ait donné lieu à d'infinies controverses entre les féministes et les pouvoirs publics.
Il n'en fut pas de même en France. Entre le premier article de Mme Weill-Hallé concernant la pilule (1961) et la loi du docteur Neuwirth l'autorisant, il se passa six ans de militantisme acharné de la part du mouvement français pour le Planning familial, bloqué par la loi de 1920 interdisant aux Françaises – avec l'usage du diaphragme – toute possibilité de contraception. La droite, le conseil de l'Ordre des médecins et l'Église catholique étaient contre ; la gauche, les intellectuels et une majorité des femmes souhaitaient la suppression de la loi de 1920.
Finalement, la loi autorisant la contraception fut votée avec l'arrière-pensée qu'elle mettrait un frein aux avortements clandestins si désastreux pour la santé des femmes. ■ »

Élisabeth Badinter, *L'un est l'autre : des relations entre hommes et femmes*, éditions Odile Jacob, 1986.

Enquête

Et la contraception masculine ?

Plus de quarante ans après l'invention de la pilule, la contraception semble rester une affaire de femmes. Pourtant, les hommes aussi ont la possibilité de s'impliquer dans la maîtrise de la reproduction. Outre le préservatif (seul rempart contre les IST et notamment le sida), la vasectomie, plus radicale, est légale en France depuis 1999. D'autres méthodes sont en cours d'expérimentation dans le monde, même si l'industrie pharmaceutique paraît se désintéresser du sujet.

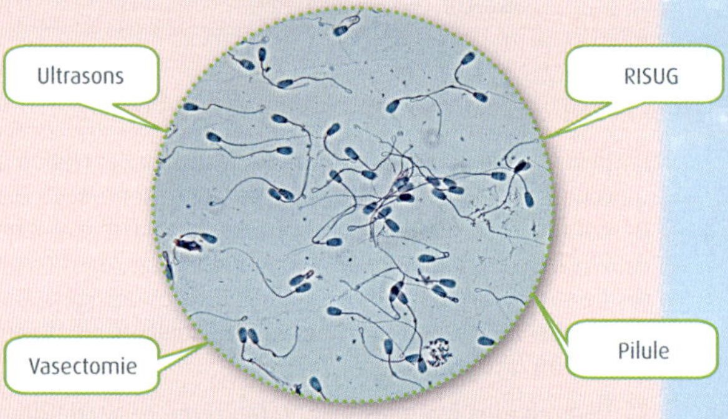

1 **Utilisez les ressources d'Internet pour faire un panorama des moyens de contraception masculine (mécaniques et autres) disponibles à l'heure actuelle. Quels sont les obstacles techniques à leur développement ?**

2 **La contraception est-elle pour vous avant tout une affaire de femmes, d'hommes ou de couples ?**

3 **Discutez des résistances possibles de la société face à la mise au point d'une contraception masculine efficace.**

PLUS LOIN AVEC INTERNET B2i

- ✔ www.contraceptions.org
- ✔ www.planning-familial.org
- ✔ www.futura-sciences.com

Débat

Bioéthique en Europe : le cas de la PMA

Dans les années 1990, les pays européens se sont dotés de textes posant des principes communs de bioéthique. En France, les lois de bioéthique de 1994 et 2004 ont fait l'objet d'une révision au début de l'année 2011. Elles concernent notamment les conditions d'accès à la PMA (aussi appelée AMP pour « Assistance médicale à la procréation »).

1. Comparez les conditions d'accès à la PMA dans les pays cités.
2. Recherchez avec Internet la position adoptée en France après la révision des lois de 2011 et situez-là dans le paysage européen.
3. Discutez des implications éthiques et sociétales liées à la diversité de ces positions.

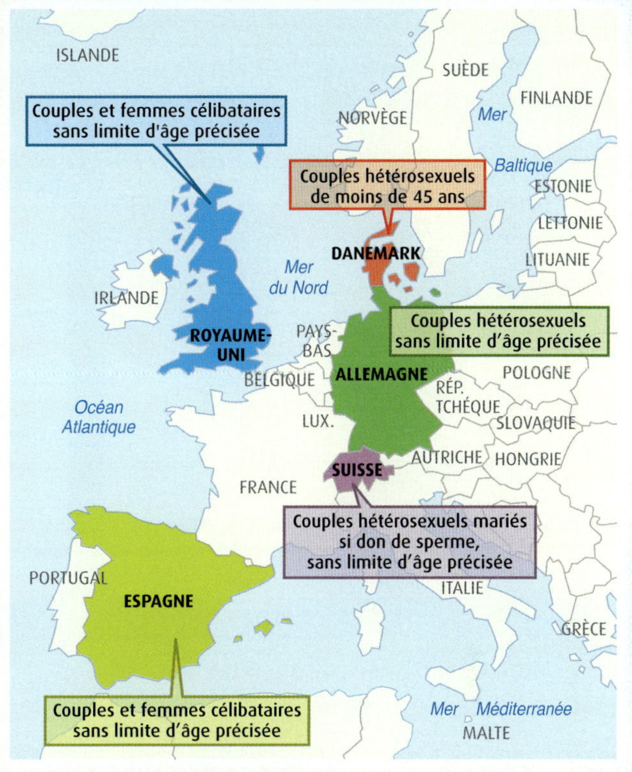

Les conditions d'accès à la PMA dans quelques pays européens.

PLUS LOIN AVEC INTERNET B2i

- www.senat.fr/lc/lc75/lc75_mono.html
- www.conseil-etat.fr/cde/media/document//dossier-presse-bioethique.pdf

Science in English

Prevention against AIDS

AIDS prevention campaigns differ widely from one country to another; some of them are extremely aggressive, or even shocking.

1. This poster illustrates one means by which AIDS can be transmitted. Can you name any others ?
2. What do you think of this poster? Who is it aimed at? What feelings does it want to induce ? Do you think it's effective ?
3. Imagine you were to design a poster for the prevention of STIs ? What message and what image would you use ?

Campain poster against AIDS (USA).

MOBILISER SES ACQUIS

1. Qu'est-ce qui distingue un homme d'une femme ?

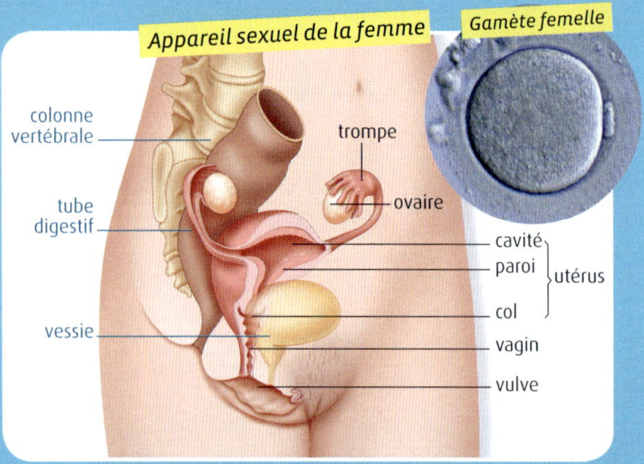

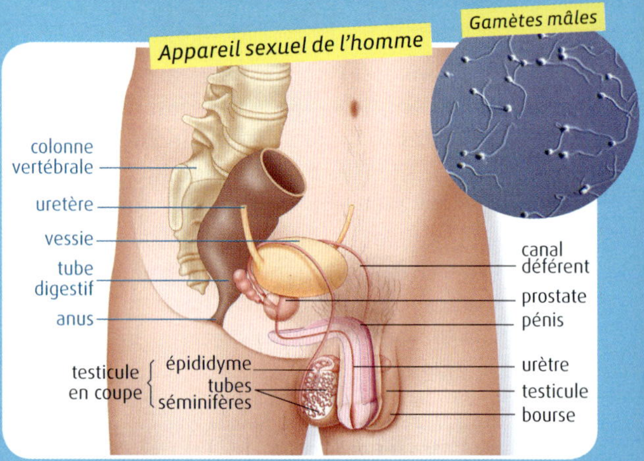

1. Citer les différents organes formant les appareils reproducteurs (ou sexuels) de l'homme et de la femme.
2. Donner le nom des gamètes mâles et des gamètes femelles.
3. Quel(s) changement(s) anatomique(s) et fonctionnel(s) observe-t-on à la puberté chez l'homme et chez la femme ?

mots clés

Caractères sexuels primaires : organes associés à la reproduction (gonades, voies génitales, organes génitaux).

Gamète : cellule reproductrice.

Gonade : organe reproducteur où sont produits les gamètes.

2. Qu'est-ce qu'un caryotype ? Et quels renseignements apporte-t-il ?

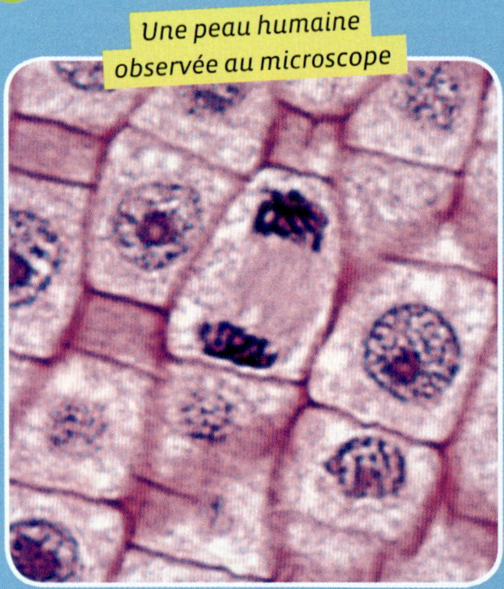

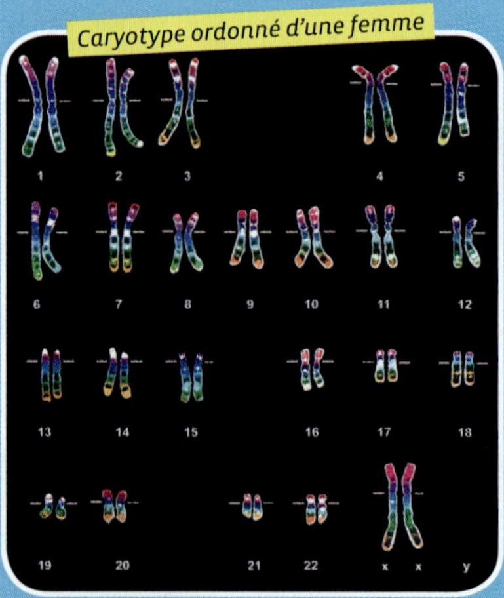

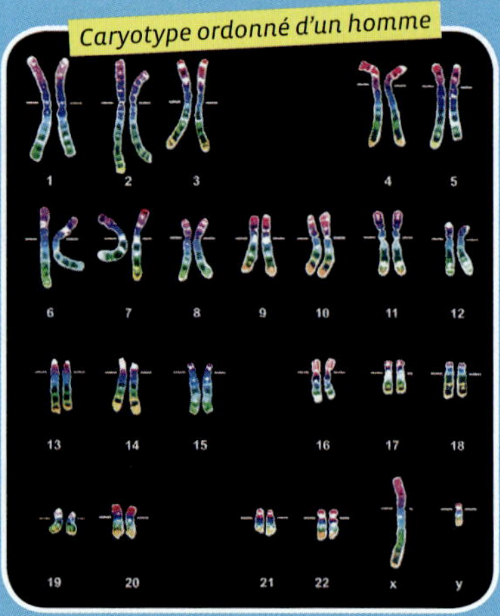

1. Rappeler quel est le support de l'information génétique.
2. Comparer le caryotype masculin et le caryotype féminin.
3. À quel moment sont constituées les paires de chromosomes d'un individu ?

Caryotype : Ensemble des chromosomes du noyau d'une cellule.

Chromosome : Structure cellulaire portant l'information génétique sous forme d'ADN.

CHAPITRE 8 Sciences de la Vie et de la Terre

Devenir homme ou femme et vivre sa sexualité

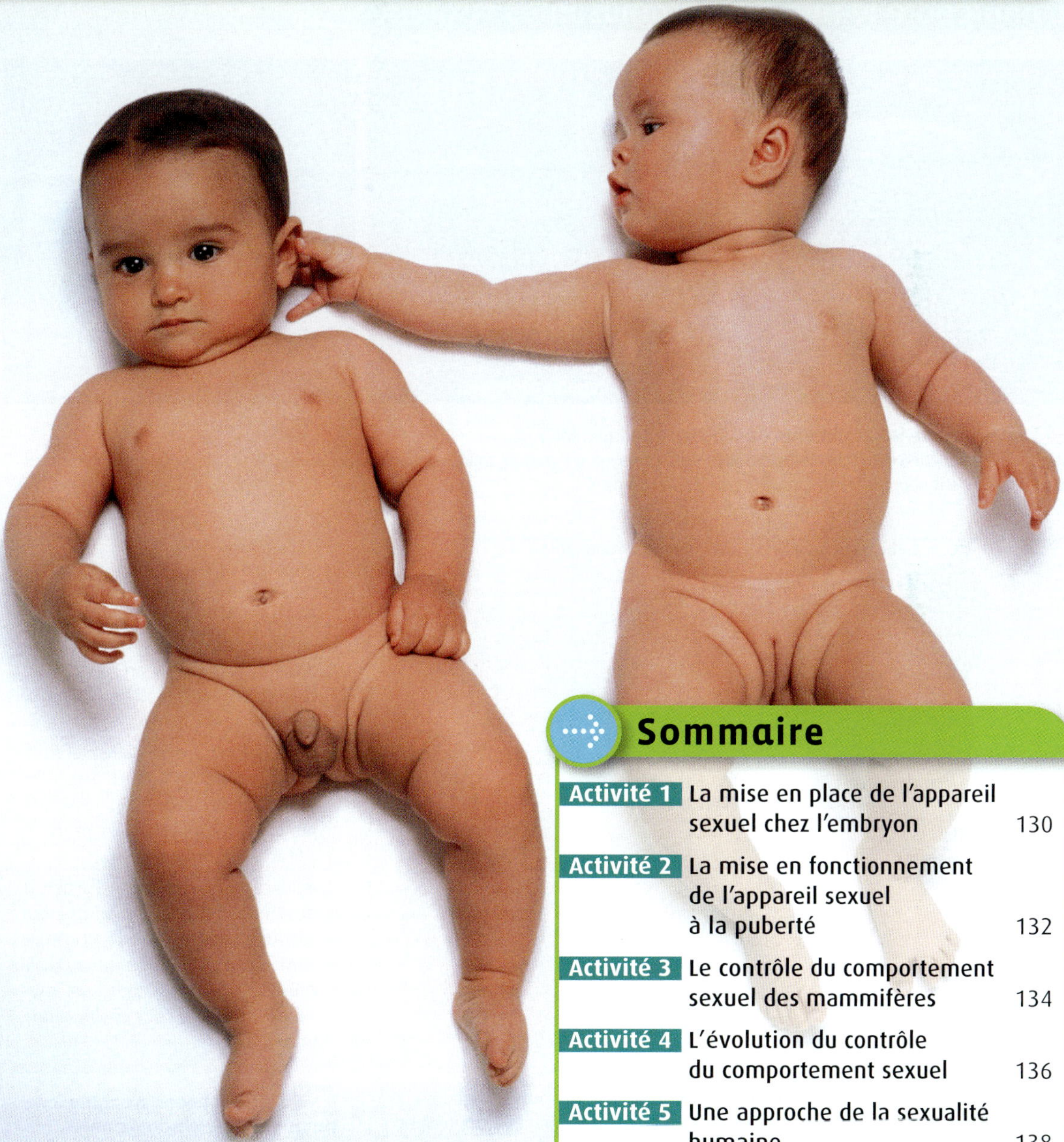

Sommaire

SVT

ACTIVITÉ 1

La mise en place de l'appareil sexuel chez l'embryon

« C'est une fille ! » annonce la sage-femme... En réalité, dès le 3e mois de grossesse, le sexe biologique du bébé humain est parfaitement identifiable.

Comment se différencie l'appareil sexuel chez l'embryon humain ?

Compétences : • Caractériser un individu de sexe masculin ou de sexe féminin. • Expliquer les étapes de différenciation de l'appareil sexuel au cours du développement embryonnaire.

Comprendre le rôle des chromosomes sexuels

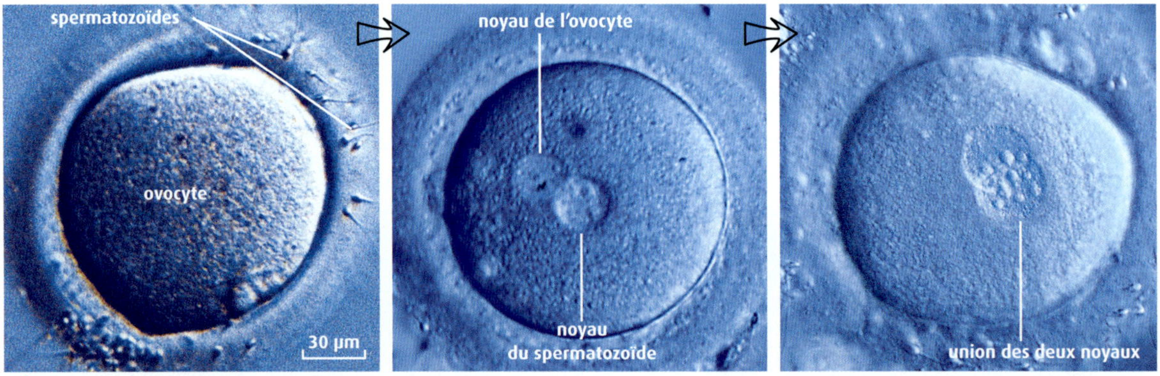

1 Les étapes de la fécondation (microscope optique, MO).
La fécondation aboutit à la formation de la cellule-œuf. Le noyau du spermatozoïde contient un chromosome sexuel X ou un chromosome sexuel Y ; celui de l'ovocyte renferme toujours un chromosome X.

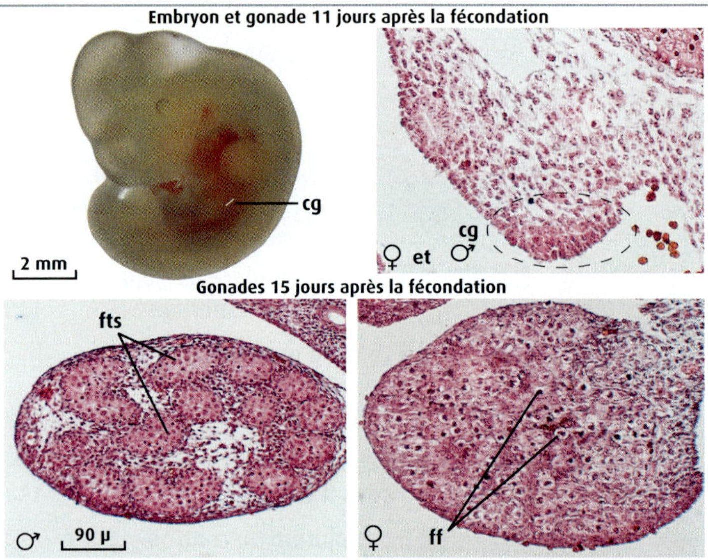

2 La différenciation des gonades chez l'embryon de la souris (gonades vues en coupe, MO). À 11 jours, la gonade est indifférenciée (cg : crête génitale qui deviendra gonade). À 15 jours, la gonade est différenciée et devient ovaire ou testicule (fts : futurs tubes séminifères ; ff : futurs follicules). Dans l'espèce humaine, la gonade devient testicule à la 7e semaine de grossesse, ou ovaire à la 8e semaine.

- Normalement, le sexe génétique d'une femme est lié à la présence, dans le caryotype, d'une paire de chromosomes X et celui d'un homme à la présence d'un chromosome X et d'un chromosome Y.
- Dans le **syndrome de Klinefelter**, l'individu est XXY. Il est masculin, mais stérile, avec des testicules petits et une pilosité peu prononcée à l'âge adulte.
- Dans le **syndrome de Turner**, la personne ne possède qu'un seul chromosome sexuel, le chromosome X. Elle est féminine, mais presque toujours stérile, et présente une petite taille et une allure infantile.

3 Conséquences d'anomalies du nombre de chromosomes sexuels sur la différenciation, ou sexualisation, des gonades dans l'espèce humaine.

Les étapes de la différenciation des voies génitales

ARGUMENTER/DÉBATTRE page 144

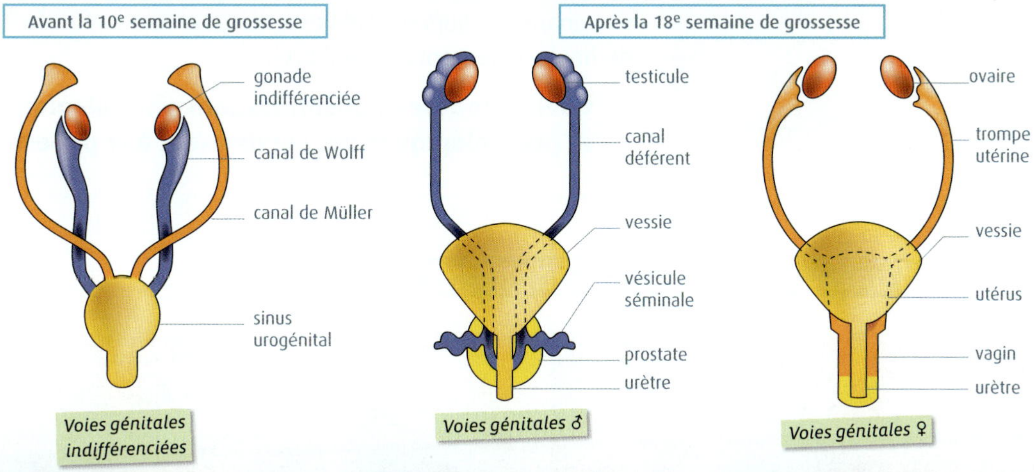

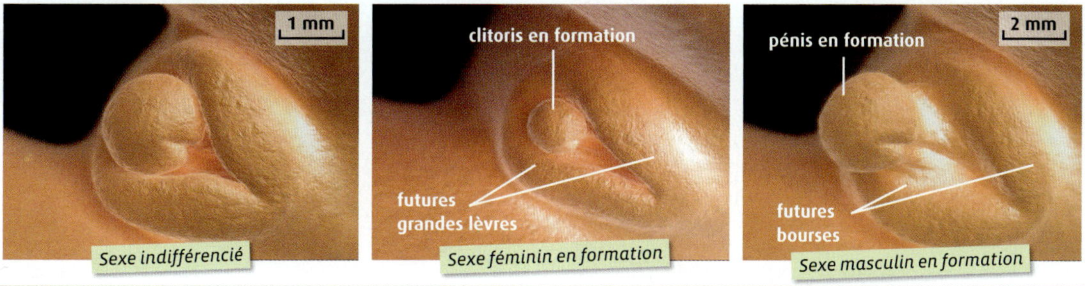

4 **Évolution de l'appareil sexuel chez l'embryon humain (voies génitales et organes génitaux).**

Nom du syndrome	Testicule féminisant	Hyperandrogénie d'origine maternelle	Persistance du canal müllérien
Données biologiques	Insensibilité de l'organisme à la testostérone	Embryon exposé à la testostérone maternelle durant la grossesse	Testicule sécrétant une AMH inactive
Caryotype	XY	XX	XY
Gonades	testicules	ovaires	testicules
Structures dérivées des canaux de Wolff	absentes	présentes	présentes
Structures dérivées des canaux de Müller	absentes	présentes	présentes
Organes génitaux externes	présence d'un vagin raccourci	présence d'un clitoris hypertrophié et d'un vagin	aspect masculin quasi normal

5 **Trois cas de pseudo-hermaphrodisme.** La testostérone et l'AMH (hormone anti-müllérienne) sont des hormones normalement sécrétées par les testicules de l'embryon, dès la 7e semaine de grossesse. Les ovaires ne sécrètent normalement ni testostérone, ni AMH.

EXPLOITATION

1 **DOC. 1 ET 3** Indiquer à quel moment le sexe génétique d'un individu est déterminé. Indiquer quels sont les caryotypes possibles d'une cellule-œuf.

2 **DOC. 2** Décrire les transformations de la gonade dans les deux sexes.

3 **DOC. 3** Déterminer quel chromosome ou combinaison de chromosomes est responsable de la sexualisation des gonades chez l'embryon.

4 **DOC. 4** Réaliser un tableau montrant le devenir des voies génitales dans les deux sexes.

5 **DOC. 4 ET 5** Montrer, pour les trois syndromes, en quoi les organes génitaux ne sont pas cohérents avec la nature des gonades. En déduire le rôle des deux hormones citées dans la différenciation des voies génitales.

6 **EN CONCLUSION** Résumer les étapes de la différenciation sexuelle et son contrôle.

Voir Dico p. 187

SVT

ACTIVITÉ

2 La mise en fonctionnement de l'appareil sexuel à la puberté

Pour un être humain, la capacité à procréer et à vivre sa sexualité ne s'acquiert que lors d'une étape tardive survenant au cours de l'adolescence et pleine de bouleversements : la puberté.

Quelles sont les transformations physiologiques et psychologiques qui surviennent à la puberté ?

Compétences : • *Caractériser un individu de sexe masculin ou de sexe féminin.* • *Différencier l'identité sexuelle de l'orientation sexuelle.*

Les signes d'une mise en fonctionnement

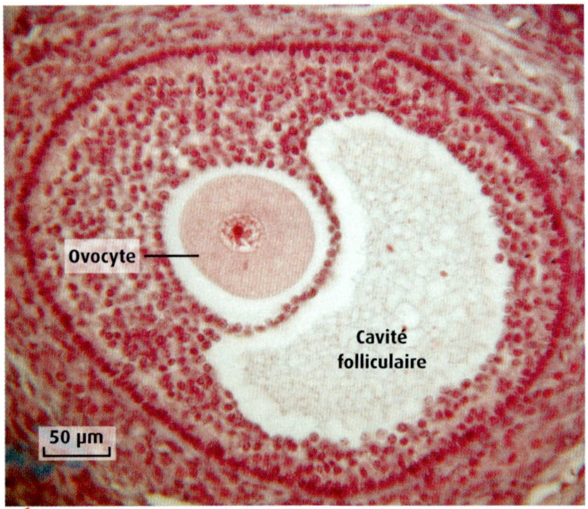

1 Coupe d'un follicule dans un ovaire fonctionnel (MO).

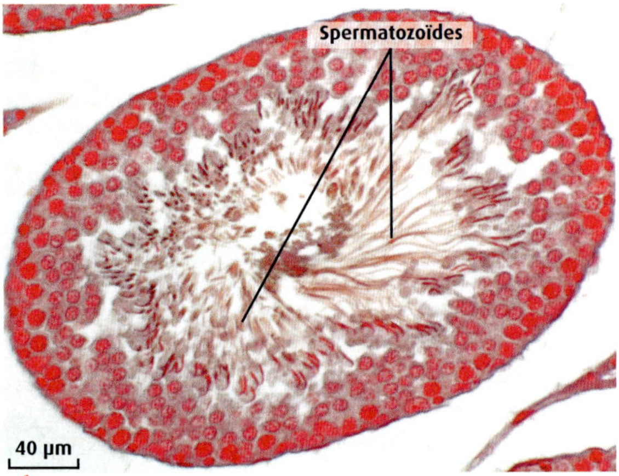

2 Coupe d'un tube séminifère dans un testicule fonctionnel (MO). Le testicule comporte de nombreux tubes séminifères semblables à celui-ci.

- Une enquête menée en France en 1994 montre qu'à 13,1 ans la moitié des filles sont pubères et la moitié des garçons le sont à 14,8 ans.
- Pour évaluer la survenue de la puberté, on mesure généralement l'âge aux premières règles chez les filles. Selon cette enquête, pour 9 filles sur 10, les premières règles interviennent entre 11 et 14 ans.
- Pour les garçons, deux types d'indicateurs sont utilisés : des indicateurs du développement corporel (la taille, la mue de la voix) et des indicateurs de la maturité sexuelle (par exemple : le fait de se masturber). Pour 8 garçons sur 10, la mue de la voix arrive entre 13 et 17 ans. Le pic de croissance survient à peu près au même moment. Pour pratiquement 1 garçon sur 2, la première masturbation survient à 13 ou 14 ans.

D'après www.ined.fr « Les filles sont pubères plus tôt ».

3 Âge moyen de la puberté chez les filles et les garçons.

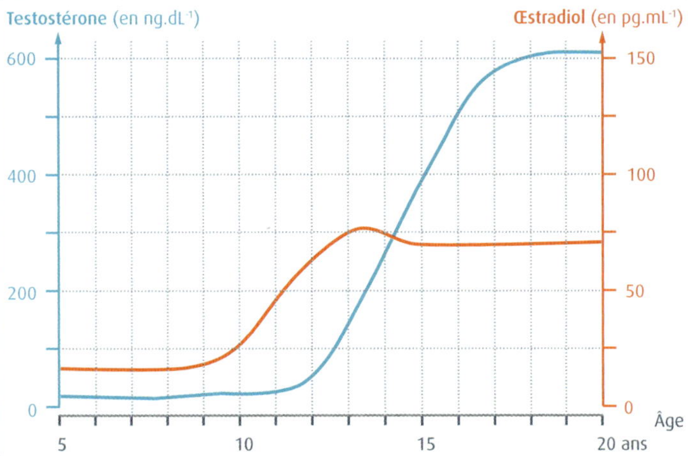

4 Évolution de la concentration d'œstradiol chez la fille et de testostérone chez le garçon durant l'enfance et l'adolescence. L'œstradiol et la testostérone sont des hormones sexuelles sécrétées respectivement par les ovaires et les testicules.

Caractères sexuels secondaires et identité sexuelle

ARGUMENTER/DÉBATTRE
page 144-145

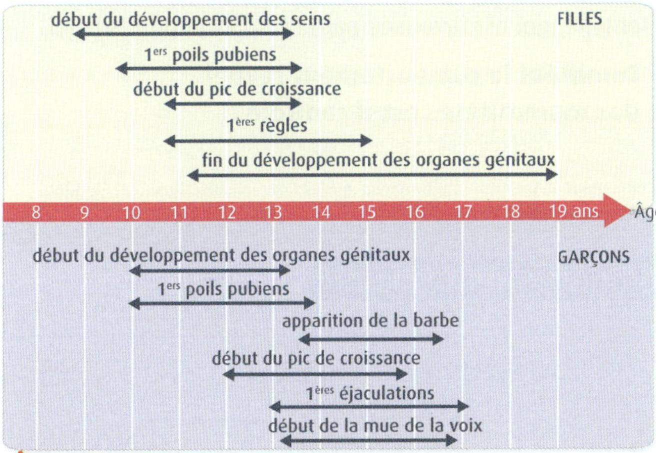

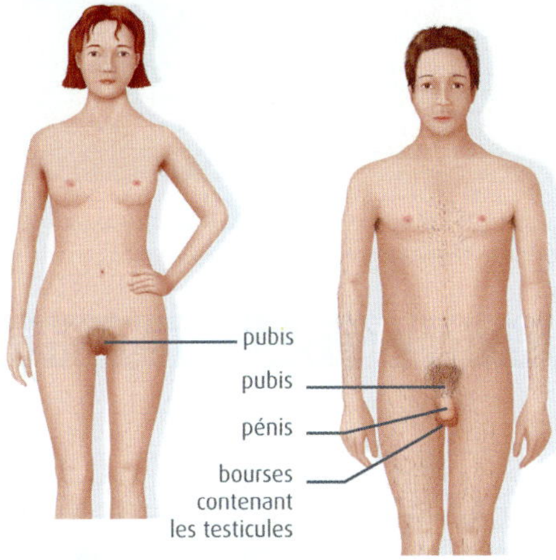

5 Des transformations physiques à la puberté. Elles correspondent aux caractères sexuels secondaires qui distinguent les individus des deux sexes en dehors de l'appareil sexuel (dont les organes définissent les caractères sexuels primaires). Les âges indiqués sont des moyennes.

Farinelli, célèbre castrat

▪ Les castrats, chanteurs à la voix cristalline, étaient en vogue en Italie aux XVIIe et XVIIIe siècles. Castrés dans l'enfance, ces garçons conservaient à l'âge adulte des caractéristiques infantiles (faible pilosité, silhouette fine, etc.), dont une voix aiguë et pure très recherchée.

▪ Des tumeurs bénignes des ovaires, sécrétant des quantités importantes d'œstradiol, s'observent chez de toutes jeunes filles. Chez ces dernières, les transformations pubertaires (pilosité pubienne, développement des seins, etc.) surviennent dès l'âge de 5-6 ans.

6 Des cas d'anomalies de la puberté.

▪ « **L'identité sexuelle**, c'est le fait de se sentir totalement homme ou femme. Ce n'est pas si simple ! En effet, en dehors de l'anatomie et des hormones, chacun apprend à devenir homme ou femme selon son environnement et l'éducation reçue. Parfois, on peut devenir un homme adulte, et ne pas se sentir très viril, il existe alors une souffrance, celle d'une identité sexuelle faiblement ressentie. Et la même chose peut être ressentie chez une femme.

▪ Il existe un autre aspect encore plus personnel de la sexualité : c'est l'**orientation sexuelle**. Je peux être un homme et être attiré par les femmes. Mais je peux aussi me sentir 100 % homme viril et être attiré par les hommes. Et je peux être une femme attirée par les hommes, ou une femme attirée par les femmes.

▪ La différence entre identité et orientation sexuelles est parfois mal comprise. Un exemple : on entend parfois dire que les homosexuels sont efféminés. Si cela est vrai pour certains hommes homosexuels, on ne peut absolument pas en faire une généralité : un homme homosexuel peut très bien avoir une identité masculine très forte. Et il en est de même pour les femmes. »

D'après le Dr Catherine Solano – médecin sexologue – www.e-sante.fr

7 Identité sexuelle et orientation sexuelle : deux aspects de la sexualité.

EXPLOITATION

1. **DOC. 1 À 4** Répertorier les modifications hormonales qui surviennent à la puberté et les signes qui attestent de l'acquisition de la capacité à procréer.
2. **DOC. 1 À 5** Retrouver les transformations de la puberté qui relèvent des caractères sexuels primaires et secondaires.
3. **DOC. 4 À 6** Déterminer le rôle des hormones sexuelles dans les transformations physiques de la puberté.
4. **DOC. 7** Indiquer la différence entre identité sexuelle et orientation sexuelle. Chercher dans sa culture personnelle ce qui participe à l'élaboration de l'identité sexuelle.
5. **EN CONCLUSION** Résumer en quoi consistent les transformations qui ont lieu à la puberté.

Voir Dico p. 187

SVT

ACTIVITÉ 3

Le contrôle du comportement sexuel des mammifères

La reproduction sexuée assure la survie et l'évolution de l'espèce. Elle nécessite la rencontre des gamètes mâle et femelle, qui est favorisée par le comportement sexuel.

Comment le comportement sexuel des mammifères est-il contrôlé ?

Compétences : • Établir l'influence des hormones sur le comportement sexuel des mammifères. • Identifier les structures cérébrales qui participent aux processus de récompense à partir de données médicales et expérimentales.

Le rôle des hormones dans le comportement sexuel

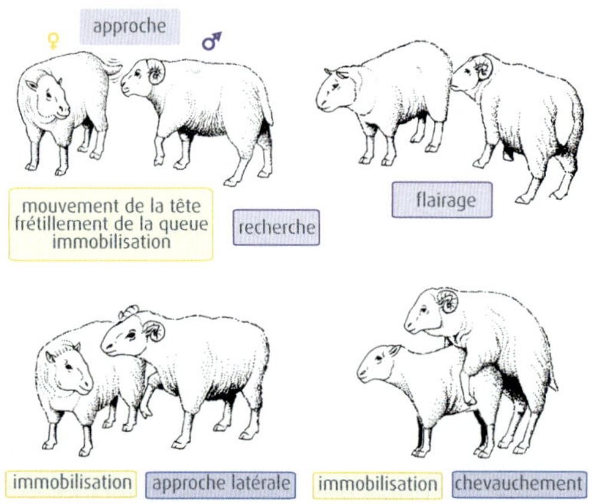

Le comportement sexuel est l'ensemble des actions associées à l'accouplement. On distingue trois phases : 1. la phase attractive (choix et rapprochement du ou des partenaires) ; 2. la phase précopulatoire ou appétitive (expression de la motivation sexuelle) ; 3. la copulation elle-même.

1 Le comportement sexuel stéréotypé du mouton.

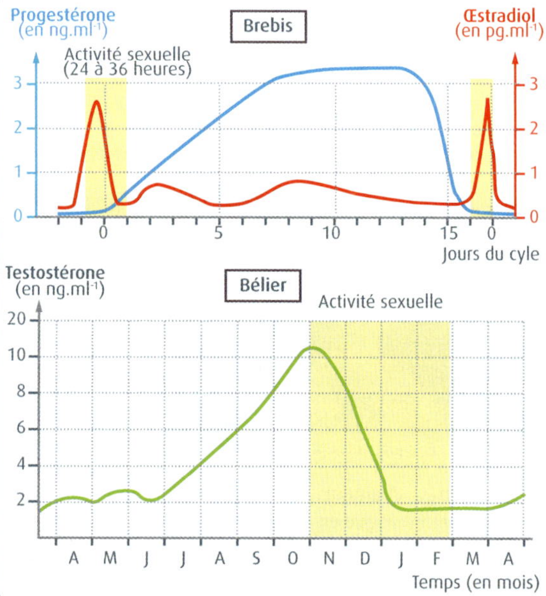

2 Évolution des concentrations d'hormones et de l'activité sexuelle chez le mouton. Chez la femelle, en dehors de la saison de reproduction, qui dure de septembre à février, les concentrations hormonales sont basses.

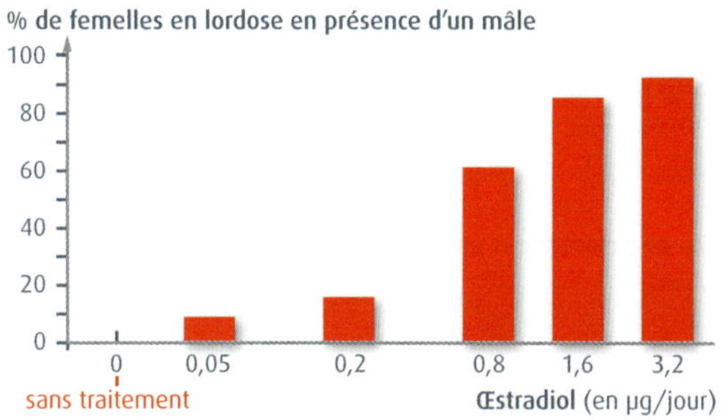

3 Comportement sexuel de rates ovariectomisées mise en présence de mâles (après traitement par œstradiol à différentes concentrations). La rate possède un cycle sexuel de quatre jours. Il se caractérise par une période de réceptivité d'une quinzaine d'heures, les chaleurs ou œstrus, où elle recherche et accepte le mâle en prenant une posture caractéristique appelée lordose (voir p. 137).

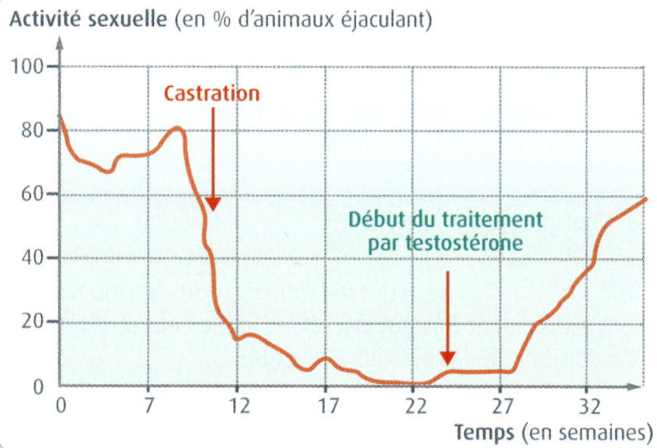

4 Évolution de l'activité sexuelle dans un lot de cobayes mâles castrés, puis traités par testostérone.

Le rôle du cerveau dans le comportement sexuel

ARGUMENTER/DÉBATTRE
page 145

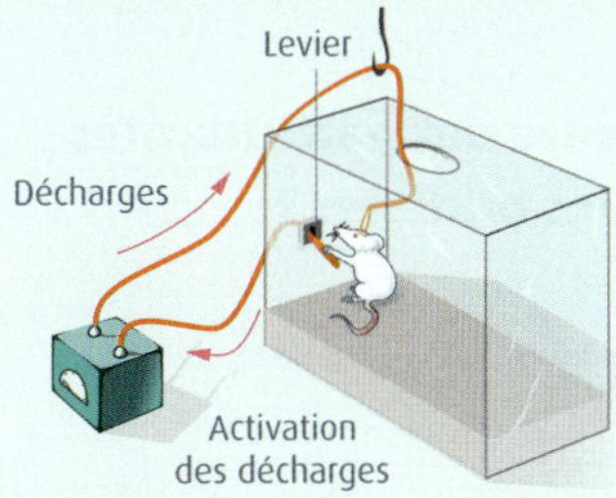

En 1954, Peter Milner et James Olds explorent les fonctions cérébrales en stimulant des zones précises du cerveau. Ils implantent des électrodes dans la région dite « septale » chez des rats placés dans une cage possédant un petit levier activant les décharges électriques. Les rats peuvent ainsi, s'ils le souhaitent, s'auto-administrer un choc. Certains se déclenchent plusieurs centaines de chocs par minute, se privant de nourriture, parfois jusqu'à la mort, plutôt que d'arrêter d'appuyer. C'est ainsi que le circuit dit de récompense a été découvert. De façon équivalente, certaines activités, comme la prise de nourriture, la sexualité ou les drogues, déclenchent spontanément une récompense cérébrale, que l'animal cherche alors à reproduire.

5 Histoire d'une découverte : le circuit ou système de récompense.

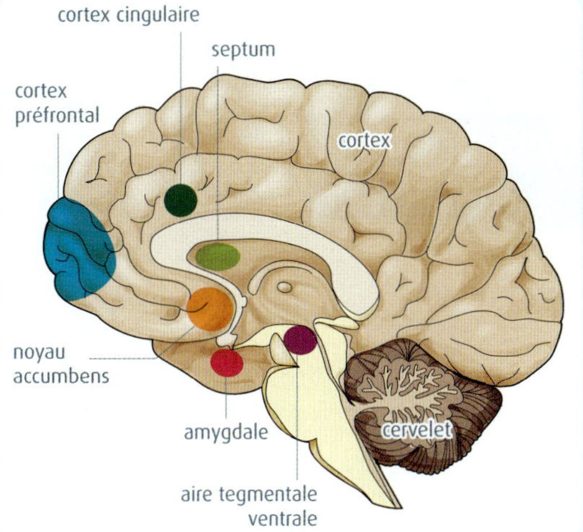

Le système de récompense rassemble des structures cérébrales interconnectées qui permettent de ressentir et de rechercher des sensations agréables. On distingue trois composantes : 1. affective, correspondant au plaisir provoqué par la « récompense » (plaisir gustatif, sexuel...), qui dépend entre autres du noyau accumbens ; 2. motivationnelle, correspondant à la motivation à obtenir la « récompense » lors de sa perception ou de sa représentation mentale, qui dépend essentiellement du cortex préfrontal et cingulaire antérieur ; 3. cognitive, correspondant aux apprentissages permettant d'associer la récompense reçue à la réaction comportementale, qui dépend de l'aire tegmentale ventrale et du cortex préfrontal.

6 Cerveau et système de récompense ou du plaisir chez l'Homme.

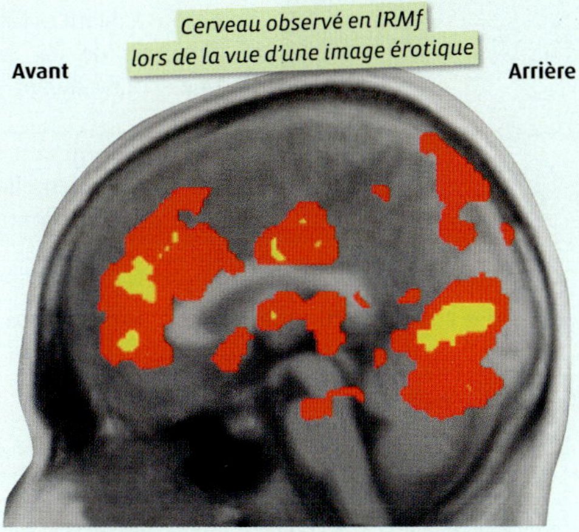

Les variations locales du débit sanguin renseignent sur les régions cérébrales actives. Par exemple, la tache rouge et jaune à l'arrière du cerveau correspond à l'activation d'aires visuelles (voir p. 29) lors de la perception d'une image. D'autres aires sont activées simultanément.
Par ailleurs, des expériences de stimulation de certaines de ces zones comme le septum lors d'opérations chirurgicales, déclenchent des sentiments de plaisir, de l'excitation sexuelle et parfois même des orgasmes.

7 Activité cérébrale et désir sexuel chez l'Homme.

EXPLOITATION

1. **DOC. 1** Décrire les étapes du comportement sexuel type au travers de l'exemple du mouton.
2. **DOC. 2** Proposer une hypothèse sur ce qui semble influencer le comportement sexuel des mammifères.
3. **DOC. 3 ET 4** Trouver des arguments qui valident l'hypothèse.
4. **DOC. 5 ET 6** Montrer en quoi le système de récompense peut être impliqué dans le comportement sexuel.
5. **DOC. 6 ET 7** Comparer ces deux documents et rechercher les aires cérébrales actives lors du désir sexuel chez l'Homme.
6. **EN CONCLUSION** Indiquer les principaux paramètres qui contrôlent le comportement sexuel des mammifères.

Voir Dico p. 187

ACTIVITÉ 4

L'évolution du contrôle du comportement sexuel

Les hormones sexuelles et le système de récompense au niveau du cerveau contrôlent en partie le comportement sexuel des mammifères.

Peut-on mettre en évidence des particularités du contrôle sexuel chez les primates ?

Compétences : • Établir l'influence des hormones sur le comportement sexuel des mammifères. • Identifier les structures cérébrales qui participent aux processus de récompense à partir de données médicales et expérimentales.

Comprendre l'évolution du contrôle hormonal

Le cerf

- Période de reproduction : septembre à début octobre.
- Chaleurs de la biche : quelques jours durant cette période.
- Le mâle dominant s'accouple avec les femelles de sa harde au fur et à mesure de leurs chaleurs.

Le chimpanzé

- Période de reproduction : à tout moment de l'année.
- Pas de chaleurs chez la femelle.
- Le choix du partenaire est plutôt contrôlé par la femelle et dépend de ses préférences (sociales, affectives...).

1 L'activité sexuelle d'un mammifère non primate et d'un primate hominidé.

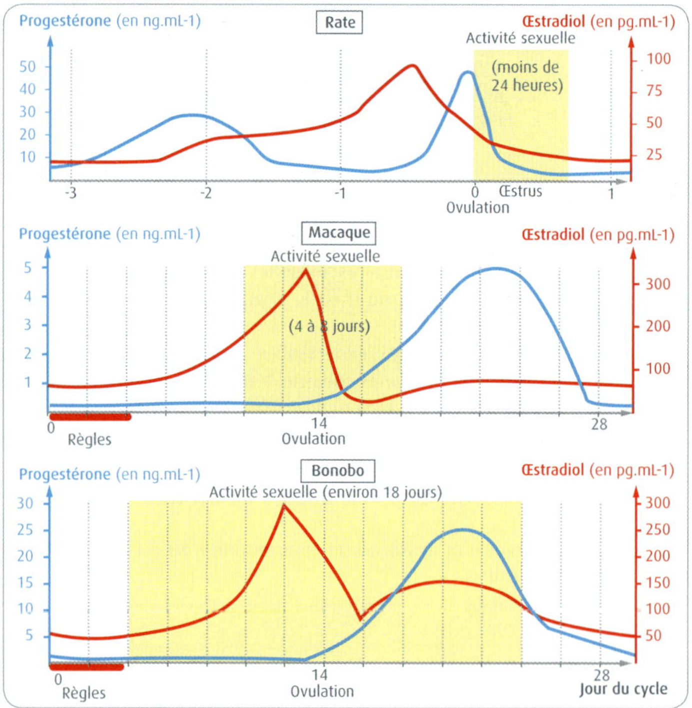

2 Évolution des concentrations d'hormones et de l'activité sexuelle chez les femelles de trois espèces. Le cycle sexuel est ponctué par les règles (début du cycle chez les primates), ou, chez les autres mammifères, par un comportement de recherche du mâle (chaleurs ou œstrus). Chez la rate, le jour « zéro » est le jour d'ovulation. Le cycle de la femme (voir p. 114) est proche de celui du bonobo femelle.

Réponse érectile à des suggestions érotique

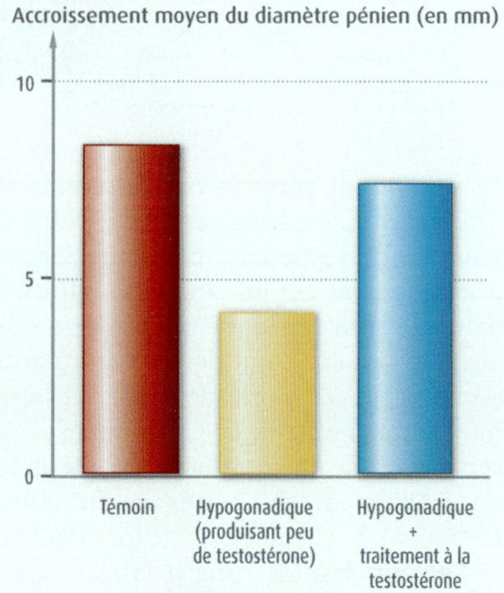

Effet de la castration

Chez l'homme, la castration de l'adulte peut entraîner une réduction de l'activité sexuelle au bout de plusieurs mois ou de plusieurs années. La testostérone joue bien un rôle important, mais sa présence n'est absolument pas obligatoire chez les primates hominidés contrairement aux autres mammifères.

3 Hormone sexuelle et activité sexuelle chez l'homme.

Comprendre l'évolution du contrôle cérébral

4 Le comportement sexuel stéréotypé de la rate. En période d'œstrus (ou de chaleur), une simple caresse des flancs déclenche un comportement réflexe d'immobilisation et de lordose. La présence d'un mâle actif déclenche aussi ce comportement. Ce dernier va essayer de monter la femelle et présenter un réflexe de poussées pelviennes (voir p. 134).

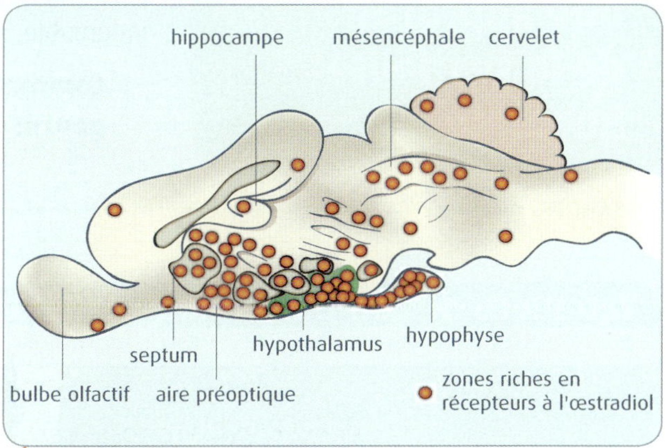

5 Coupe sagittale d'un cerveau de rate avec localisation de récepteurs à l'œstradiol. Ce type de récepteurs existe aussi chez les primates.

Chez l'humain, le spina-bifida est une malformation vertébrale, entraînant l'écrasement de la moelle épinière et parfois une absence de sensibilité de la région génitale. Dans ce cas, les patients n'éprouvent jamais d'orgasme, ne se masturbent pas et pratiquent le coït vaginal uniquement pour concevoir un enfant. Mais ils perçoivent et recherchent les sensations de plaisir érotique provoquées par stimulation de la partie haute du corps (massages...).

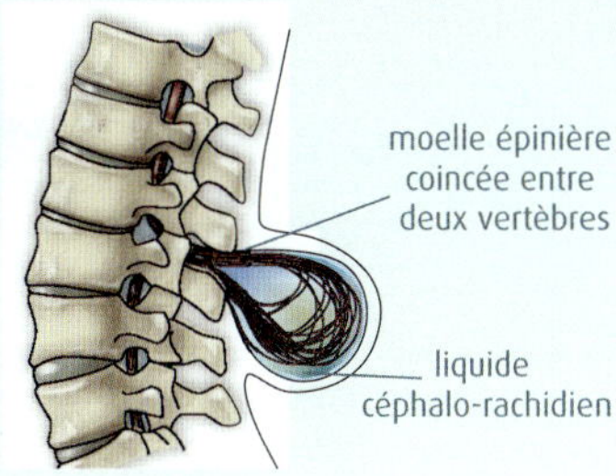

6 Les conséquences d'une malformation chez l'Homme.

Interview de Serge Wunsch,
chercheur en neurosciences et sexologie.

« La synthèse des données neurobiologiques, éthologiques et ethnologiques permet de distinguer deux types de comportement sexuel chez les mammifères. Le comportement de reproduction, centré sur la copulation, est typique des mammifères non primates. Ce comportement "précâblé" dans le cerveau est contrôlé par les hormones, les phéromones et des réflexes sexuels innés. Mais au cours de l'évolution des primates, l'influence des hormones et des phéromones diminue, tandis que l'influence de la cognition et du système de récompense cérébral augmente. Libérées des contraintes hormonales, les activités sexuelles peuvent exister dans de nombreuses situations qui n'ont plus aucun rapport avec la reproduction. Les récompenses cérébrales, perçues comme sensations érotiques intenses, deviendraient le principal facteur à l'origine des activités sexuelles. Chez les hominidés, le comportement qui permet la reproduction deviendrait un "comportement érotique", caractérisé par la stimulation du corps et des zones érogènes, ainsi que par la maximalisation du plaisir. »

7 Comment qualifier le comportement sexuel de l'Homme ?

EXPLOITATION

1 **DOC. 1 ET 2. ET DOC. 1 P. 134** Comparer l'activité sexuelle des primates à celle des autres mammifères et montrer qu'elle se détache d'un contrôle temporel d'origine hormonal.

2 **DOC. 2 ET 3 P. 134** Expliquer pourquoi l'œstrus chez la rate ou la brebis a lieu à cette période de leur cycle.

3 **DOC. 3** Comparer l'importance du rôle de la testostérone chez les primates hominidés et les autres mammifères.

4 **DOC. 4 À 7** Montrer que le comportement sexuel humain ne dépend pas seulement de réflexes sexuels comme chez la rate, mais aussi du système de récompense.

5 **DOC. 7** Mettre en évidence les finalités du comportement reproductif et du comportement érotique.

6 **EN CONCLUSION** Résumer l'influence relative des différents facteurs contrôlant le comportement sexuel des mammifères non primates et des primates hominidés.

Voir Dico p. 187

Une approche de la sexualité humaine

Le comportement sexuel des primates et des humains en particulier est complexe et varié. Si les hormones ont un rôle indéniable, son contrôle est surtout cérébral et lié au plaisir.

Comment le comportement sexuel humain peut-il être influencé ?

Compétences : • Établir l'influence des facteurs affectifs et cognitifs et du contexte culturel sur le comportement sexuel humain.

Variations du comportement sexuel et cognition

1 La sexualité du bonobo.
Les bonobos ont des pratiques sexuelles non-reproductives variées (masturbation, fellation, baisers...) qui ont aussi des fonctions sociales d'apaisement et de réconciliation. Les relations bisexuelles sont courantes, pour les mâles comme pour les femelles.

2 *Bacchanale* de Pablo Picasso réalisé en 1955.
Scène de fête romaine en l'honneur de Bacchus, dieu du vin, de l'ivresse et des débordements, notamment sexuels.

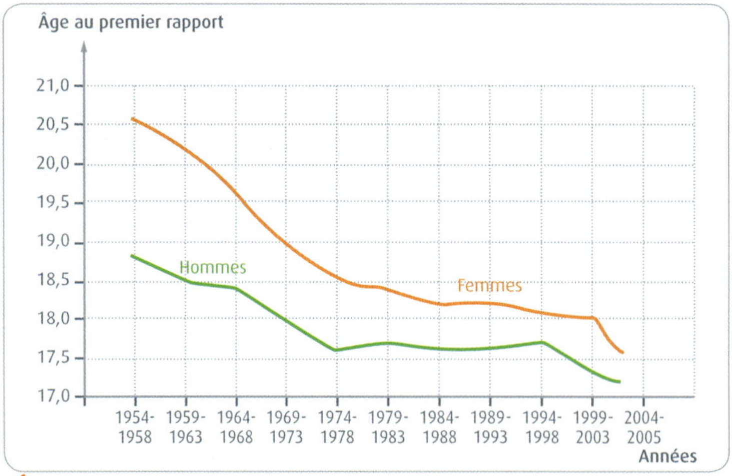

3 Évolution de l'âge des premières relations sexuelles en France.

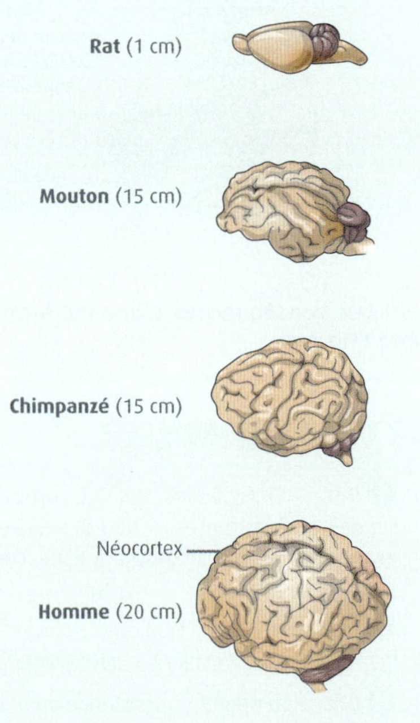

4 Le cerveau de quelques mammifères. Les différences de taille proviennent essentiellement du développement du néocortex selon les groupes de mammifères. Cette structure permet les processus cognitifs complexes (raisonnement, mémoire, symbolisation...). Elle représente 20 à 40 % du cerveau chez la plupart des mammifères et chez les primates de 50 % (lémurien) à 80 % (Homme).

L'influence sociale et culturelle

ARGUMENTER/DÉBATTRE → page 145

Un baiser de cinéma dans Eyes Wide Shut (1999)

Danse chez les Tonga

▪ La culture occidentale valorise socialement le baiser. Les jeunes apprennent, pratiquent et apprécient cette activité, considérée comme un élément du comportement sexuel. L'idéalisation de l'amour privilégie les activités sexuelles entre des personnes qui s'aiment.

▪ Dans la société traditionnelle des Tonga (Afrique du Sud), comme dans d'autres, les jeunes apprennent que la bouche, avec les dents, n'est faite que pour se nourrir. Ils ne pratiquent pas le baiser considéré comme « anormal ». Par ailleurs, dans bon nombre de cultures, les seins ne sont pas considérés comme sexuels.

5 Le baiser dans les sociétés humaines.

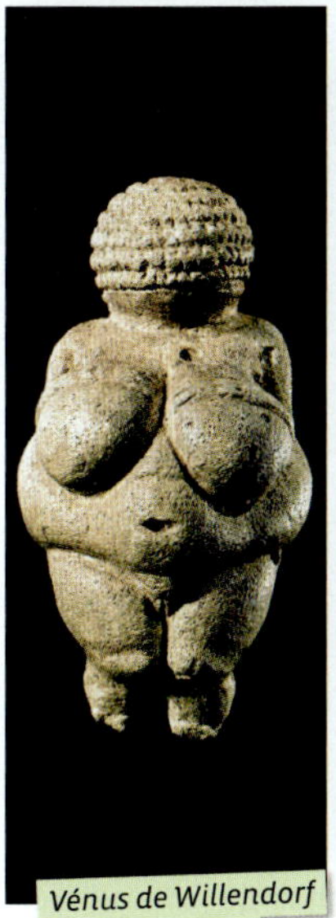

Vénus de Willendorf 23 000 ans

Léda peinte par De Vinci (1510)

Natalia Vodianova, top model russe

6 Quelques figures féminines à différentes époques.

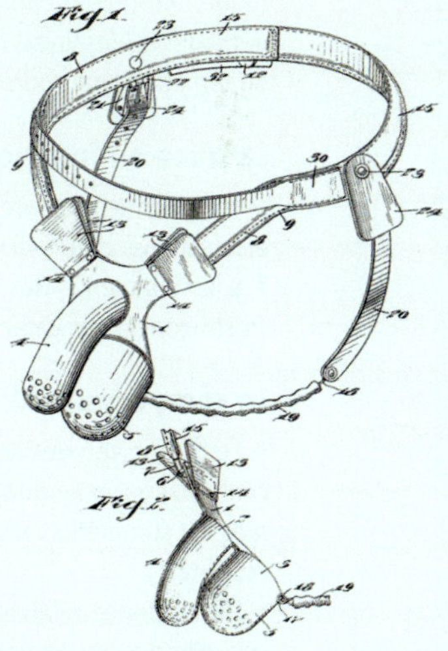

Durant l'Antiquité, la masturbation est encouragée. L'avènement du monothéisme en Occident en fait un péché et, à partir du XVIIIe siècle, la médecine l'accuse d'entraîner : cécité, surdité, neurasthénie, mort prématurée ou encore crises d'épilepsie. Il faut attendre les années 1970 pour qu'elle soit considérée à nouveau comme une activité sexuelle normale.

Brevet de 1911 déposé pour un appareil empêchant la masturbation. 7

EXPLOITATION

❶ **DOC. 1 ET 2 ET DOC. 1 P. 134** Comparer la diversité du comportement sexuel chez le bonobo et les humains avec celle du mouton.

❷ **DOC. 3** Montrer qu'au sein même d'une société, le comportement sexuel peut varier avec le temps.

❸ **DOC. 4** Proposer une hypothèse pour expliquer comment le développement du néocortex chez certains mammifères peut influer sur le comportement sexuel.

❹ **DOC. 5 À 7** Rechercher d'autres éléments de la sexualité soumis à l'influence socio-culturelle.

❺ **EN CONCLUSION** Rédiger un texte montrant que la sexualité humaine ne se réduit pas à des facteurs biologiques.

Voir Dico p. 187

BILAN

Devenir homme ou femme et vivre sa sexualité

Les connaissances

La différenciation de l'appareil sexuel chez l'embryon

• Le sexe d'une personne est déterminé au moment de la **fécondation** par les **chromosomes sexuels** : l'ovule apporte un chromosome X et le spermatozoïde un chromosome X ou Y. La cellule-œuf sera alors de type féminin (XX) ou de type masculin (XY). On parle de **sexe génétique**.

• Au début du développement de l'**embryon** issu de la cellule-œuf, l'appareil sexuel a le même aspect dans les deux sexes : il est indifférencié. Après quelques semaines, les **gonades** se transforment en ovaires chez l'embryon femelle et, sous l'influence du chromosome Y, en testicules chez l'embryon mâle.

• Puis les **voies génitales** se masculinisent sous l'action des hormones produites par les testicules : l'hormone anti-müllérienne (AMH) et la testostérone. Les ovaires ne produisant pas ces hormones, les voies génitales se féminisent. À la naissance, l'appareil sexuel du bébé humain est différencié (sexe masculin ou féminin), mais non fonctionnel. **[Activité 1]**

La mise en fonctionnement de l'appareil sexuel à la puberté

• À la puberté, l'appareil sexuel devient fonctionnel. Les garçons produisent des spermatozoïdes (premières éjaculations) et le fonctionnement cyclique se met en place chez les filles (ovulations et premières règles).

• Sous l'influence des hormones sexuelles sécrétées par les testicules (testostérone) ou par les ovaires (œstrogènes), les **caractères sexuels secondaires** (seins, pilosités, etc.) apparaissent également. **[Activité 2]**

Le comportement sexuel et son contrôle

• Le **comportement sexuel** regroupe les actions associées à l'accouplement. Chez les mammifères, il est contrôlé principalement par deux facteurs : les **hormones sexuelles** et le **système de récompense**. Ce dernier est stimulé lors d'une activité agréable comme le coït et motive le renouvellement de cette activité. **[Activité 3]**

• L'importance relative de ces deux facteurs change selon les espèces. Chez les non-primates, l'activité sexuelle n'a lieu en général qu'à la saison propice à la reproduction, alors que chez les primates hominidés, elle perdure toute l'année et tout au long du cycle féminin, montrant ainsi la baisse de l'influence hormonale. La diversité des activités sexuelles des primates hominidés indique que c'est la recherche du plaisir via le système de récompense qui motive le plus le comportement sexuel. **[Activité 4]**

• La sexualité humaine ne se réduit pas à ces seuls facteurs biologiques. Les **capacités cognitives** importantes de l'Homme permettent le développement de cultures aux mœurs et traditions variables d'une époque et d'une région à l'autre. Le contexte socioculturel influence de manière importante le **comportement sexuel** individuel, tant au niveau des pratiques que des préférences affectives et sexuelles. **[Activité 5]**

• Chez l'Homme, il existe deux aspects complémentaires de la sexualité : l'identité sexuelle, qui correspond au genre (masculin ou féminin) et relève de l'espace social, et l'orientation sexuelle qui relève de l'intimité de la personne. **[Activité 4]**

Mots clés du chapitre

Voir Dico p. 187

- Cellule-œuf
- Chromosome sexuel
- Cognition
- Embryon
- Fécondation
- Gamète
- Gonade
- Hormone sexuelle
- Néocortex
- Sexe génétique
- Système de récompense
- Voie génitale

L'essentiel par l'image

La différenciation sexuelle

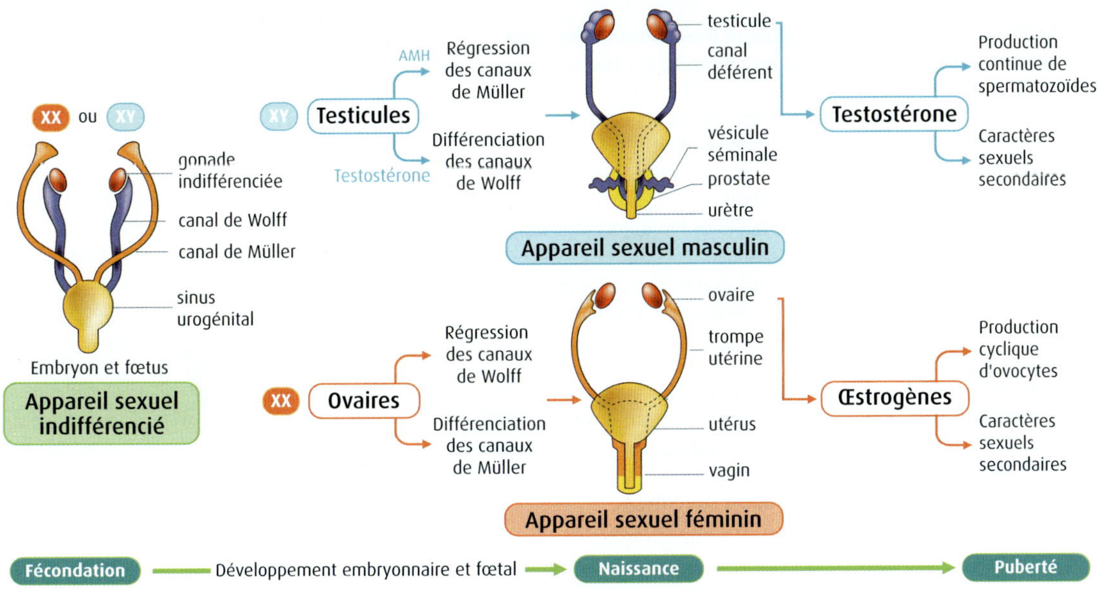

Le comportement sexuel

Comportement sexuel stéréotypé

Mammifères non primates

- Au moment de la période de reproduction.
- Surtout sous le contrôle des hormones, partiellement du circuit de récompense.

Système de récompense et cognition (– → +)

Influence relative au cours de l'évolution

(+ → –) Hormones

Comportement sexuel non stéréotypé

Primates hominidés

- Toute l'année. Surtout sous le contrôle du circuit de récompense (recherche du plaisir).
- Chez l'humain, influence des facteurs sociaux-culturels.

L'essentiel par le texte

Les chromosomes sexuels déterminent la différenciation des gonades. La féminisation des voies génitales est spontanée, alors que leur masculinisation dépend des hormones testiculaires. L'appareil reproducteur devient fonctionnel à la puberté.

Le comportement sexuel des mammifères est contrôlé par les hormones et le circuit de récompense. L'importance relative de ces facteurs varie selon les espèces. Chez les primates, le comportement est surtout motivé par la recherche du plaisir.

Chez l'humain, si l'activité sexuelle a des bases biologiques, les facteurs socioculturels et affectifs, rendus possibles par la cognition, favorisent ou inhibent certains comportements sexuels.

EXERCICES

tester ses connaissances

1 Vrai ou faux ?

Identifier les affirmations fausses et les rectifier.

a. Chez l'embryon, la transformation de la gonade indifférenciée en testicule se fait sous l'influence de différentes hormones.

b. L'appareil génital ne se met à produire des gamètes qu'à partir de la puberté chez les garçons.

c. Le comportement sexuel des mammifères est exclusivement contrôlé par des hormones sexuelles.

2 QCM

Pour chaque proposition, identifier la (ou les) bonnes(s) réponse(s).

1. La féminisation des voies génitales :

a. consiste, en partie, en la régression des canaux de Wolff.

b. n'est pas terminée à la naissance de l'enfant.

c. se fait sous l'influence des hormones ovariennes.

d. peut se produire partiellement chez un embryon de caryotype XY.

2. Le comportement sexuel des mammifères non primates :

a. n'existe pas.

b. dépend surtout des hormones.

c. dépend surtout de leurs capacités à raisonner.

d. est stéréotypé.

3. Le comportement sexuel de l'Homme :

a. est stéréotypé.

b. dépend surtout des hormones.

c. est variable selon les cultures.

d. est acquis dès la naissance.

3 Compléter un schéma

Légender et titrer ce schéma de l'appareil sexuel indifférencié et indiquer ce que deviennent les structures chez l'embryon mâle et femelle.

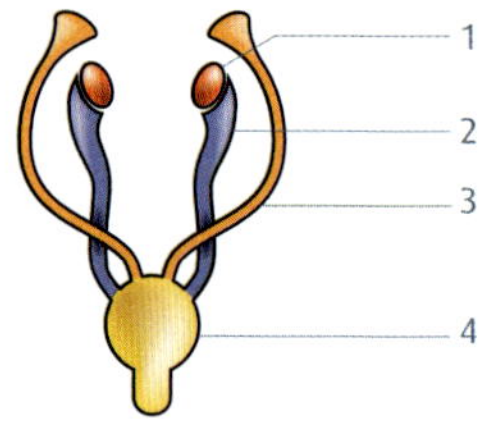

s'entraîner avec un exercice guidé

4 Des expériences historiques

Dans les années 1940-50, le physiologiste Alfred Jost réalisa une série d'expériences sur des embryons de lapin, afin de comprendre le rôle des gonades dans la différenciation des voies génitales. Les expériences étaient menées avant la différenciation des voies génitales et les résultats observés peu avant la naissance.

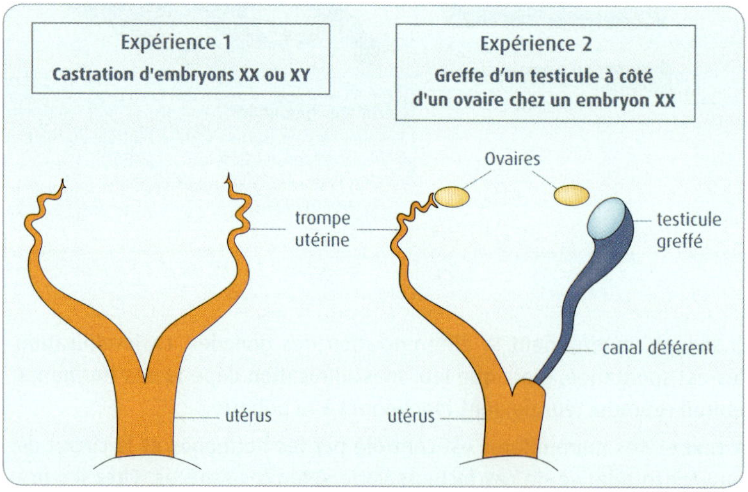

1. **Résultats des expériences : aspects de l'appareil sexuel avant la naissance.**

Un peu d'aide

• Analyser des données

– Analyser d'abord les résultats de l'expérience 1, puis ceux de l'expérience 2.

– Relever quels organes sont présents ou absents dans la situation normale (voir p. 131) et dans l'expérience.

– Relever ce que deviennent les canaux de Wolff et de Müller dans la situation normale et dans l'expérience.

• Raisonner

Déduire des observations précédentes le rôle de l'ovaire et du testicule dans le devenir des voies génitales.

QUESTION En comparant les résultats des expériences 1 et 2 avec la situation normale (voir p. 131), démontrer le rôle des gonades dans le devenir des canaux de Wolff et de Müller chez le fœtus.

OBJECTIF BAC page 146

5 Un problème de différenciation sexuelle

Mettre en relation des données avec ses connaissances

Des analyses sont réalisées chez un individu masculin stérile ayant des testicules atrophiés.

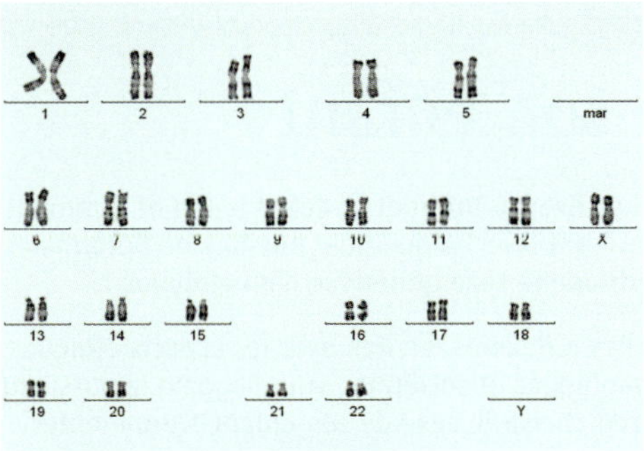

1. Caryotype ordonné de l'individu.

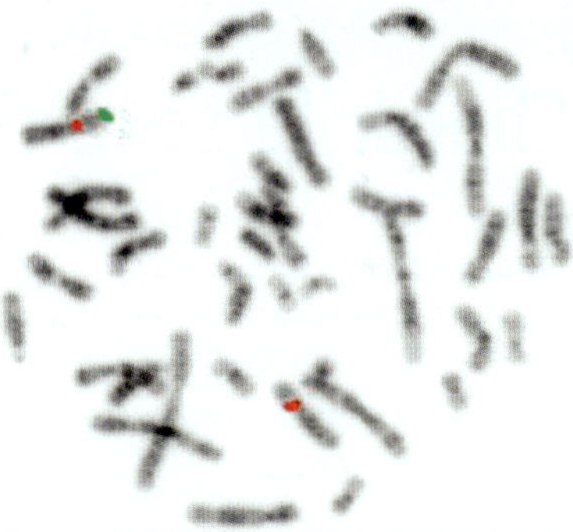

2. Chromosomes de l'individu visualisés par la technique d'hybridation fluorescente *in situ*.
Rouge : caractéristique du chromosome X ;
Vert : caractéristique d'une petite portion située à l'extrémité du chromosome Y.

1. Expliquer en quoi les caractéristiques sexuelles de l'individu ne sont pas en accord avec son caryotype.
2. Proposer une explication à cette contradiction.
3. Indiquer si l'intégralité du chromosome Y est nécessaire à la masculinisation de la gonade.

6 Hormones et comportement sexuel des mammifères

Analyser des données et les comparer

Au contraire de l'espèce humaine, le comportement sexuel du rat est stéréotypé : la femelle en chaleur se met en lordose devant un mâle actif, celui-ci essaye de monter la femelle et présente un réflexe de poussées pelviennes (voir p. 137). On compare les effets de la castration chez le rat et chez l'homme (voir p. 133).

Animaux castrés	Traitements	Comportement sexuel de l'adulte
Mâle ou femelle très jeune	Aucun	Aucun
Mâle ou femelle très jeune	Œstrogènes à l'âge adulte	Lordose
Mâle ou femelle très jeune	Testostérone à l'âge adulte	Aucun
Mâle ou femelle très jeune	Testostérone chez le jeune et à l'âge adulte	Monte et poussées pelviennes
Mâle adulte	Testostérone	Monte et poussées pelviennes
Mâle adulte	Œstrogènes	Aucun
Femelle adulte	Testostérone	Aucun
Femelle adulte	Œstrogènes	Lordose

1. Des expériences de castration suivies de traitements chez des rats.

« Le sens commun fait de l'homme castré un être impuissant et sans désir sexuel. Or la médecine nous dit que la castration avant la puberté rend impossible l'évolution sexuelle vers la maturité : l'apparence physique, la voix, la vie génitale restent enfantines. Mais réalisée après la puberté l'organisme est "formé", le désir sexuel est toujours présent, les érections sont possibles et même l'éjaculation d'un liquide provenant de la prostate et des glandes annexes. »

D'après www.sexodoc.fr/castration.html

2. Les effets de la castration chez l'homme.

1. Après une étude détaillée des expériences et du texte, comparer l'influence des hormones sur le comportement sexuel chez l'homme et le rat.

7 Un cas de pseudo-hermaphrodisme

Analyser des données et mobiliser ses connaissances

Un individu stérile de 38 ans, de caryotype XY, présente des organes génitaux externes et des caractères sexuels secondaires masculins, mais n'a pas de testicules dans les bourses. Une échographie révèle la présence d'un utérus dans le bas de son abdomen.

1. Relever les anomalies anatomiques que présente l'individu.
2. Identifier, à l'aide des connaissances, le type de pseudo-hermaphrodisme dont il s'agit.

La Science et vous

> « On ne nait pas femme, on le devient »
>
> SIMONE DE BEAUVOIR (1908-1986), philosophe française

Question de société

Choisir le sexe de son enfant ?

Aux États-Unis, il est possible de faire librement appel au diagnostic préimplantatoire (DPI) pour choisir le sexe de l'enfant à naître. En France, la loi de bioéthique (voir p. 121) restreint le DPI au risque de transmission d'une maladie génétique grave, certaines maladies étant parfois liées au sexe.

1 Recherchez sur Internet ce qu'est le DPI et comment il est réalisé. Est-il techniquement possible de déterminer avec certitude le sexe génétique d'un embryon ?

2 Quelles réflexions, en lien avec les aspects éthiques, démographiques et sociétaux, vous suggère la possibilité de pouvoir choisir le sexe de son enfant ? Argumentez.

Site Internet d'une clinique américaine (*the Fertility Institutes*). La traduction est d'origine !

PLUS LOIN AVEC INTERNET B2i

- www.aphp.fr/site/actualite/mag_diagnostic_preimplantatoire.htm
- www.universcience.fr (voir « Science Actualités »)
- www.bionetonline.org/francais/

Débat

La lutte contre l'homophobie

Dans plus de 80 pays du monde, l'homosexualité est condamnée par la loi et peut même être punie de la peine de mort. Mais, même dans un pays comme la France où les dispositions discriminantes envers les homosexuels ont été abolies en 1982, les agressions verbales, morales, voire physiques, restent fréquentes.

Affiche 2011 pour la Journée internationale contre l'homophobie célébrée dans plus de 60 pays dans le monde.

POUR VOUS GUIDER B2i

- www.halde.fr
- www.ligneazur.org
- www.sos-homophobie.org

Lutter contre l'homophobie : est-ce un acte citoyen ? Pour répondre à cette question, organisez un débat en classe en répartissant les rôles.

Vous êtes	Votre mission consiste à ...
Responsable politique	... justifier l'intérêt d'une loi contre les discriminations.
Journaliste	... enquêter sur les attitudes homophobes qui persistent dans la société française malgré la loi.
Membre d'une organisation des droits de l'Homme	... trouver des exemples de pays où l'homosexualité est punie par la loi.
Publicitaire	... trouver un slogan pour la Journée internationale contre l'homophobie.

Esprit critique

Testostérone et risque financier

Traders (opérateurs financiers) à la Bourse.

1. Expliquez en quoi les interprétations de l'étude de Cambridge vont trop loin.
2. Indiquez en quoi les conclusions de l'étude suédoise sont plus rigoureuses.
3. Que démontre ce texte sur l'attitude des médias vis-à-vis de résultats scientifiques ?

POUR EN SAVOIR PLUS

✔ C. Vidal, *Hommes, femmes : avons-nous le même cerveau ?* Éditions le Pommier, 2007.

En 2009, une étude Britannique suggère une corrélation entre une concentration élevée de testostérone et une prise de risque financier chez les traders. Les auteurs en concluent que cet effet de l'hormone mâle peut contribuer au comportement irrationnel des marchés boursiers.

Dans le contexte de la crise économique, l'étude a fait grand bruit. Certains médias ont suggéré que si *Lehmann Brothers** s'était appelé *Lehmann Sisters*, les performances économiques eurent été meilleures…

Pour Catherine Vidal, neurobiologiste, cette étude n'est pas concluante pour plusieurs raisons : *« La concentration de testostérone est mesurée dans la salive, ce qui ne reflète pas forcément sa concentration dans le cerveau, la cible supposée des hormones sur le comportement ; on ne montre qu'une simple corrélation entre un niveau élevé de testostérone et la prise de risque financier, et non une relation claire de cause à effet ; enfin, l'étude concerne 17 sujets, ce qui n'est pas statistiquement représentatif de la population de traders. »*

En 2009, une étude suédoise est menée sur 200 femmes ménopausées et traitées avec des œstrogènes ou de la testostérone pour étudier leur comportement dans un exercice de simulation d'opérations boursières. Les concentrations d'hormones sont mesurées dans le sang, ce qui est beaucoup plus fiable que dans la salive. Cette étude ne montre aucune corrélation entre la prise de risque financier et les niveaux d'hormones sexuelles. Elle n'a été citée dans pratiquement aucun média… ■

* La faillite de la banque *Lehmann Brothers* (« Frères » Lehmann) est emblématique de la crise financière de 2008.

Enquête

Un troisième genre reconnu en Inde

Les Hijras, ni hommes ni femmes en Inde.

Depuis 2008, dans le Tamil Nadu, un des 28 États de l'Inde, les papiers d'un citoyen peuvent porter la mention M pour masculin, F pour féminin... et T pour transsexuel. Une reconnaissance officielle pour les quelque 5 millions d'Hijras, destinée à favoriser leur intégration.

1. Recherchez des informations sur les communautés d'Hijras en Inde et leur place dans l'hindouisme.
2. Que suggère le cas des Hijras sur la relation entre le sexe biologique d'un individu et son identité sexuelle ?
3. Recherchez s'il existe d'autres populations dans le monde chez lesquelles un troisième genre est (ou a été par le passé) reconnu.

1 L'évolution de l'épidémie de VIH-sida dans le monde et en France

Partie 3

« D'après le rapport de l'Onusida de 2010, l'épidémie de VIH-sida dans le monde commence à stagner, voire à régresser. En 2009, le nombre de nouvelles infections a été estimé à 2,6 millions, ce qui représente un chiffre inférieur de 20 % par rapport à 1999. Si l'Afrique subsaharienne concentre près de 69 % de l'ensemble des nouvelles infections, dans les 15 pays les plus touchés, les taux d'infection par le VIH ont reculé de plus de 25 % grâce à des pratiques sexuelles plus sûres. La disponibilité et l'utilisation du préservatif ont également augmenté de façon significative. Enfin, 5,2 millions de patients avaient accès à des traitements anti-VIH en 2009, contre 700 000 en 2004. »

D'après www.futura-sciences.com, actualités du 24 novembre 2010

1. VIH-sida : la prévention fait reculer l'épidémie.

« En France, depuis 2006, le nombre de tests de dépistage réalisés est resté relativement stable (environ 5 millions par an). Ils permettent de dépister les cas de séropositivité. Le dépistage est d'autant plus important que plus une personne séropositive est détectée et traitée tôt, plus il y a de chance que le sida ne se déclare pas. En outre, le traitement contre le VIH rend la personne séropositive beaucoup moins contaminante. Mais on estime qu'il y a encore quelque 40 000 séropositifs qui ignorent leur séropositivité. »

D'après le *Bulletin épidémiologique hebdomadaire*, INVS, 30 novembre 2010

2. Séropositivité et dépistage en France.

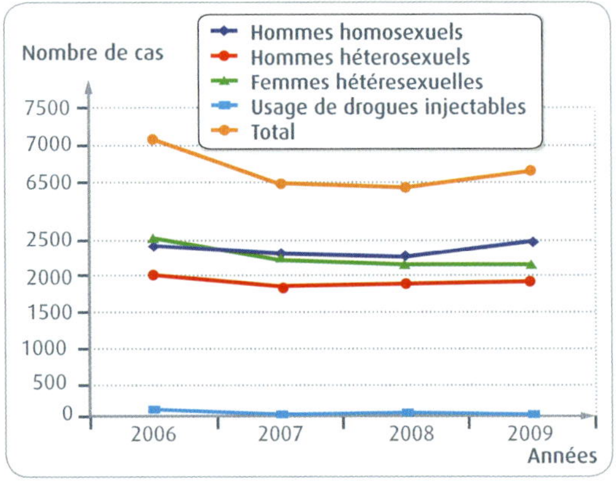

3. Nombre de découvertes de séropositivité VIH en France par mode de contamination.

❶ Indiquer ce qui peut expliquer les progrès dans la lutte contre l'épidémie de VIH-sida dans le monde.

❷ Expliquer en quoi la situation de la France est paradoxale par rapport à l'évolution au niveau mondial. D'après vous, que pourrait-on faire pour y remédier ?

❸ Expliquer en quoi le nombre de séropositifs qui s'ignorent est préoccupant. Comment pourrait-on réduire ce nombre ?

2 Différentes pilules œstro-progestatives

Partie 3

« Une première association œstro-progestative pour la contraception orale, contenant 30 µg d'éthinylestradiol + 3 mg de drospirénone (progestatif de synthèse), a été mise sur le marché français en 2002, sous le nom de *Jasmine*. S'y ajoute désormais *Jasminelle*, une association des deux mêmes substances, avec une dose plus faible d'éthinylestradiol : 20 µg par comprimé. Une dose d'éthinylestradiol inférieure à 50 µg permet de réduire certains effets indésirables, notamment les risques cardiovasculaires, les nausées et vomissements et les maux de tête. Mais elle appelle des précautions d'emploi supplémentaires en raison d'un plus grand risque d'échec contraceptif en cas d'"oubli" de prise. En outre, la dose efficace d'éthinylestradiol ayant la meilleure balance bénéfices-risques n'est pas connue avec précision.
En pratique, autant en rester à des associations œstro-progestatives faiblement dosées en éthinylestradiol et contenant un progestatif bien éprouvé tel que le lévonorgestrel (*Minidril* ou autre) ou la noréthistérone (*Miniphase* ou autre). »

Prescrire, n° 279, janvier 2007 p. 19

1. À propos d'une nouvelle pilule.

❶ La pilule Jasminelle

En utilisant les informations du texte, identifier la ou les bonnes réponse(s) :

a. diffère de la pilule Jasmine par les molécules qu'elle contient ;

b. a moins d'effets indésirables que la pilule Jasmine ;

c. vise à avoir un effet contraceptif indépendant d'un oubli éventuel ;

d. montre que l'efficacité contraceptive d'une pilule est proportionnelle à la dose d'hormones qu'elle contient.

❷ À propos de la contraception hormonale

En vous appuyant sur le texte et vos connaissances, répondre par vrai ou faux en argumentant :

a. les effet indésirables de la contraception hormonale sont surtout dus aux œstrogènes de synthèse ;

b. la drospirénone exerce un rétrocontrôle négatif sur le complexe hypothalamo-hypophysaire ;

c. la pilule (contraceptif oral) est le seul mode de contraception efficace à près de 100 %.

Partie 3

3 La baisse de la fertilité avec l'âge

Le risque de ne pas parvenir à avoir un enfant sans aide médicale augmente avec l'âge. Or, depuis environ 30 ans, et pour des raisons variées, beaucoup de femmes souhaitent retarder la survenue de leur première grossesse.

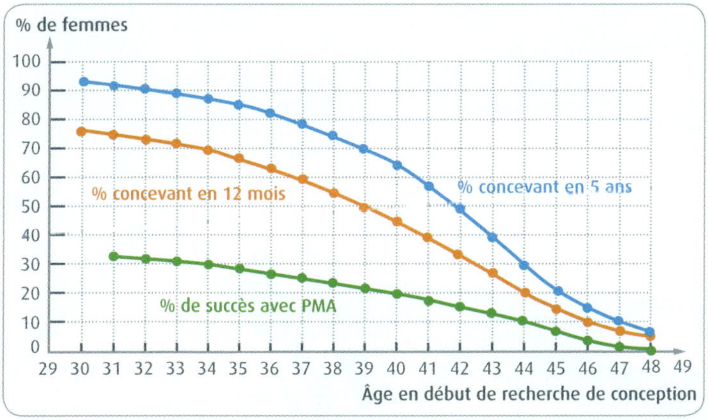

1. Probabilité d'obtenir une grossesse (conduisant à une naissance vivante) selon l'âge en début de tentative.

« La baisse de la fertilité avec l'âge tient à plusieurs causes encore mal connues. La détérioration des fonctions de reproduction (diminution et vieillissement du stock d'ovocytes, baisse des sécrétions hormonales, etc.) joue un rôle important, ainsi que les maladies infectieuses stérilisantes, comme la gonorrhée ou les chlamydias. Certaines causes sont insurmontables, comme les anomalies génétiques graves. Mais le simple fait que les rapports sexuels deviennent moins fréquents avec l'âge doit aussi être pris en compte. »

« La baisse de la fertilité avec l'âge », www.ined.fr

2. Des causes possibles.

❶ Présenter, en utilisant vos connaissances, les principales méthodes de procréation médicalement assistée qui peuvent être proposées à un couple consultant pour une infertilité.

❷ À l'aide des doc. 1 et 2, présenter les risques liés à un retard de grossesse dans le temps. Discuter de l'efficacité d'un éventuel recours à la PMA.

Partie 3

4 La fertilité humaine et les facteurs environnementaux

« On estime qu'aujourd'hui, un homme produit deux fois moins de spermatozoïdes que son grand-père au même âge ! Sont pointés du doigt, le tabagisme, le stress et bien sûr l'exposition à de nombreux produits chimiques, comme les résidus de médicaments, les pesticides agricoles, les métaux lourds ou les phtalates, composés utilisés dans les plastiques. Certains de ces composés seraient des perturbateurs endocriniens (ils agiraient en modifiant l'équilibre hormonal de l'organisme). Les effets des phtalates sont connus chez les rongeurs ; chez l'homme, plusieurs études suggèrent que l'exposition prénatale à des concentrations élevées de phtalates pourraient affecter le développement du système reproductif mâle. »

D'après www.futura-sciences.com

1. Baisse de la fertilité des hommes : des facteurs environnementaux en cause.

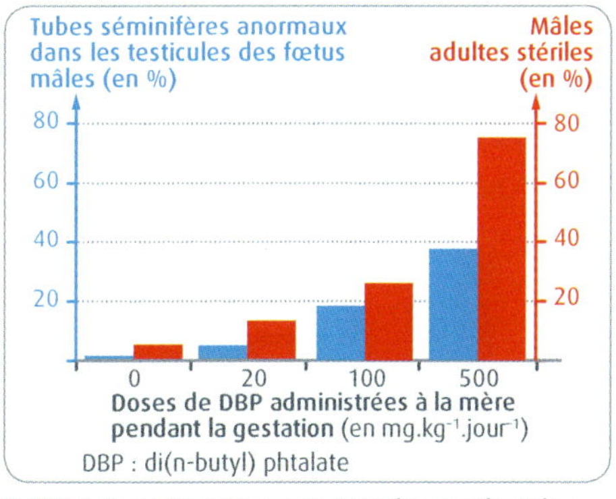

2. Effet d'un phtalate sur la fonction testiculaire de rats, après traitement de leurs mères.

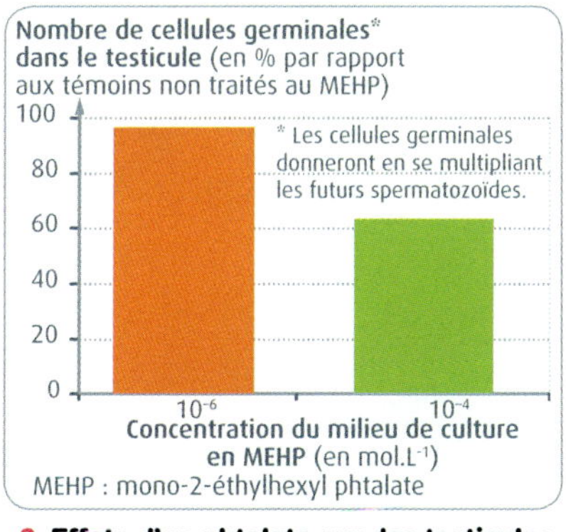

3. Effets d'un phtalate sur des testicules de fœtus humains cultivés *in vitro*.

❶ Montrer, en les analysant de manière précise, que les résultats expérimentaux des doc. 2 et 3 confortent les affirmations du doc. 1.

❷ Expliquer, en argumentant, pourquoi il est difficile d'incriminer avec certitude une substance particulière dans la baisse de la fertilité chez l'homme.

THÈME

4 Le défi énergétique

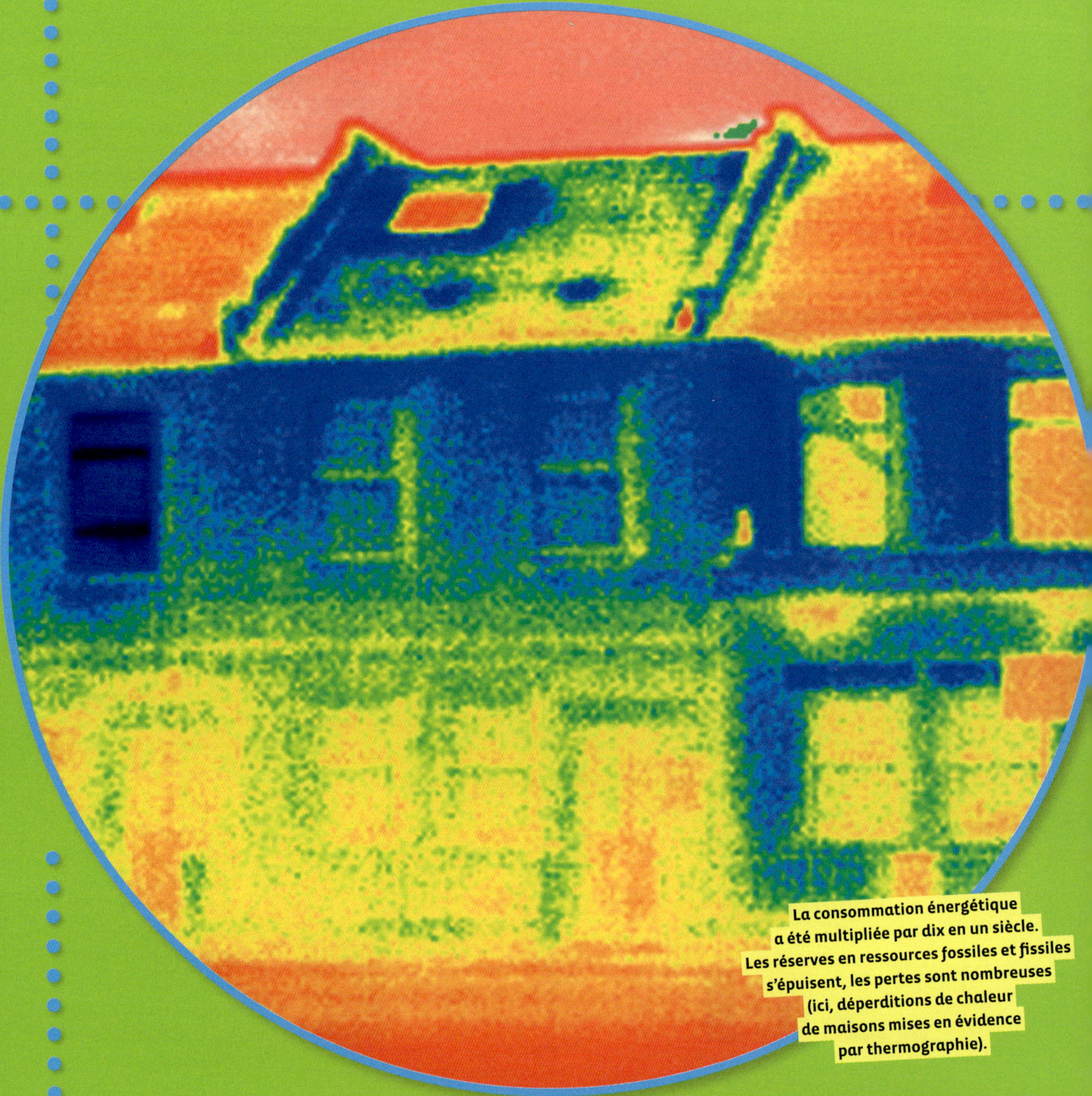

La consommation énergétique a été multipliée par dix en un siècle. Les réserves en ressources fossiles et fissiles s'épuisent, les pertes sont nombreuses (ici, déperditions de chaleur de maisons mises en évidence par thermographie).

1 D'où provient l'énergie que nous consommons ?

2 Pourquoi et comment convertir l'énergie ?

Les ressources énergétiques renouvelables (ici, des centrales solaires), comme les ressources énergétiques non renouvelables, doivent être converties pour être utilisables.

La fonte des glaces polaires s'accélère. La consommation croissante de ressources énergétiques fossiles est incriminée.

Sommaire

3 Peut-on expliquer le réchauffement climatique ?

MOBILISER SES ACQUIS

1. D'où provient l'énergie que nous consommons ?

Pétrole jaillissant d'un puits

Guirlande électrique

1. D'où provient le pétrole et à quoi sert-il ?
2. Grâce à quelles ressources énergétiques peut-on produire de l'électricité ?
3. Qu'est-ce qui atteste que les lampes consomment de l'énergie électrique ?

mots clés

Énergie électrique ; Pétrole ; Ressource énergétique.

2. Qu'est-ce qu'une combustion et que nécessite-t-elle ?

Morceau de charbon chauffé

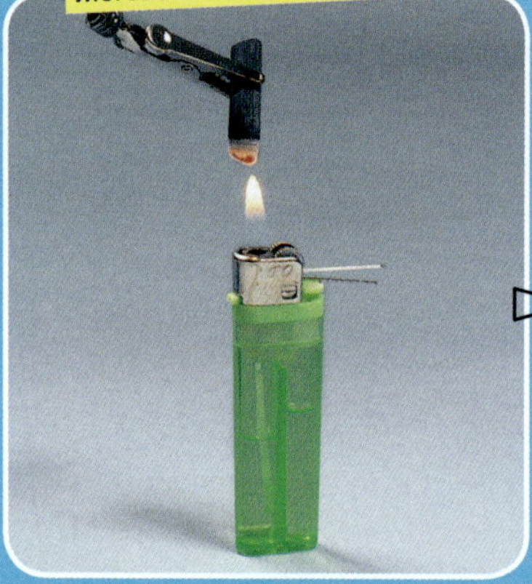

Charbon incandescent dans le dioxygène du bocal

Eau de chaux troublée par du dioxyde de carbone

1. Qu'est-ce qu'un combustible ?
2. Quels sont les produits d'une combustion ?
3. Quels sont les atomes qui interviennent dans la molécule de dioxyde de carbone ?

Atome ; Combustion ; Produit ; Réactif.

Voir le Dico p. 187

CHAPITRE 9

Physique-chimie

Besoins et ressources énergétiques

Une plateforme pétrolière en mer

Sommaire

PHYSIQUE - CHIMIE

ACTIVITÉ 1

La consommation d'énergie

Les activités humaines nécessitent de l'énergie. Celle-ci est exploitée sous différentes formes et en différentes quantités.

Quelles sont les formes d'énergie ? Et comment estimer la consommation énergétique ?

Compétences : • Mettre en évidence différentes formes d'énergie. • Utiliser la relation liant puissance et énergie. • Porter un regard critique sur la consommation énergétique et appréhender des ordres de grandeur de puissance.

Notions d'énergie et de puissance

Énergies primaires	Exemples de ressources énergétiques
Chimique	Bois, charbon, hydrocarbures*, réactifs d'une pile électrique
Nucléaire	Uranium**
Hydraulique	Chute d'eau d'une rivière, fleuve, marées
Éolienne	Vent
Solaire	Rayonnement du soleil
Géothermique	Sol ou source profonde

* pétrole brut, gaz naturel, schistes bitumeux.
** extrait du sol sous forme de minerai.

Transformation de l'énergie →

Énergies finales	Exemples de besoins humains
Mécanique	Se déplacer, porter des charges... 
Thermique	Se chauffer, cuire des aliments,... 
Lumineuse	S'éclairer 

1 Différentes formes d'énergie utilisées par l'Homme.
L'énergie est une grandeur physique qui s'exprime en joules (ou en kilowatts-heures dans le domaine de l'électricité). L'énergie primaire est l'ensemble des produits énergétiques non transformés, exploités directement ou importés. L'énergie finale est l'énergie effectivement fournie, après transformation, à l'utilisateur pour satisfaire ses besoins.

Un compteur électrique donne deux informations : l'énergie totale consommée depuis le début de la journée en kWh et la puissance électrique mise en jeu. La puissance correspond à l'énergie consommée par unité de temps ; son unité légale est le joule par seconde appelé également le watt. À puissance constante pendant la durée t, l'énergie est :

$$E = P \times t$$

- E : kilowatts.heure (kW.h) ou joules (J)
- P : kilowatts (kW) ou watts (W)
- t : heures (h) ou secondes (s)

Par exemple, un appareil de 1500 W (1,5 kW) fonctionnant 2 heures consommera : 3 kWh (1,5 kW × 2 h = 3 kWh).

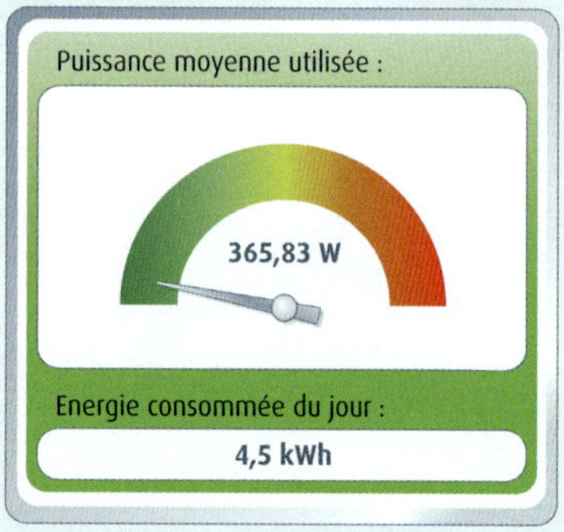

2 Puissance et énergie : l'exemple du compteur électrique.

Estimer les consommations d'énergie

ARGUMENTER/DÉBATTRE → page 164

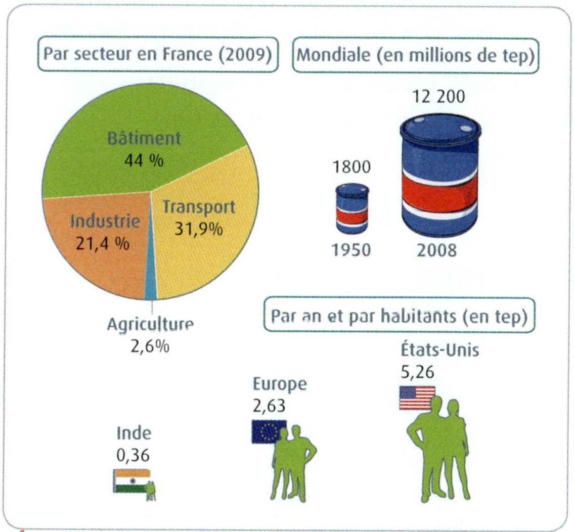

3 Consommation d'énergie finale.
L'unité d'énergie utile est la tep (tonne équivalent pétrole) : elle correspond à l'énergie résultant de la combustion d'une tonne de pétrole et est égale à 11 620 kWh.

4 Un TGV de 3e génération (TGV duplex, à deux étages).

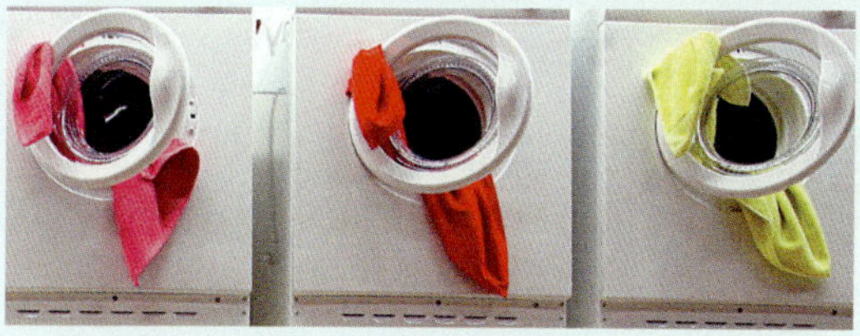

La loi oblige les fabricants d'électroménager, ampoules électriques et véhicules automobiles à apposer une étiquette de diagnostic énergétique sur leurs produits (cette règlementation s'applique également pour les habitations à vendre ou à louer). Dans l'exemple ci-dessous, la lettre A correspond à une consommation maximale de 0,19 kWh par kilogramme de linge nettoyé pour un cycle de blanc à 60 °C.

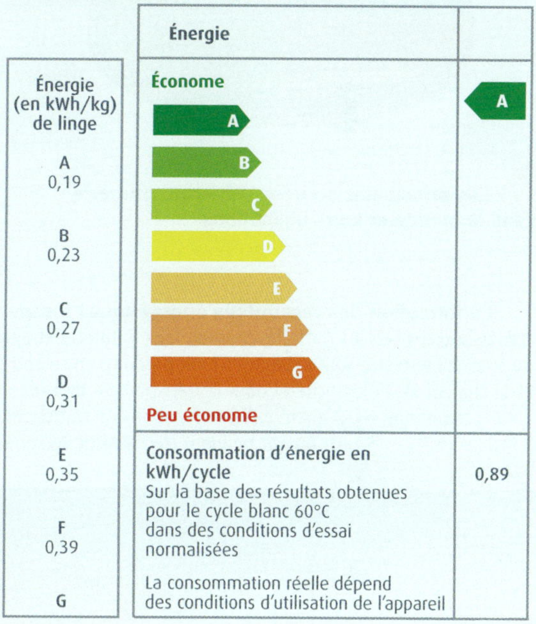

5 La consommation énergétique d'un appareil électroménager (lave-linge).

EXPLOITATION

1 DOC. 1 Quels types d'énergies finales sont fournis par une voiture qui roule la nuit en hiver ?

2 DOC. 2 Si l'on considère que la puissance consommée est constante, calculer l'heure de la journée à laquelle le compteur sur le schéma a été observé.

3 DOC. 3 ET 4 Calculer l'énergie consommée par le TGV pour un voyage Paris-Dijon de 1 h 40. Exprimer dans les mêmes unités l'énergie finale moyenne consommée par un Indien en un an.

4 DOC. 5 Quel est le coût énergétique en kWh d'une année d'utilisation d'un lave-linge en partant de l'hypothèse de 4 machines de capacité 5 kg par semaine pour une machine de classe A consommant 0,18 kWh/kg de linge, et pour un lave-linge de catégorie C (0,27 kWh par kg de linge) ?

5 EN CONCLUSION Lister les différentes unités utilisées pour mesurer l'énergie et la puissance et donner les relations permettant de convertir ces unités.

Voir Dico p. 187

PHYSIQUE - CHIMIE 2

ACTIVITÉ

Les ressources énergétiques

Parmi les énergies primaires, ou ressources énergétiques, certaines sont renouvelables d'autres ne le sont pas. Toutes présentent des avantages et des inconvénients.

Quelles sont les principales ressources énergétiques renouvelables et non renouvelables ?

Compétences : • Rechercher et exploiter des informations pour : associer des durées caractéristiques à des ressources ; distinguer des ressources d'énergie renouvelables et non renouvelables ; identifier des problématiques d'utilisation de ces ressources.

Les ressources énergétiques non renouvelables

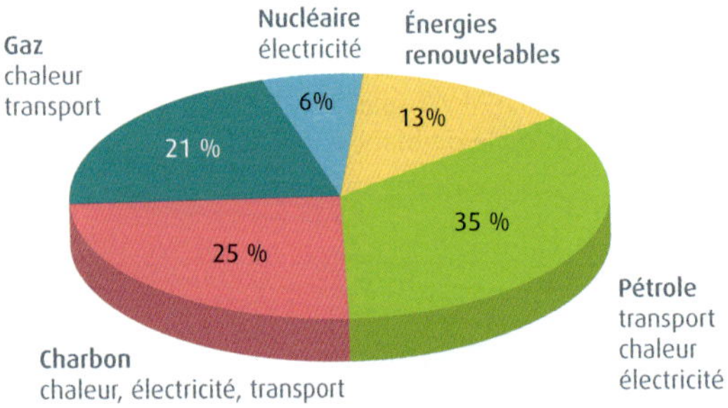

1 Les principales sources d'énergie primaire dans le monde et leurs utilisations.

La formation des ressources énergétiques fossiles. Les ressources fossiles (pétrole, charbon, gaz naturel) extraites du sous-sol terrestre sont exploitées pour produire entre autres de la chaleur, de l'électricité et pour le transport. Le dioxyde de carbone (CO_2) libéré lors des réactions de combustion est un gaz polluant (gaz à effet de serre). **2**

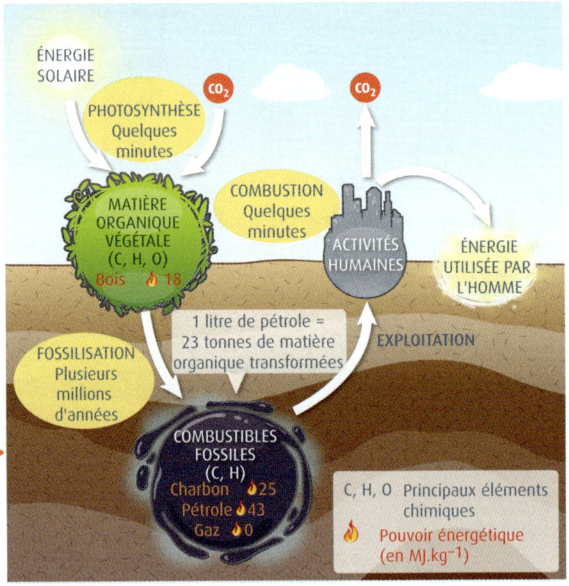

3 Mine d'uranium à Arlit dans le désert du Sahara.
Le minerai d'uranium, formé en même temps que la Terre, est utilisé dans les centrales nucléaires. 78 % de l'électricité produite en France provient du nucléaire (contre 16 % dans le monde). L'exploitation de l'énergie nucléaire produit des déchets radioactifs dangereux, qu'il faut stocker et surveiller pendant des milliers d'années (voir p. 173).

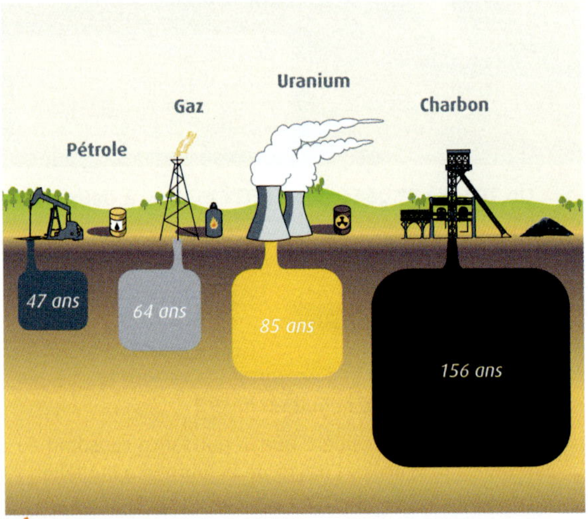

4 Les réserves mondiales estimées des ressources non renouvelables.
Les données concernant ces réserves varient selon les sources d'informations et évoluent régulièrement au gré des découvertes.

Les ressources énergétiques renouvelables

ARGUMENTER/DÉBATTRE
page 165

Énergies primaires	Production en million de tep	Utilisations
Biomasse	1200	électricité, chaleur, transport (biocarburants)
Hydraulique	720	électricité
Éolienne	53	électricité
Solaire	14,5	électricité et chaleur
Géothermique	57	électricité et chaleur

5 Contribution des diverses énergies renouvelables à l'approvisionnement énergetique mondial (en 2008). Une ressource énergétique est dite renouvelable lorsque sa durée de formation est petite devant la durée de vie humaine. La combustion de la biomasse dégage du dioxyde de carbone (CO_2), parfois aussi d'autres déchets (fumées, goudrons, métaux lourds) si la biomasse utilisée est polluée.

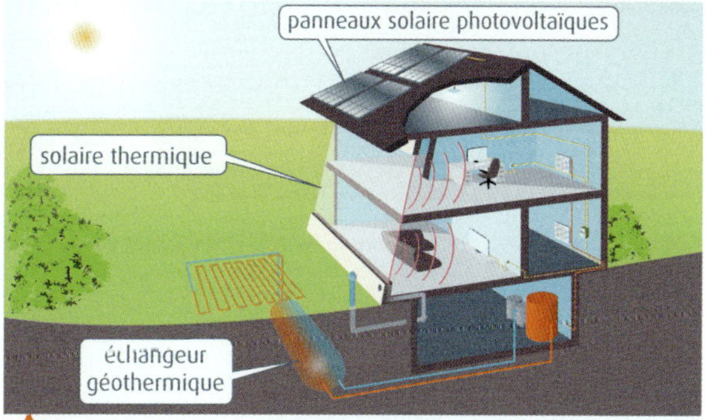

6 Différentes ressources énergétiques renouvelables exploitables par une maison. Les panneaux solaires photovoltaïques fournissent de l'électricité, le solaire thermique apporte de la chaleur (certains dispositifs produisent de l'eau chaude), l'échangeur géothermique de la chaleur extraite du sol.

D'ici 2015, 600 éoliennes seront construites en mer au large des côtes françaises (Côtes-d'Armor, Calvados et Loire-Atlantique), pour une production d'électricité équivalente à celle de deux centrales nucléaires (voir p. 181). Ce projet s'inscrit dans le cadre du Grenelle de l'environnement (2007) qui vise à augmenter la proportion à 21 % d'énergies renouvelables dans la production d'électricité en France d'ici 2020 (contre 13 % en 2010) et dans le cadre des objectifs européens de réduction de 20 % des gaz à effet de serre.

7 Des éoliennes en mer (ou éoliennes offshore).

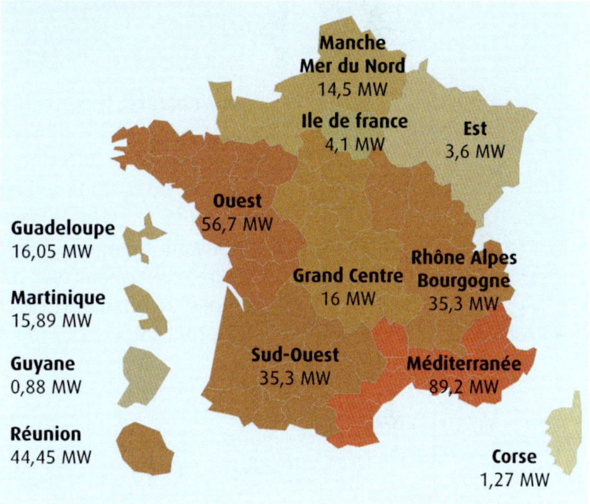

8 Carte de l'énergie électrique produite par les panneaux photovoltaïques solaires reliés au réseau électrique EDF en 2010.
Les régions du pourtour méditéranéen et les DOM représentent à eux seuls près de 21 % du parc photovoltaïque raccordé au réseau.

EXPLOITATION

1 **DOC. 1** Évaluer la part des énergies non renouvelables dans la production d'énergie dans le monde.

2 **DOC. 2 À 4** Pourquoi les ressources fossiles et nucléaires sont-elles non renouvelables ? Comparer leur temps de formation au temps restant d'exploitation supposé.

3 **DOC. 2 ET 3** Quels sont les déchets produits par l'utilisation des ressources non renouvelables ?

4 **DOC. 5** Pourquoi la biomasse peut-elle être considérée comme une ressource renouvelable ? Quelle est sa part parmi les ressources énergétiques renouvelables ?

5 **DOC. 6 À 8** Les ressources énergétiques solaires ou éoliennes sont-elles disponibles partout et à chaque instant ? Argumenter.

6 **CONCLURE** Dresser un tableau dans lequel apparaîtront, pour chaque ressource énergétique citée, leur caractère renouvelable ou non, ainsi que les avantages et inconvénients liés à leur exploitation.

Voir Dico p. 187

PHYSIQUE-CHIMIE
ACTIVITÉ 3

L'énergie nucléaire

L'énergie nucléaire est l'énergie libérée et récupérée lors de réactions au niveau du noyau des atomes. Les réactions de fission et de fusion constituent l'origine de l'énergie nucléaire.

D'où provient l'énergie nucléaire ? Quelles sont les différences entre fusion et fission nucléaire ?

Compétences : • Interpréter l'équation d'une réaction nucléaire en utilisant la notation symbolique du noyau $^{A}_{Z}X$. • Distinguer fission et fusion. • Comparer les énergies mises en jeu dans des réactions nucléaires et dans des réactions chimiques.

La fission nucléaire

ARGUMENTER/DÉBATTRE page 164

Une centrale nucléaire au Bugey (Ain)

Pastilles d'uranium obtenues à partir du minerai

L'uranium naturel, métal faiblement radioactif, est composé à 99,3 % de l'isotope 238 ($^{238}_{92}U$, noyau composé de 238 nucléons, c'est-à-dire neutrons et protons) et seulement à 0,7 % de l'isotope 235 ($^{235}_{92}U$), seul noyau fissile c'est-à-dire pouvant subir une fission (voir doc. 3). Pour faire fonctionner une centrale nucléaire, il est nécessaire d'enrichir le combustible nucléaire en isotope 235 (de 3 % à 5 %).

2 Quantité nécessaire pour produire 1 tep à partir de plusieurs ressources énergétiques.

1 L'uranium, source d'énergie nucléaire.

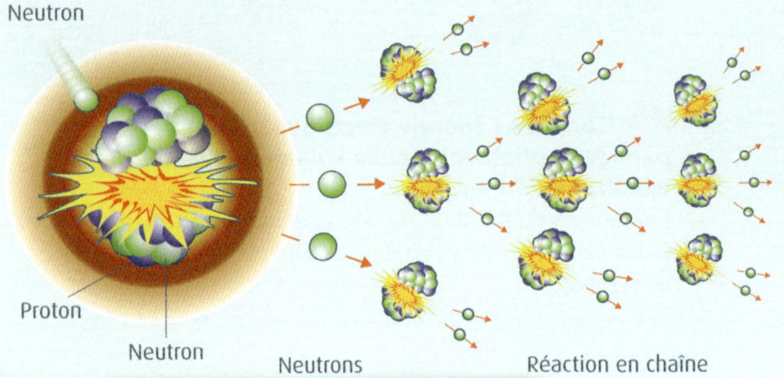

Exemple : $^{235}_{92}U + ^{1}_{0}n \longrightarrow ^{141}_{56}Ba + ^{92}_{36}Kr + 3\,^{1}_{0}n$

3 La réaction en chaîne de fission nucléaire.
La fission nucléaire, provoquée par un neutron par exemple, est l'éclatement d'un noyau lourd et instable (dit fissile), ici l'uranium 235, en deux noyaux plus légers (les produits de fission ou déchets radioactifs). Cet éclatement s'accompagne d'un dégagement d'énergie thermique dont une partie peut être convertie en électricité dans une centrale nucléaire. La réaction libère également des neutrons qui, à leur tour, peuvent provoquer d'autres fissions : ce processus est appelé réaction en chaîne.

4 Barres de contrôle dans le cœur d'un réacteur d'une centrale nucléaire.
Le matériau des barres de contrôle absorbe les neutrons émis par la réaction de fission. L'introduction ou le retrait des barres dans le cœur du réacteur vise à contrôler la réaction en chaîne, voire de la stopper pour éviter un incident nucléaire.

La fusion nucléaire

ARGUMENTER/DÉBATTRE page 165

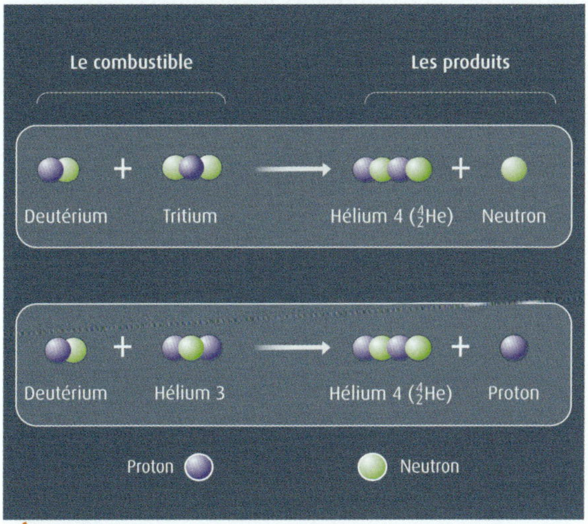

5 Exemples de réactions de fusion nucléaire.
Une réaction de fusion nucléaire produit, à partir de deux noyaux légers, un noyau plus lourd. Dans la nature, par exemple au cœur d'une étoile, ces réactions se produisent à très haute température et dégagent de l'énergie. Mais elles sont difficiles à reproduire car il faut rapprocher deux noyaux qui ont tendance à se repousser.

6 Le Soleil, lieu de fusion nucléaire.
Dans le Soleil, des réactions de fusion nucléaire transforment l'hydrogène en hélium. Une partie de la chaleur dégagée par la réaction parvient sur Terre sous forme de rayonnement.

- Sur Terre, les chercheurs essaient de reproduire les conditions propices à la fusion afin de produire une énergie qui ressemble à celle née naturellement au cœur du Soleil. La seule réaction de fusion envisageable pour le moment est celle entre les isotopes lourds de l'hydrogène (deutérium et tritium : voir doc. 5). Pour entrer en fusion, ils doivent être chauffés à l'état de plasma (les atomes sont alors complètement ionisés, c'est-à-dire débarrassés de leur électron). Le plasma formé doit être maintenu confiné dans un tokamak (enceinte en forme d'anneau) à très haute température (100 à 150 millions de degrés).
- Ainsi maîtrisée, la fusion nucléaire pourrait puiser dans l'hydrogène une ressource quasi-inépuisable d'énergie, tout en produisant peu de déchets.

7 La fusion nucléaire comme ressource énergétique ?
Un projet de réacteur expérimental, nommé Iter, vise la production d'énergie à l'horizon 2050 (voir p. 165). Il est critiqué pour plusieurs raisons : son coût, l'instabilité du plasma et son confinement difficile, la difficulté de produire du tritium en quantités industrielles.

EXPLOITATION

❶ **DOC. 1, 3 ET 4** Décrire la réaction en chaîne. Quel est le risque de ne pas maîtriser cette réaction ?

❷ **DOC. 1 ET 2** Comparer les énergies mises en jeu dans des réactions nucléaires et dans des réactions chimiques. Quel traitement demande l'uranium pour être utilisé comme combustible pour produire de l'énergie ?

❸ **DOC. 3 ET 5** À l'aide du doc. 3, réécrire les équations de fusion illustrées dans le doc. 5.

❹ **DOC. 1, 2 ET 7** Énoncer les avantages et les inconvenients que présente la fusion nucléaire par rapport à la fission nucléaire pour la production d'énergie.

❺ **EN CONCLUSION** Quelle est la réaction nucléaire utilisée actuellement pour produire de l'électricité et quelle est celle qui fait l'objet de recherche ?

Voir Dico p. 187

PHYSIQUE-CHIMIE

ACTIVITÉ 4

Les agrocarburants et la distillation

Les agrocarburants sont une source d'énergie renouvelable et complémentaire des carburants traditionnels.
Tout comme pour les hydrocarbures, l'une des étapes les plus importantes de leur préparation est la distillation.

Qu'est-ce qu'un agrocarburant ? Comment met-on en œuvre une distillation ?

Compétences : *Mettre en œuvre un protocole pour séparer les constituants d'un mélange de deux liquides par distillation fractionnée.*

Les agrocarburants

La culture de betteraves

Depuis le début des années 1990, de nombreux pays ont développé la production d'agrocarburants. Les bioesters (ou biodiesels) sont obtenus à partir d'huiles végétales, telles l'huile de colza. Le bioéthanol (ou super-éthanol) de première génération est produit à partir de cultures : en France à partir de betteraves (~70 %) et de céréales (~30 %), aux États-Unis surtout à partir de maïs et au Brésil à partir de canne à sucre.

1 Les agrocarburants, des carburants produits à partir de cultures agricoles.
Les bioesters et le bioéthanol sont additionnés aux carburants traditionnels issus d'énergies fossiles. En France, en 2010, la loi fixe à 7 % leur taux d'incorporation.

2 La production de bioéthanol à partir de cultures d'algues.
Le bioéthanol de deuxième génération est obtenu à partir de bois ou de paille. Ceux de troisième génération sont obtenus à partir d'algues cultivées.

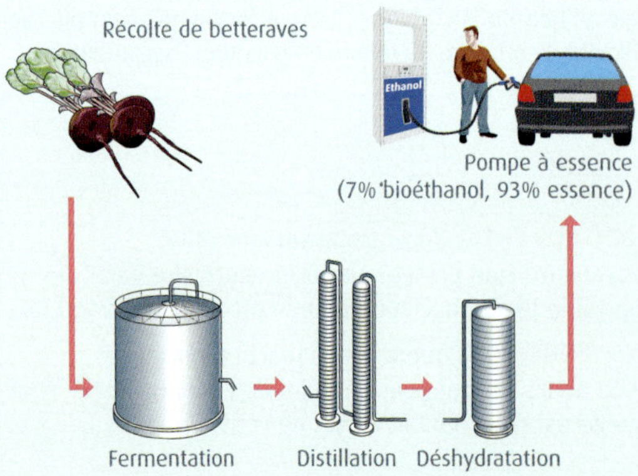

3 Procédé de préparation d'un bioéthanol. Fabriqué à partir de plantes il nécessite une fermentation au cours de laquelle de l'éthanol est produit. La distillation du mélange fermenté permet d'isoler un mélange contenant de l'éthanol et un peu d'eau.

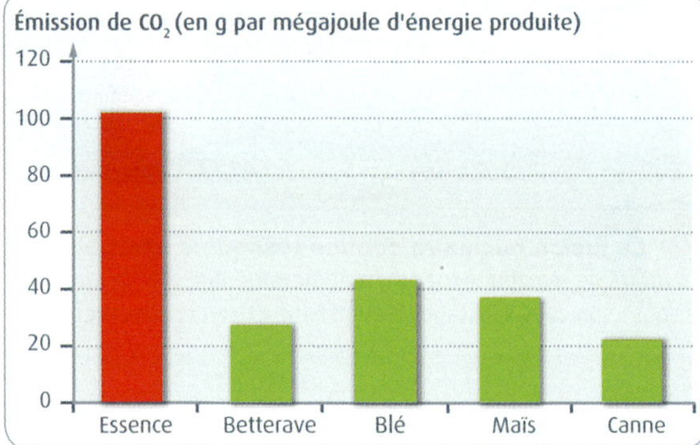

4 Comparaison des émissions de gaz à effet de serre (GES) de l'essence et des bioéthanols. Le dioxyde de carbone (CO_2) est le principal gaz à effet de serre lié aux activités humaines.

Comprendre et mettre en œuvre une distillation

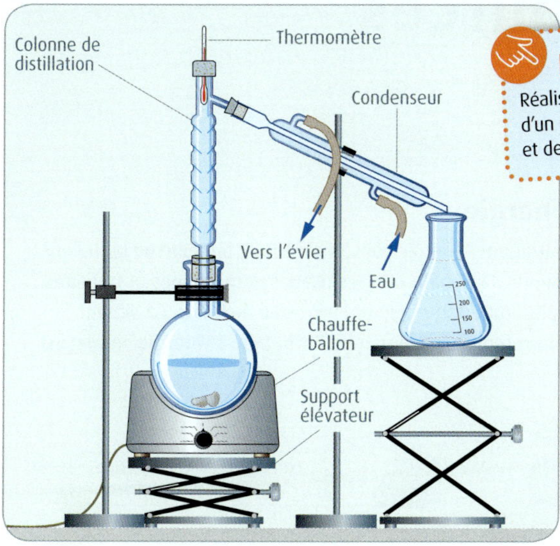

MANIPULER

Réaliser le montage ci-contre en utilisant 50 mL d'un mélange constitué de 25 mL de pentane et de 25 mL de pentan-2-ol.

5 Mettre en œuvre un montage de distillation fractionnée. Ce montage permet de réaliser une distillation, c'est-à-dire de séparer les différents constituants d'un mélange liquide par chauffage et liquéfaction. Un système de chauffage fournit au ballon de l'énergie qui va porter le mélange à ébullition. Les vapeurs refluent dans la colonne de distillation. La température de ces vapeurs, lue sur un thermomètre, est la température de vaporisation du composé le plus volatil, c'est-à-dire celui de plus basse température d'ébullition. Le gaz est liquéfié par refroidissement dû à une circulation d'eau dans un réfrigérant. Un erlenmeyer initialement propre et sec récupère le distillat.

Composé	Température d'ébullition (en °C)
Pentane	36°C
Pentan-2-ol	119°C

6 Températures d'ébullition de différents liquides. À pression atmosphérique, la transformation de liquide en vapeur se fait à une température donnée.

Une distillation en cours. Lors de la distillation, la température des vapeurs du composé distillé se lit sur le thermomètre. Cette température est égale à la température d'ébullition. Dès que cette valeur augmente, il faut enlever l'erlenmeyer et placer un autre flacon récupérateur.

7

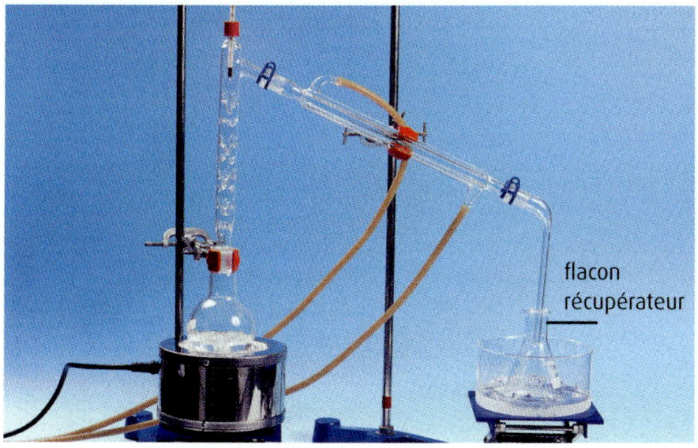

Zoom sur la température d'ébullition

EXPLOITATION

1 **DOC. 1 ET 4** Quels sont les avantages et inconvénients de l'utilisation des agrocarburants ?

2 **DOC. 2** Quels sont les avantages des agrocarburants de deuxième et troisième génération ?

3 **DOC. 3** Expliquer chacune des étapes de la production de bioéthanol, notamment la nécessité de l'étape de déshydratation.

4 **DOC. 5** Expliquer ce que signifie l'adjectif « volatil » dans le contexte de ce document. Quelles sont les autres acceptions de ce mot ?

5 **DOC. 6 ET 7** Hormis la séparation d'un liquide d'un mélange, quelle autre utilisation peut-on faire d'un montage de distillation ?

6 **EN CONCLUSION** En quoi la distillation est-elle une technique importante dans le procédé de fabrication du bioéthanol ? Nécessite-t-elle de l'énergie ?

Voir Dico p. 187

BILAN

Besoins et ressources énergétiques

Activités humaines et besoins en énergie

- Quatre grands secteurs d'activités humaines se partagent l'énergie consommée pour produire de la chaleur, de l'électricité et se déplacer : l'industrie, les transports, l'agriculture et les usages domestiques et tertiaires. La consommation mondiale d'énergie est dix fois plus importante aujourd'hui qu'au début du XXe siècle.
- L'**énergie primaire** est issue directement de la ressource, avant transformation. L'**énergie finale** est fournie à l'utilisateur. **[Activité 2]**

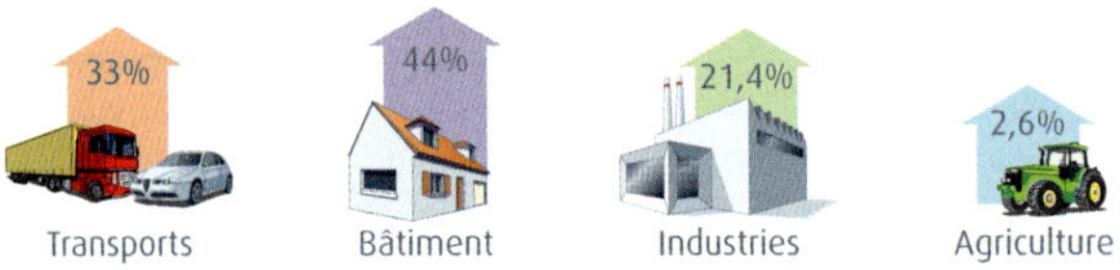

- L'énergie E consommée par un appareil dépend de sa **puissance** P et de sa durée d'utilisation t :

$$E = P \cdot t$$

E en joules (J) ; t en secondes (s) ; P en watts (W)

D'autres unités d'énergie sont parfois utilisées :
- le kWh est l'énergie échangée par un appareil de puissance 1 kW pendant 1 heure (1 kWh = 3 600J).
- la tep (tonne équivalent pétrole) est l'énergie obtenue lors de la **combustion** d'une tonne de pétrole (1 tep = 11 628 kWh). **[Activité 1]**

Les ressources énergétiques

	Ressource non renouvelables durée de formation très grande devant la durée de vie humaine		Ressource renouvelables durée de formation petite devant la durée de vie humaine	
Ressources	Ressource fissile : **uranium**	Ressources fossiles : **hydrocarbures** (pétrole, gaz naturel, charbon)	**Biomasse** (bois énergie, biogaz, agro-carburant)	**Rayonnement solaire** **Hydraulique** (eau tombant d'un barrage) **Éolien** (vent) **Géothermie** (chaleur de la Terre) Flux et reflux de l'eau de mer lors des **marées**
Formation	Formé en même temps que la Terre, ne se renouvelle pas	Plusieurs dizaines de millions d'années à partir de matière organique	Quelques années	Renouvelé en permanence
Durée restante d'exploitation des réserves	Un siècle environ		Infinie	
Inconvénients	La réaction de fission produit des déchets nucléaires radioactifs	La combustion dégage du dioxyde de carbone, gaz à effet de serre		La ressource n'est pas toujours disponible au moment et à l'endroit souhaité

- Dans le minerai d'uranium se trouvent principalement deux **isotopes** (même nombre de protons mais nombre de neutrons différents) : ${}^{238}_{92}U$ et ${}^{235}_{92}U$. Seul ${}^{235}_{92}U$ est fissile et subit la **réaction de fission** à l'origine de la production d'électricité dans une centrale nucléaire. **[Activité 2]**

La réaction de combustion

- L'énergie des ressources fossiles (charbon, gaz ou pétrole) provient de la réaction de combustion (dans une centrale thermique par exemple). Une **combustion** est une transformation chimique au cours de laquelle des molécules constituées des éléments carbone et hydrogène et du dioxygène sont transformées en dioxyde de carbone (CO_2) et en eau (H_2O). Le CO_2 est un polluant atmosphérique (**gaz à effet de serre**).
- La combustion de la biomasse (ressource renouvelable) libère également du CO_2. Celle des agrocarburants, préparés par **distillation** à partir de biomasse (cultures diverses), libère moins de CO2 que celle de l'essence. **[Activités 2 et 4]**

Les réactions nucléaires

- Dans une centrale nucléaire, un noyau lourd bombardé par un neutron se scinde en deux noyaux plus légers : c'est une **réaction de fission** qui libère de l'énergie ainsi que des neutrons. Les neutrons émis peuvent à leur tour provoquer la fission d'autres noyaux : c'est la **réaction en chaîne**. Les produits de la fission sont des **déchets radioactifs**.
- Dans les étoiles, la température est assez élevée pour permettre à deux noyaux légers d'entrer en collision et de s'unir : c'est une **réaction de fusion** qui libère de l'énergie. Ainsi, dans le Soleil, l'hydrogène se transforme en hélium et l'énergie libérée est à l'origine du rayonnement lumineux qui parvient jusqu'à notre planète.
- Sur Terre, la maîtrise des conditions propices à la fusion nucléaire permettrait l'exploitation d'un combustible énergétique quasi-inépuisable : l'hydrogène, qui produit peu de déchets. À l'heure actuelle, les nombreux obstacles techniques que présente la maîtrise de la fusion n'ont pas été surmontés. **[Activité 3]**

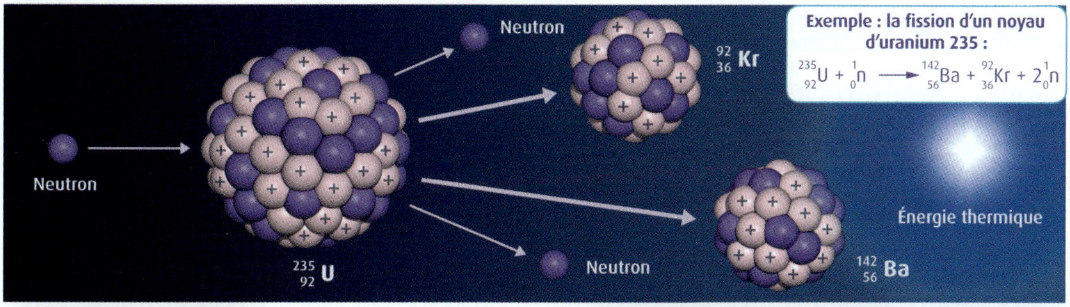

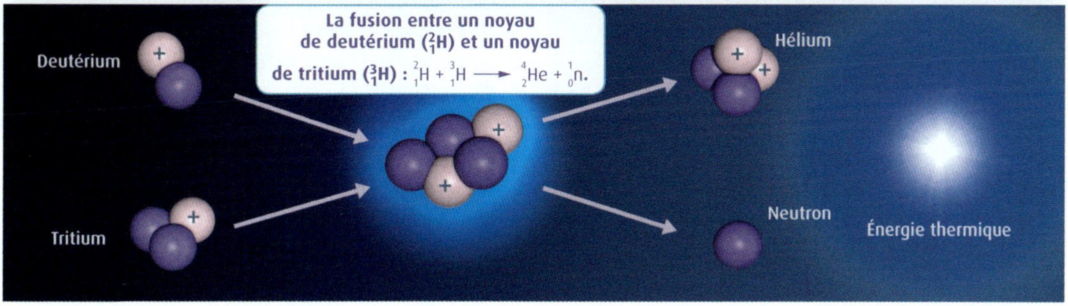

Mots clés du chapitre

Voir Dico p. 187

- Combustion
- Déchet radioactif
- Distillation
- Énergie primaire
- Énergie finale
- Gaz à effet de serre
- Isotope radioactif
- Puissance
- Réaction de fission
- Réaction de fusion
- Ressource énergétique renouvelable ou non renouvelable
- Ressource fissile
- Ressource fossile

EXERCICES

Tester ses connaissances

1 Qui suis-je ?

a. Je suis la réaction issue de la collision entre un gros noyau et un neutron.
b. Je suis une ressource énergétique nucléaire quasi inépuisable mais pas encore maîtrisée par l'Homme.
c. Je suis une énergie divisée par un temps.
d. Je suis une ressource énergétique concentrée dans les végétaux chlorophylliens.
e. Je suis une ressource énergétique récupérable grâce à des cellules photovoltaïques.

2 QCM

Pour chaque proposition, identifier la (ou les) bonne(s) réponse(s).

1. Parmi ces secteurs d'activités humaines, lequel consomme le moins d'énergie :
a. l'industrie.
b. l'agriculture.
c. le bâtiment.
d. le transport.

2. Parmi les structures suivantes, lesquelles utilisent des ressources énergétiques renouvelables :
a. une centrale à charbon.
b. un barrage hydraulique.
c. une centrale nucléaire.
d. un champ d'éoliennes.

3. Une réaction de fission nucléaire :
a. n'a pas besoin d'être entretenue pour continuer.
b. ne produit pas de déchet.
c. utilise une ressource énergétique renouvelable.
d. utilise la seule énergie nucléaire possible.

4. Une réaction de combustion :
a. se produit en présence de dioxyde de carbone.
b. produit moins d'énergie qu'une réaction nucléaire à masse de combustible égale.
c. peut utiliser une ressource énergétique renouvelable.
d. utilise toujours une ressource énergétique renouvelable.

S'entraîner avec un exercice guidé

3 Le four solaire d'Odeillo

Le four solaire d'Odeillo est installé dans les Pyrénées-Orientales, une région qui bénéficie d'un ensoleillement exceptionnel. Utilisé pour des expérimentations, il est constitué d'un miroir parabolique de 54 m de haut et de 48 m de large, qui fait face à 63 héliostats (des miroirs qui orientent la lumière du Soleil vers la parabole). Ce four solaire est capable de produire une puissance de 1 MW (10^6 W). Au foyer de la parabole, la température peut s'élever à plus de 4 000 °C.

1. Le four solaire d'Odeillo.

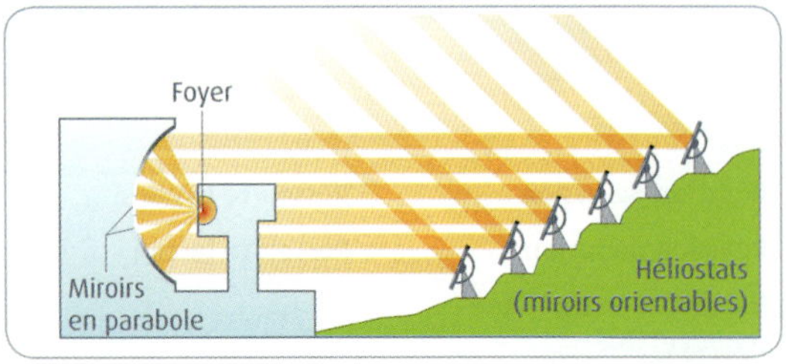

2. Schéma du four solaire.

1 Pour une journée où le Soleil apparaît 8 h, calculer l'énergie que fournit le four solaire en kWh puis en J.

2 Combien faudrait-il de fours solaires de ce type pour remplacer un réacteur nucléaire d'une puissance d'un gigawatt (10^9 W) et fonctionnant 24 h/24 ?

3 Argumenter sur les avantages et les inconvénients du four solaire comme ressource énergétique.

Un peu d'aide

• Saisir des informations
Dans le cas du four solaire, comme dans le cas de la centrale nucléaire, chercher la puissance impliquée, ainsi que la durée de production.

• Mobiliser ses connaissances
Connaître la relation entre puissance et énergie pour calculer l'énergie produite par le four solaire et par le réacteur nucléaire.

OBJECTIF BAC
page 182

4 Prendre le train pour éclairer sa maison

Saisir des informations et raisonner

Un Français effectue en moyenne 7 000 km par an en voiture. La consommation d'un logement français pour l'éclairage est d'environ 1 000 kWh/an.

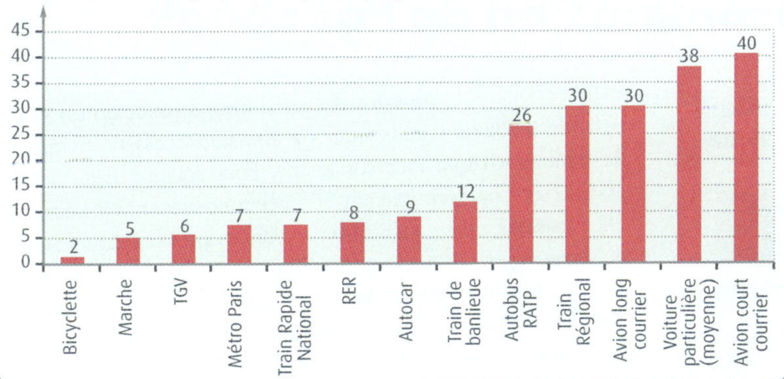

Consommation d'énergie selon le mode de transport.

1. Estimer les économies d'énergie en kWh par an faites en effectuant les 7 000 km de déplacements annuels en train de banlieue plutôt qu'en voiture (1 gramme équivalent pétrole = 0,012 kWh).
2. Combien de logements peut-on éclairer grâce à ces économies ?

5 Diverses réactions nucléaires

Mobiliser ses connaissances et argumenter

Les centrales nucléaires utilisent comme combustible de l'uranium 235 ($^{235}_{92}U$). Parmi toutes les réactions possibles au sein du réacteur nucléaire, la réaction suivante peut se produire : $^{235}_{92}U + ^{1}_{0}n \longrightarrow ^{86}_{35}Br + ^{148}_{57}La + 2^{1}_{0}n$.
À Cadarache, dans les Bouches-du-Rhône, le projet Iter est en cours de réalisation pour tenter de créer de l'énergie thermique grâce à la réaction nucléaire suivante : $^{2}_{1}H + ^{3}_{1}H \longrightarrow ^{4}_{2}He + ^{1}_{0}n$

1. Que représentent les nombres 235 et 92 dans le symbole $^{235}_{92}U$?
2. Nommer chacune des réactions nucléaires présentées. Laquelle de ces réactions est aujourd'hui maîtrisée ?
3. À l'aide des connaissances, discuter les avantages attendus d'Iter par rapport aux centrales nucléaires fonctionnant actuellement et les problèmes technologiques rencontrés.

6 La distillation du pétrole

Mettre en relation des informations

L'essence ou le gazole qu'on met dans le réservoir de la voiture, le fioul qui alimente la chaudière, le gaz qui est utilisé en cuisine, les plastiques (polymères) qui nous entourent... tous viennent du pétrole. Mais le pétrole brut extrait par forage des sous-sols n'est jamais utilisé directement. Il est traité dans une raffinerie où il subit une distillation fractionnée.

« Le pétrole brut est composé de plusieurs centaines de molécules, les espèces organiques (des molécules plus ou moins longues constituées de carbone et d'hydrogène). Le brut est chauffé à 340 °C environ et introduit dans une colonne de distillation (de plusieurs dizaines de mètres). Les espèces entrant sous formes gazeuses (sauf le fioul qui exige une plus haute température) se refroidissent en montant. Selon leur température d'ébullition, différents produits sont récupérés à différentes hauteurs de la colonne »

D'après www.reflexiences.com

Colonne de distillation fractionnée

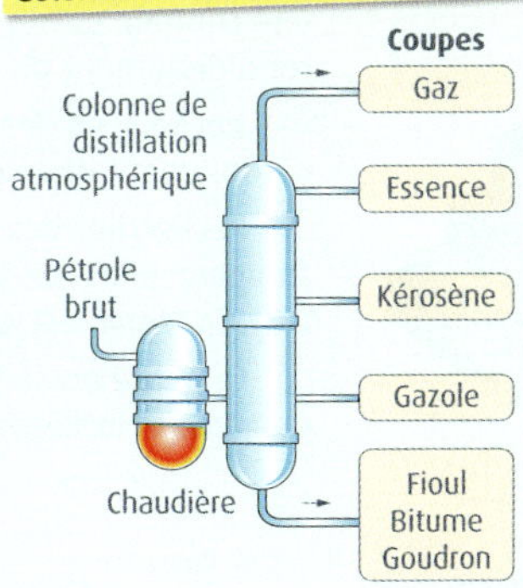

Le principe de la distillation fractionnée.

1. Rappeler la caractéristique d'une énergie fossile. Que peut-on dire sur les réserves actuelles de pétrole ?
2. Expliquer le principe de la distillation fractionnée.
3. Pourquoi réalise-t-on la distillation fractionnée du pétrole brut ?
4. Citer un exemple de produit léger et un exemple de produit lourd obtenus à partir du pétrole brut.

La Science et vous

« La science est une chose trop importante pour être laissée entre les mains des seuls savants. »

Carl Sagan (1934-1996), astrophysicien américain

Esprit critique

La consommation de Facebook

Pour vérifier la véracité des informations données, il suffit parfois de quelques calculs simples.

« ***Facebook consomme autant qu'un TGV***

Les 300 millions d'utilisateurs de Facebook passent 8 milliards de minutes chaque jour sur le site. Pour soutenir cette activité, 30 000 serveurs web (bientôt 50 000) fonctionnent 24 heures sur 24. Facebook utilise aussi 800 serveurs cache et quelques milliers de serveurs pour le stockage des données (SGBD). L'énergie nécessaire au fonctionnement de cette installation est au minimum de 100 000 000 kWh par an, autant qu'un TGV duplex qui circulerait 365 jours par an, 24 heures sur 24. Ça en fait de l'énergie !

Pour vous donner un autre repère, cela correspond à l'énergie qu'utilisent, pour vivre pendant un an : 2 millions de Français, 17 millions d'Indiens, 43 millions de Malgaches. ■ »

www.greenit.fr/article/energie/facebook-consomme-autant-quun-tgv, 23/12/2009

1 Pour savoir si Facebook consomme autant qu'un TGV, faites votre propre calcul en partant d'une puissance nécessaire de 8800 kW pour un TGV duplex.

2 La consommation annuelle de Facebook correspond-elle à celle de 2 millions de Français ? Faites le calcul en prenant pour référence la consommation d'énergie primaire en France en 2009, soit 251 millions tep (1tep = 11628 kWh).

Enquête

Les accidents nucléaires

Depuis les débuts de la production d'électricité par la réaction de fission, les accidents nucléaires, avec contamination de l'environnement par la radioactivité, ont été rares mais ils peuvent être dramatiques. En témoigne, celui survenu au Japon au lendemain du séisme de magnitude 9 qui a dévasté le nord-est du pays le 11 mars 2011.

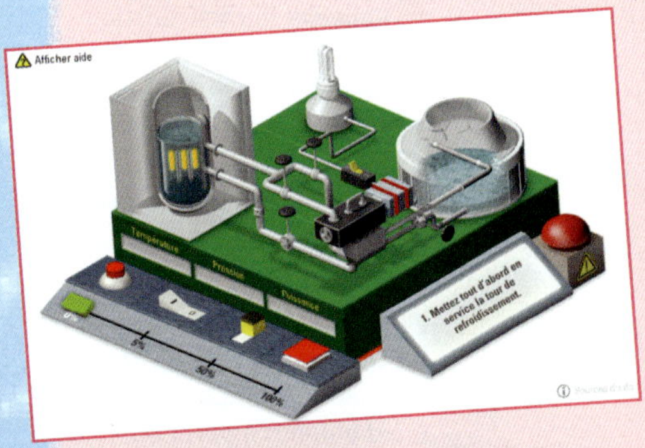

Une animation en ligne (https://kernenergie.bkw-fmb.ch/technique.html) pour découvrir le fonctionnement d'une centrale nucléaire.

1 À partir de l'animation en ligne, retrouvez pourquoi une centrale présente une grande inertie et en quoi le refroidissement du combustible est crucial.

2 Recherchez des informations sur Internet pour retracer le déroulement de la catastrophe du Japon en mars 2011.

3 Recherchez des informations sur la catastrophe de Tchernobyl survenue dans l'ex-URSS en 1986 (de niveau 7 sur une échelle de 1 à 7). La région est-elle toujours contaminée et pour quelle raison ?

4 La France possède 59 réacteurs nucléaires : est-elle à l'abri d'une catastrophe nucléaire ? Quels sont les arguments des uns et des autres ?

PLUS LOIN AVEC INTERNET B2i

- ✔ www.irsn.fr
- ✔ www.sortirdunucleaire.org
- ✔ www.risques.gouv.fr/risques/risques-technologiques/Accident-nucleaire/
- ✔ www.criirad.org
- ✔ www.cea.fr

Enquête

Un « éco-lycée » à Poitiers

Kyoto, le premier établissement scolaire européen au label « 0 énergie fossile » a ouvert ses portes en septembre 2009 à Poitiers. Ce lycée consomme 13 fois moins de chauffage et 20 fois moins d'électricité qu'un lycée ordinaire.

1 Quels sont les principes de cet éco-lycée ?

2 Menez une enquête sur les bâtiments HQE, les maisons passives, les projets d'écoquartiers en France et en Europe et faites un exposé sur la base d'un exemple de votre choix.

POUR VOUS GUIDER B2i

- ✔ http://blogs.poitou-charentes.fr/kyoto/
- ✔ www.developpement-durable.gouv.fr/Plan-Ville-Durable.html
- ✔ www.lamaisonpassive.fr/spip/spip.php?article61

La cour centrale vitrée (récupération passive de la chaleur solaire) du lycée Kyoto.

Quelques caractéristiques techniques

- Réduction des pertes énergétiques par l'usage de chanvre (isolant écologique) et de mono-murs (briques alvéolées pour augmenter l'isolation).
- Production d'électricité par 1 000 m^2 de panneaux photovoltaïques sur le toit.
- Source de chauffage : l'incinérateur d'une ville voisine ; deux mini centrales thermiques fonctionnant avec des déchets du lycée ; une chaudière à bois.

Débat

Arrêter Iter ?

Le réacteur expérimental Iter est l'un des plus grands chantiers scientifiques de ce siècle (voir p. 157). L'objectif est la production d'énergie par fusion à l'horizon 2050. Le projet suscite des polémiques, y compris dans la communauté scientifique comme en témoigne ce texte signé par trois grands physiciens français, dont le prix Nobel G. Charpak.

1 Quels sont les arguments des trois physiciens pour s'opposer au projet Iter ?

2 Vous êtes un défenseur du projet Iter : justifiez les investissements dans un tel projet.

3 Vous êtes un décideur politique : comment vous y prendriez-vous pour décider de l'avenir du projet alors que vous êtes face à des avis divergents ?

POUR VOUS GUIDER B2i

- ✔ www.cea.fr/energie/dossier_iter/la_fusion_controlee
- ✔ « La fusion nucléaire, une filière d'avenir », *Pour la science*, juin 2010 et « Énergies à volonté ! », Dossier hors série, *Pour la Science*, 2010.

« […] Contrôler la fusion pour produire de l'électricité est un rêve ancien. Mais, contrairement à la fission qui permit rapidement de construire nos centrales nucléaires actuelles, la fusion pose des problèmes que, depuis plus de 50 ans, on ne sait pas résoudre. […] À une telle température, [les] noyaux fusionnent, en dégageant une énergie colossale. C'est l'énergie libérée par les bombes H, mais Iter n'est pas dangereux car les quantités d'hydrogène sont très petites. Pour contrôler cette production d'énergie, trois difficultés majeures doivent être surmontées : maintenir le plasma à l'intérieur de l'enceinte (il est instable), produire le tritium en quantités industrielles et inventer des matériaux pour enfermer ce plasma sous ultravide dans une enceinte de quelques milliers de mètres cubes. […] C'est seulement à partir de 2019 qu'Iter doit commencer à étudier la première de ces difficultés. Or […] violemment irradiés par les neutrons très énergétiques émis par la fusion du plasma, les matériaux de l'enceinte perdent leur tenue mécanique. On a beau nous dire qu'on pourra imaginer des matériaux qui résisteront à l'irradiation […] personne, à ce jour, n'a réussi à prouver le contraire. Autant dire qu'on est loin de […] l'avènement d'une nouvelle filière de production d'énergie. Ponctionner d'autres projets de recherche* au prétexte qu'il y aurait là une source quasi infinie d'énergie n'est donc aucunement justifié. ■ »

* coût prévisionnel d'Iter : 15 milliards d'euros.

G. Charpak, J. Treiner et S. Balibar, « Nucléaire : arrêtons Iter, ce réacteur hors de prix et inutilisable, *Libération*, août 2010.

MOBILISER SES ACQUIS

1. Comment produire de l'électricité ?

Une dynamo

Une maquette de barrage

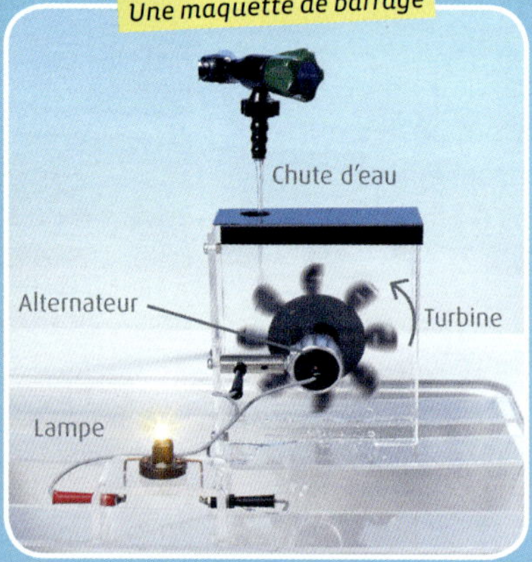

Une cocotte minute

1. D'où provient l'énergie électrique délivrée par la dynamo ?
2. Expliquer le fonctionnement d'un barrage.
3. D'où provient l'énergie qui fait tourner le moulin au-dessus de la cocotte minute ? À partir de cet exemple, expliquer comment un alternateur est-il mis en rotation dans une centrale thermoélectrique.

mots clés

Alternateur ;
Liquéfaction ;
Vaporisation.

2. Qu'est-ce qu'une pile ?

Une pile Daniell

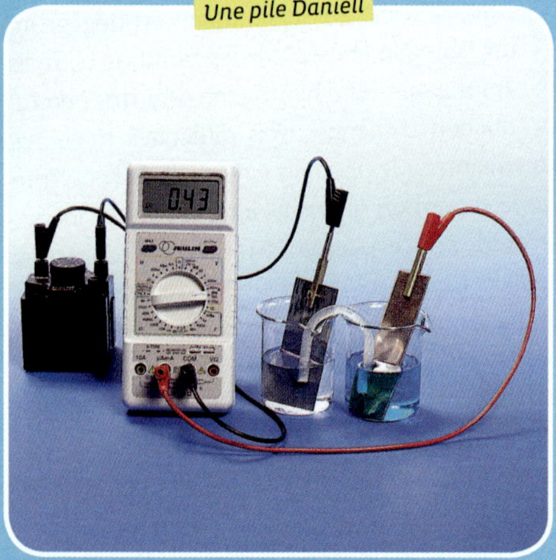

Une pile non conventionnelle

1. Rappeler le principe d'une pile.
2. D'où provient l'énergie électrique délivrée par la pile ? et par les pommes ?

Énergie chimique ;
Pile électrochimique.

Voir Dico p. 187

CHAPITRE 10 Physique-chimie

Conversions et gestion de l'énergie

Une ligne à haute tension

Sommaire

PHYSIQUE - CHIMIE

ACTIVITÉ 1

Les conversions de l'énergie

Les ressources énergétiques ne sont pas utilisables directement par l'Homme : il lui faut les convertir.

Comment passe-t-on d'une énergie primaire à une énergie finale ?

Compétences : • Schématiser une chaîne énergétique pour interpréter les transformations d'énergie en termes de conversion et de dégradation. • Identifier les différentes formes d'énergie intervenant dans une centrale thermique à combustible fossile ou nucléaire.

Quelques conversions de l'énergie

HISTOIRE DES SCIENCES

1 Un feu de bois.
Dès la préhistoire, l'Homme a mis la combustion à profit pour se chauffer et cuire ses aliments.

2 Reconstitution des moulins à eau de Barbegal (Bouches-du-Rhône).
Construits au IIe siècle sur le trajet des aqueducs alimentant la ville d'Arles, ils pouvaient broyer 4,5 tonnes de blé par jour pour produire de la farine. L'eau mettait en mouvement 16 roues à aubes verticales sur un dénivelé de 20 m.

Machine à vapeur (fardier de Cugnot, vers 1771)

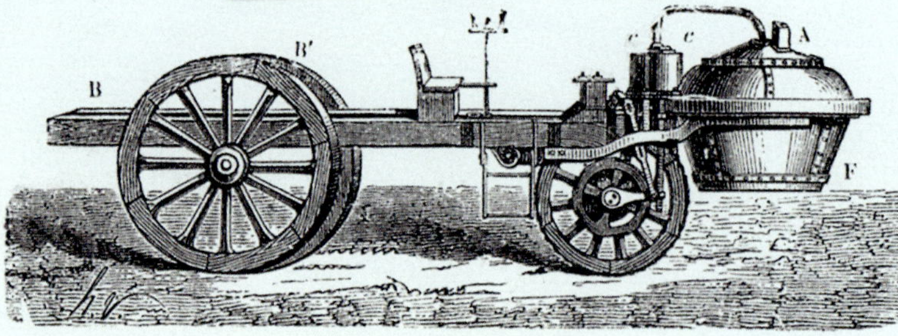

Chaîne énergétique associée

Énergie chimique (charbon) → Feu → Énergie thermique → Machine à vapeur → Énergie mécanique

3 Transformation de l'énergie chimique en énergie mécanique.
Au début de l'ère industrielle, l'Homme cherche à convertir les ressources énergétiques fossiles en énergie mécanique afin de se déplacer et faire fonctionner les manufactures. L'énergie thermique est une énergie dite dégradée : la conversion en énergie mécanique se fait avec de nombreuses pertes.

Générateur énergétique de la sonde Cassini envoyée pour explorer Saturne (lancée en 1996, arrivée en 2003).

4 Transformation de l'énergie nucléaire.
Dans l'espace, les réactions de combustion sont rendues difficiles à cause de l'absence d'oxygène. De nombreux appareils spatiaux font appel à l'énergie libérée par des isotopes radioactifs (voir p. 156).

Transformer de l'énergie en électricité

ARGUMENTER/DÉBATTRE

page 181

Dans un panneau solaire, plusieurs cellules photovoltaïques sont reliées entre elles. Chaque cellule comporte un composant qui, exposé à la lumière, transforme une partie du rayonnement solaire en énergie électrique. Les panneaux solaires photovoltaïques ont un rendement pouvant aller de 7 à 16 %.

5 Transformation de l'énergie solaire en énergie électrique par des panneaux photovoltaïques.

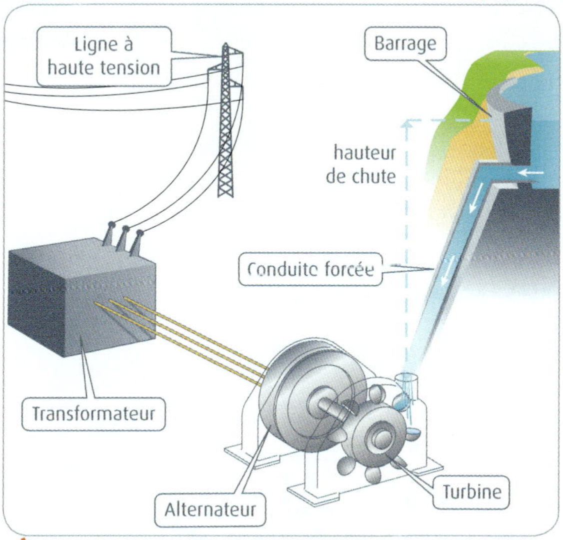

6 Transformation de l'énergie hydraulique en énergie électrique dans une centrale hydroélectrique.

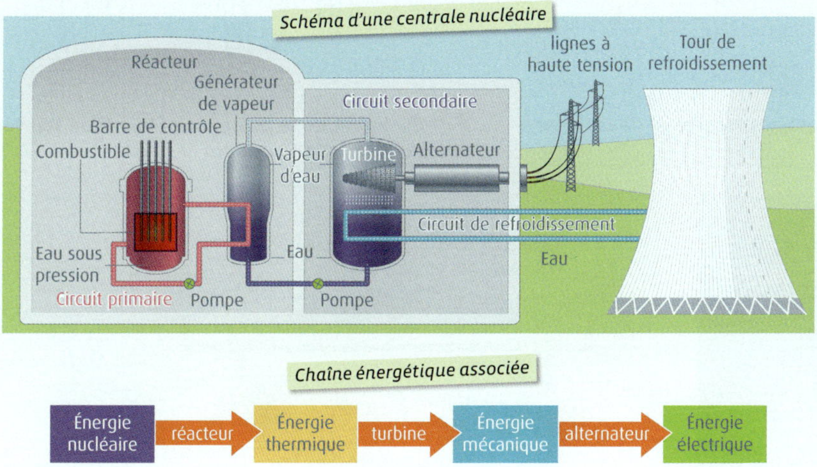

Dans le réacteur d'une centrale nucléaire, la réaction nucléaire (voir p. 156) chauffe l'eau contenue dans le circuit primaire. Cette chaleur est transmise à l'eau du circuit secondaire jusqu'à obtention de vapeur d'eau qui entraîne une turbine couplée à un alternateur. L'eau du circuit de refroidissement permet de condenser la vapeur d'eau qui est ensuite évacuée. Le rendement d'une centrale nucléaire est assez faible : moins de la moitié de l'énergie thermique initiale est convertie en énergie électrique.

7 Transformation de l'énergie nucléaire en énergie électrique dans une centrale nucléaire.

EXPLOITATION

1 **DOC. 1 À 3** Quelle est la conversion d'énergie opérée dans un feu de bois ? Et dans un moulin ? En vous inspirant du doc. 3, donner les chaînes énergétiques associées.

2 **DOC. 1 ET 3** Dans le fardier de Cugnot, comment se nomme la transformation opérée lors de la conversion de l'énergie chimique du charbon en énergie thermique ?

3 **DOC. 4** Quelle est la ressource énergétique utilisée par le générateur de la sonde Cassini ? Représenter la chaîne énergétique associée.

4 **DOC. 5 ET 6** Représenter la chaîne énergétique de conversions énergétiques opérées dans un panneau photovoltaïque et dans une centrale hydroélectrique.

5 **DOC. 7** Quel est le principe qui permet à une centrale nucléaire de fournir de l'énergie électrique ?

6 **EN CONCLUSION** Écrire la chaîne énergétique de conversions énergétiques opérées dans une centrale thermique à combustible fossile.

Voir Dico p. 187

PHYSIQUE - CHIMIE
ACTIVITÉ 2

Transport et stockage de l'énergie

Les activités de l'Homme imposent une disponibilité de l'énergie de tous les moments et à tous les endroits.

Comment transporter et stocker l'énergie ?

Compétences : • Rechercher et exploiter des informations pour comprendre : la nécessité de stocker et de transporter l'énergie ; l'utilisation de l'électricité comme mode de transfert de l'énergie.

Transporter l'énergie

ARGUMENTER/DÉBATTRE page 181

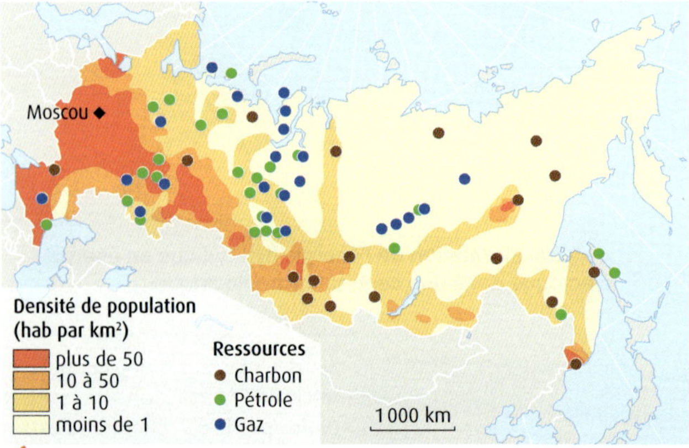

1 Cartes des ressources énergétiques fossiles et de la densité de population en Russie.

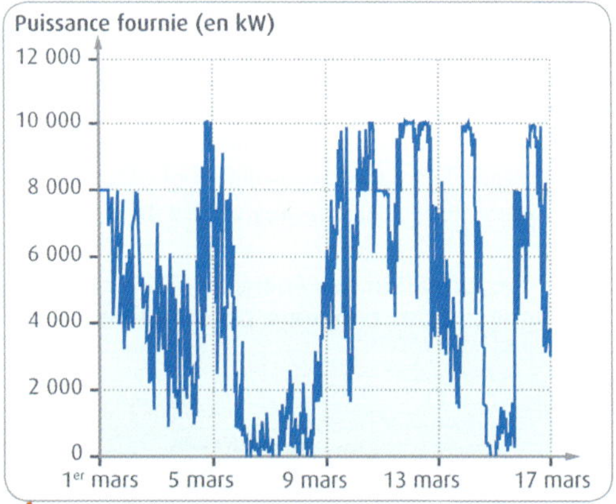

2 Évolution de la puissance électrique fournie par un parc éolien pendant 17 jours.

3 Transport direct de l'énergie par des pétroliers (ou tankers). Les plus grandes réserves de pétrole se trouvent le plus souvent éloignés des pays les plus gros consommateurs qui ne sont pas autosuffisants en pétrole. Ainsi, depuis 20 ans, entre 1,5 et 1,9 milliard de tonnes de pétrole sont transportées chaque année à travers les principales voies maritimes par des tankers (soit entre un tiers et la moitié du commerce maritime mondial selon les années).

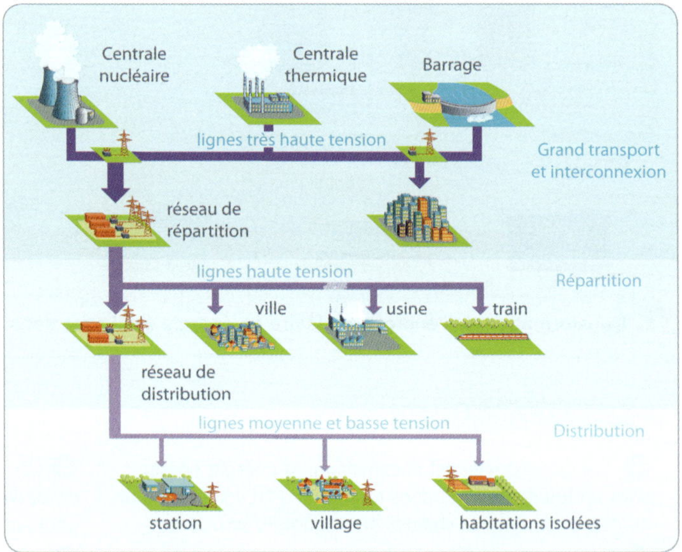

4 Transfert de l'énergie *via* des lignes haute et très haute tension. Les lignes à haute et très haute tension (400 kV) acheminent l'électricité sur de grandes distances. L'électricité est ensuite distribuée *via* des lignes moyenne (20000 V) et basse tension (400 ou 230 V). Les pertes (une partie de l'énergie électrique transportée est perdue en énergie thermique) sont minimisées dans les lignes à haute tension.

Les techniques de stockage de l'énergie

Bois	Batteries classiques	Hydrogène comprimé	Eau en altitude
2,22 kg Forme de stockage : quelques m^2 de surface mobilisés sur un an	**300 kg** Forme de stockage : batteries (plomb acide)	**15 à 30 kg** Forme de stockage : réservoir, occupant un peu moins de 30 litres dans une voiture	**42 T** Forme de stockage : retenue d'eau pouvant effectuer 100 m de chute

5 Masses requises pour stocker l'énergie équivalente à un kg de pétrole.

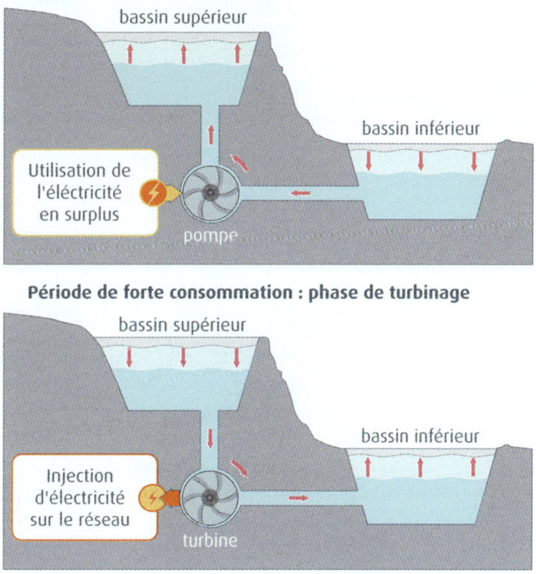

6 Le stockage de l'énergie hydraulique dans une centrale hydroélectrique réversible.

En période creuse, essentiellement la nuit et le week-end, l'eau de la retenue inférieure est pompée vers la retenue supérieure. En période de forte consommation d'énergie électrique, l'eau descend de la retenue supérieure et fait tourner la turbine reliée à l'alternateur, produisant de l'électricité.

Télephone portable ouvert

L'accumulateur électrochimique transforme de l'énergie chimique en énergie électrique par une transformation chimique. À la différence d'une pile, il est en outre rechargeable par électrolyse. Le stockage se fait sous forme chimique.

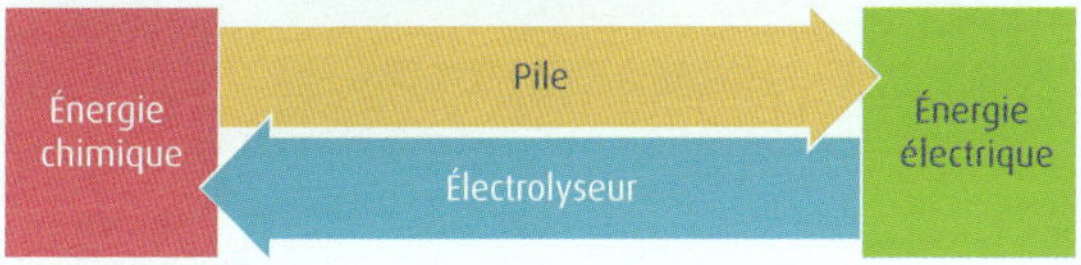

7 Le stockage de l'énergie chimique dans un accumulateur électrochimique.

Une pile à combustible consomme du dihydrogène (H_2) et ne rejette que de l'eau. Le dihydrogène n'existe pas à l'état brut dans la nature, il doit être produit industriellement en apportant de l'énergie. Il peut ensuite être stocké (stockage chimique) avant d'alimenter la pile à combustible d'une voiture par exemple. 1 g d'essence fournit la même énergie que 0,343 g de dihydrogène.

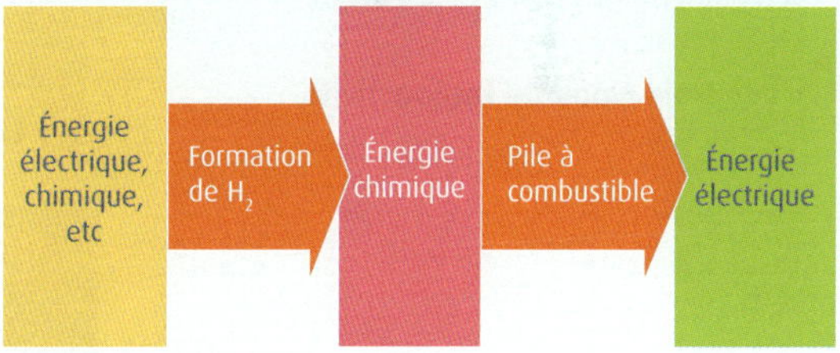

8 Le stockage de l'énergie chimique et son utilisation dans une pile à combustible.

EXPLOITATION

1 DOC. 1, 2 ET 3 Justifier la nécessité de transporter l'énergie et de la stocker.

2 DOC. 3 ET 4 Citer différents moyens de transport et de transfert des énergies.

3 DOC. 5 ET 6 Dans une centrale hydroélectrique réversible, sous quelle forme et lors de quelle phase est stockée l'énergie? Pourrait-on imaginer un tel stockage dans un véhicule ?

4 DOC. 7 Dans un accumulateur, lors de quelle phase de fonctionnement est stockée l'énergie ?

5 DOC. 8 En quoi le dihydrogène peut-il être considéré comme un système de stockage de l'énergie ?

6 EN CONCLUSION Quelles sont les méthodes de transport de l'énergie électrique et de stockage de celle-ci pour les systèmes nomades (voiture, téléphone, etc.) ?

Voir Dico p. 187

PHYSIQUE - CHIMIE

3

ACTIVITÉ

Les déchets radioactifs

Toute substance radioactive produite au cours d'une réaction nucléaire industrielle ou tout objet contaminé par une substance radioactive et pour lesquels aucun usage n'est prévu constitue un déchet radioactif ou déchet nucléaire.

Quelles sont les particularités des déchets radioactifs ? Et comment les gérer ?

Compétences : • Rechercher et exploiter des informations pour comprendre la problématique de la gestion des déchets radioactifs.
• Analyser une courbe de décroissance radioactive.

Comprendre la radioactivité et ses dangers

ARGUMENTER/DÉBATTRE

page 164

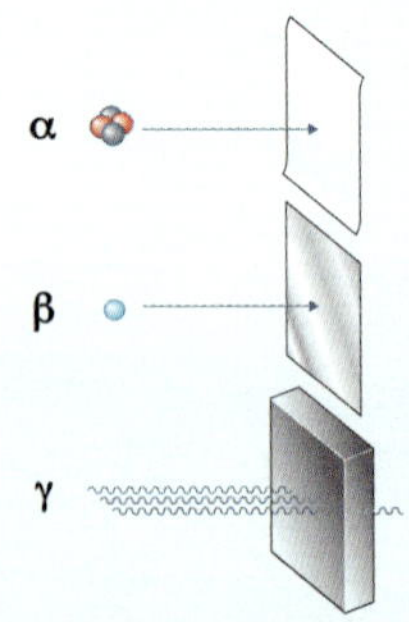

La radioactivité, découverte par le physicien français Henri Becquerel en 1896, est un processus au cours duquel un noyau atomique instable se désintègre spontanément en émettant une particule parmi les suivantes :

– les particules α ($^{4}_{2}He$), arrêtées par une feuille de papier ;
– les particules β, électrons e^- ou positons e^+, arrêtées par une feuille d'aluminium ;
– le rayonnement électromagnétique auquel on associe des particules γ, atténué mais jamais arrêté par de grandes épaisseurs de matériaux denses comme le plomb.

1 Les trois types de radioactivité.

« [...] De manière générale, les rayonnements ne sont, *ex abrupto*, ni bons, ni mauvais ; la seule question c'est la dose de rayonnement que vous recevez. Si vous piqueniquez exceptionnellement sur un tas de gravats issus d'une mine d'uranium en Bretagne, vous subissez 20 fois la radioactivité naturelle pendant une heure, et les conséquences sur votre santé sont nulles. Si vous buvez régulièrement l'eau de la source en contrebas du tas de gravats, les conséquences sur votre santé ne sont probablement pas nulles, mais vous ne le saurez que dans une ou plusieurs dizaines d'années. Si vous restez pendant une heure à un mètre de distance d'une petite ampoule de césium radioactif utilisée en radiothérapie, accidentellement sortie de son blindage, vous mourrez (accident de Goiânia au Brésil). Si vous restez à un mètre de distance de combustible nucléaire usé en provenance d'une centrale nucléaire et stocké depuis 50 ans, vous recevez une dose mortelle de radiation en moins d'une heure. Si vous absorbez quelques millionièmes de gramme de polonium – empoisonnement de l'ancien agent des services secrets russes Alexandre Litvinenko – vous mourrez en quelques jours. »

Yves Heuillard, « La radioactivité expliquée pour tous », www.ddmagazine.com.

2 Les dangers de la radioactivité.

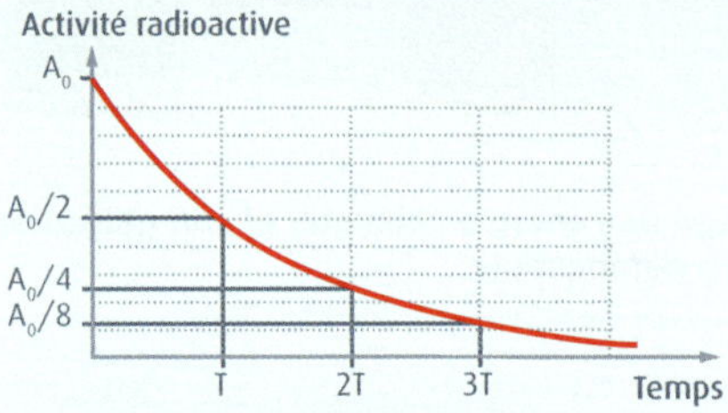

L'activité A d'un échantillon de matière radioactive est définie par le nombre de désintégrations qui se produisent en 1 s ; elle se mesure en becquerel (Bq).

Au bout d'une demi-vie T, l'activité de la substance radioactive est divisée par 2. Au bout n demi-vies, elle est divisée par 2^n.

3 La décroissance radioactive d'un échantillon radioactif.

Élément	Demi-vie	Origine	Source	Utilisation
Tritium	12,3 ans	artificielle		fusion thermonucléaire
Carbone 14	5730 ans	naturelle	atmosphère	datation
Iode 123	13,2 heures	artificielle		médecine nucléaire
Uranium 235	704 millions d'années	naturelle	certaines roches terrestres, roches granitiques	dissuasion nucléaire, combustible
Plutonium 239	24100 ans	artificielle	produit des réacteurs nucléaires	dissuasion nucléaire, combustible

4 Exemples de demi-vie radioactive de quelques corps radioactifs.

La gestion des déchets radioactifs

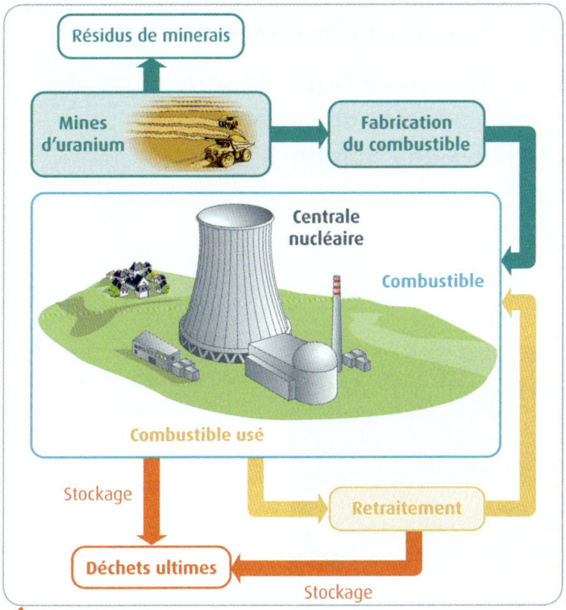

5 Cycle du combustible nucléaire.
En France, après 3 à 5 ans de stockage dans une piscine, le temps de laisser décroître l'activité des produits de fission, le combustible usé d'une centrale nucléaire contient environ 95 % d'uranium réutilisable s'il est retraité. Les déchets ultimes sont les produits restants, non retraitables et hautement dangereux.

	Demi-vie très courte T < 100 jours	Demi-vie courte T < 31 ans	Demi-vie longue T > 31 ans
Très Faible Activité < 100Bq/g	gérés sur place par décroissance radioactive	stockés en surface	
Faible Activité < 10^5 Bq/g		stockés en surface	centre de stockage à faible profondeur (15 à 200 m) à l'étude
Moyenne Activité < 10^6 Bq/g			centre de stockage profond (500 m) à l'étude
Haute Activité > 10^6 Bq/g		centre de stockage profond (500 m) à l'étude	

6 Classification des déchets radioactifs français et leur devenir. La majeure partie (95%) de la radioactivité totale des déchets radioactifs est liée à la production d'électricité, même si ces déchets représentent un faible volume.

Vitrification de déchets

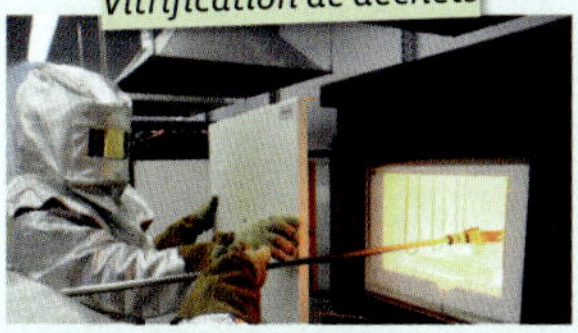

Des recherches sont en cours pour le stockage des déchets ultimes dans des couches argileuses profondes. Le principal problème est de garantir une totale étanchéité sur une durée extrêmement longue (plusieurs centaines voire milliers d'années). Actuellement, ces déchets sont vitrifiés et stockés en France en surface dans des conteneurs (ou, jusqu'en 2010, exportés pour être stockés en Russie). Certains pays retraitent leurs déchets en France (usine de la Hague) puis les récupèrent pour les stocker.

7 Le problème des déchets ultimes.

8 Manifestation contre l'acheminement vers l'Allemagne de déchets radioactifs en provenance de l'usine de retraitement de la Hague (novembre 2010).

EXPLOITATION

1 **DOC. 1 ET 2** Quelles protections permettent d'éviter les dommages dus aux composés radioactifs ?

2 **DOC. 3 ET 4** Au bout de combien temps l'activité de l'iode 123 est-elle inférieure à un millième de son activité initiale ?

3 **DOC. 5** Le retraitement des déchets radioactifs élimine-t-ils tous les déchets ? Justifier.

4 **DOC. 6** Quelles sont les deux caractéristiques des déchets radioactifs qu'il importe de prendre en compte pour leur gestion ?

5 **DOC. 6 À 8** Discuter des problèmes posés par la gestion des déchets radioactifs.

6 **EN CONCLUSION** Résumer les caractéristiques des déchets radioactifs et leur gestion.

Voir Dico p. 187

PHYSIQUE - CHIMIE
ACTIVITÉ 4

L'effet de serre et son renforcement

L'effet de serre est un phénomène naturel perturbé par les activités de l'Homme, tout particulièrement à cause de l'exploitation de certaines ressources énergétiques.

Quel est le principe de l'effet de serre et quelles sont les conséquences de sa perturbation par les activités de l'Homme ?

Compétences : • Faire preuve d'esprit critique : discuter des avantages et des inconvénients de l'exploitation d'une ressource énergétique, y compris en termes d'empreinte environnementale.

Comprendre l'effet de serre

1 Une serre dans un jardin.
Le rayonnement solaire est transmis à travers la vitre d'une serre. L'intérieur de la serre perd de la chaleur sous forme de rayonnement infrarouge, mais le verre absorbe ce type de lumière, se réchauffe, et émet à son tour des infrarouges qui sont, pour moitié, dirigés vers l'intérieur de la serre.

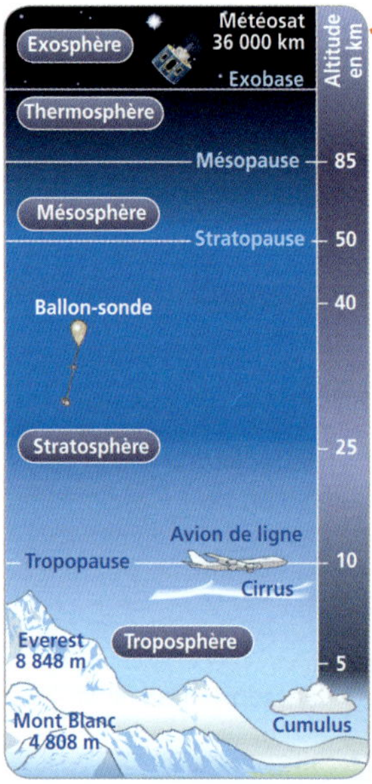

2 Structure de l'atmosphère.
L'atmosphère terrestre est une enveloppe gazeuse formée de diazote, de dioxygène, mais aussi d'autre gaz. Certains, appelés gaz à effet de serre (GES), ont la faculté d'absorber et de renvoyer les rayons infrarouges en provenance de la Terre. Les principaux GES naturels sont: la vapeur d'eau (H_2O), le dioxyde de carbone (CO_2), le protoxyde d'azote (N_2O), le méthane (CH_4) et l'ozone (O_3). Ils se trouvent majoritairement dans la basse atmosphère nommée troposphère.

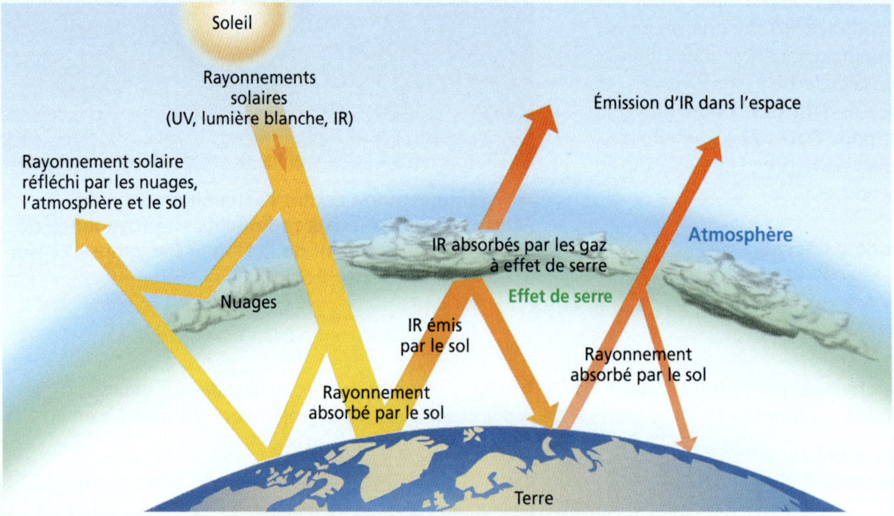

L'effet de serre est un phénomène naturel qui permet de maintenir une température moyenne autour de 15 °C sur Terre. Ce phénomène est nécessaire à la vie. Environ 50% du rayonnement solaire (visible) atteint la surface terrestre. Une partie de cette énergie est réémise sous forme de rayons infrarouges qui sont absorbés par les GES et renvoyés en partie vers la Terre.

3 Mécanisme de l'effet de serre sur Terre. Sans ce mécanisme, la température à la surface de la terre serait de −18 °C en moyenne.

Le renforcement de l'effet de serre par les activités humaines

Gaz	Principales sources	Répartition des gaz	PRG relatif
Dioxyde de carbone (CO_2)	Centrales thermiques, transports, industries, biomasse	70%	1
Protoxyde d'azote (N_2O)	Agriculture (engrais)	14%	21
Méthane (CH_4)	Agriculture (élevage et riziculture), extraction et distribution des énergies fossiles	12%	310
Gaz fluorés	Systèmes de climatisation, fabrication de composés électroniques	4%	140 à 24000 (selon les molécules)

4 Les gaz à effet de serre engendrés par les activités humaines. Le Pouvoir de réchauffement global (PRG) indique la contribution d'un gaz pour une masse donnée à l'effet de serre : par exemple 1 kg de méthane contribue 310 fois plus à l'effet de serre que 1 kg de dioxyde de carbone.

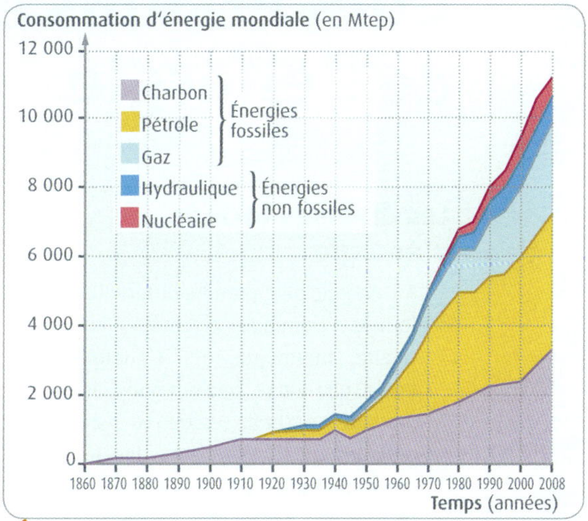

5 Évolution de la consommation mondiale d'énergie de 1860 à 2008.

« Depuis trois siècles, les conséquences des activités humaines sur l'état de la planète ont fortement augmenté. En raison des émissions anthropiques de dioxyde de carbone, le climat pourrait bien avoir été dévié de son comportement naturel pour les millénaires à venir. Il semble approprié de désigner le terme "anthropocène" l'époque géologique actuelle [...] L'anthropocène pourrait avoir pour point de départ la dernière partie du XVIIIe siècle, date à laquelle les analyses de l'air prisonnier des glaces polaires montrent le début d'une augmentation des concentrations de dioxyde de carbone et de méthane à l'échelle du globe. »

Paul Crutzen, *Nature*, janvier 2002.

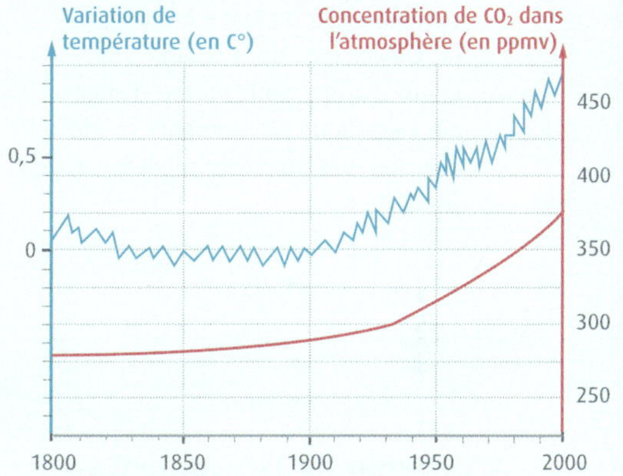

Évolution de la concentration de dioxyde de carbone dans l'atmosphère et de la température terrestre au cours du temps. (différence de température globale moyenne de surface par rapport à la moyenne 1961-1990, sur la période 1880-2009).

6 Relation entre gaz à effet de serre et température terrestre. Une augmentation de température même faible pourrait entraîner un changement climatique important. Certains de ses effets, déjà constatés, pourraient s'amplifier (fonte des glaces aux pôles, désertification de certaines régions, fréquence des cyclones, acidification des océans, etc.).

EXPLOITATION

❶ **DOC. 1 ET 3** Qu'est-ce qui joue le rôle de la vitre d'une serre sur la planète Terre ?

❷ **DOC. 2 ET 4** Quel est GES qui n'est pas directement produit par les activités humaines ? Qu'en est-il du CO_2 ?

❸ **DOC. 4 À 6** Proposez une explication à l'augmentation de la concentration de CO_2 atmosphérique.

❹ **DOC. 6** Rechercher le sens d'« anthropique » et justifier l'emploi du terme « anthropocène » par les scientifiques pour désigner l'époque actuelle.

❺ **EN CONCLUSION** L'effet de serre est-il nuisible ? Pourquoi l'augmentation de la teneur en GES présente-t-elle un danger ?

Voir Dico p. 187

Conversions et gestion de l'énergie

Les diverses formes d'énergie

- L'énergie peut prendre différentes formes : chimique, électrique, nucléaire, thermique, etc. L'énergie finale que nous consommons est produite à partir de ressources énergétiques qui ne sont pas directement utilisables par l'Homme : les ressources énergétiques doivent être converties. L'énergie chimique des hydrocarbures peut par exemple être convertie en électricité.
- Toute conversion d'énergie s'accompagne de pertes. Par exemple, la conversion de l'énergie thermique en une autre forme d'énergie (électrique notamment) se fait avec un très mauvais rendement. **[Activité 1]**

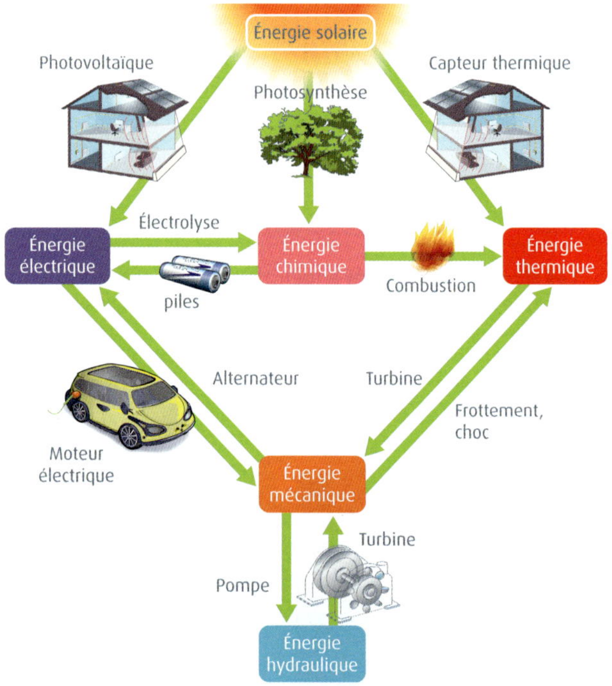

Les diverses formes d'énergie et leurs conversions

L'énergie de la production à l'utilisation

- Les activités humaines imposent une disponibilité de l'énergie à tous moments et en tous lieux, il faut donc :
  - **transporter** l'énergie d'un lieu à l'autre : soit les ressources énergétiques sont transportées directement (cas du pétrole), soit l'électricité est utilisée comme mode de transfert de l'énergie le long de **lignes à haute tension** ;
  - **stocker** l'énergie pour pouvoir l'utiliser; cela se fait principalement sous forme d'énergie chimique dans des **accumulateurs** électrochimiques ou des **piles à combustible.** **[Activité 2]**

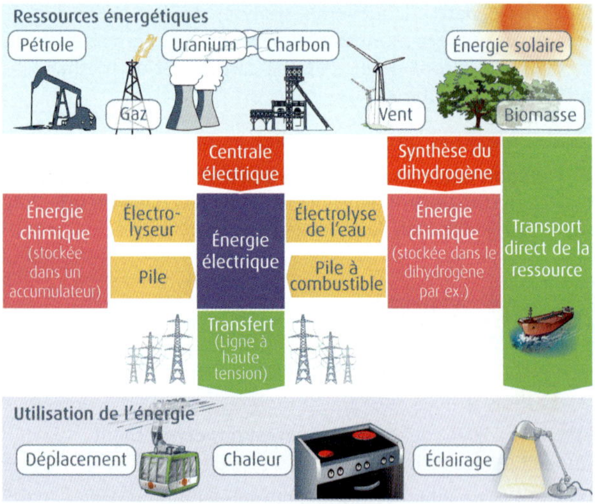

Le transport et le stockage de l'énergie

Les déchets radioactifs

- Un noyau est dit radioactif lorsqu'il se désintègre spontanément en un autre noyau en émettant une particule.
- Il existe trois types de **radioactivité**, selon la particule émise : α, β et γ.
- Dans un échantillon radioactif, l'**activité radioactive** (nombre de désintégration par seconde) décroît au cours du temps. Au bout de T – la **demi-vie** de la substance radioactive – l'activité est divisée par deux ; au bout de 2T, elle est divisée par 4 ; au bout de 3T, elle est divisé par 8, etc.
- Dans les centrales nucléaires, les réactions de **fission** engendrent des noyaux radioactifs, appelés **déchets radioactifs**, qu'il faut stocker dans des installations spécifiques.
- La dangerosité des déchets radioactifs est d'autant plus élevée que leur temps de demi-vie est long et que leur activité est grande. **[Activité 3]**

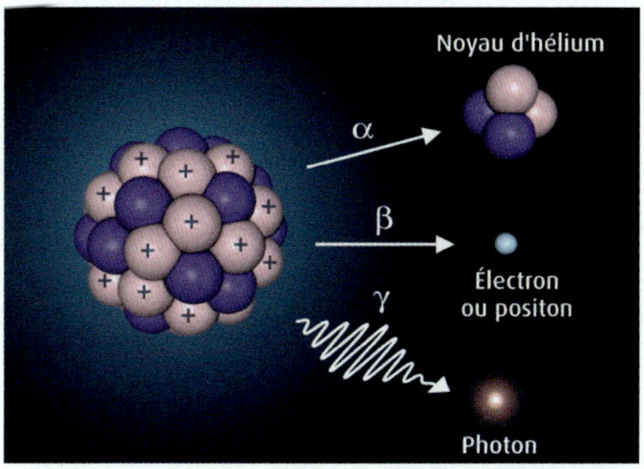

Les trois types de radioactivité

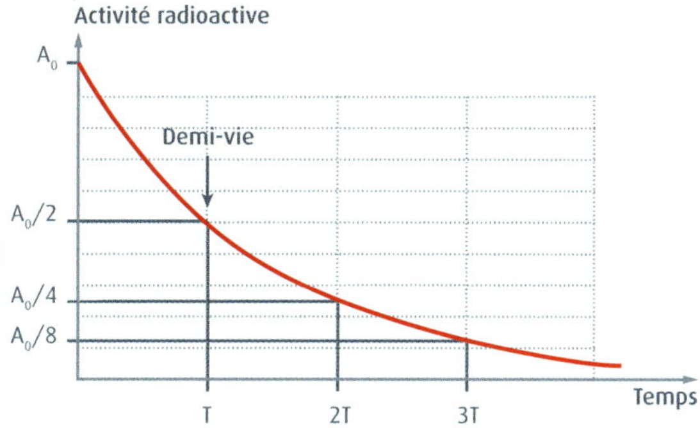

La décroissance radioactive

L'effet de serre et son renforcement

- La Terre est chauffée par le rayonnement en provenance du soleil. L'**effet de serre** est un processus naturel sans lequel la totalité du rayonnement infrarouge réémis par la surface terrestre serait renvoyée vers l'espace : la température à la surface de la Terre serait alors de -18°C (elle est de + 15 °C environ) et la vie serait impossible.
- L'eau, le dioxyde de carbone, le méthane sont, parmi d'autres, des gaz naturellement présents dans l'atmosphère et responsables de l'effet de serre naturel : ils absorbent une partie des rayons infrarouges en provenance de la Terre qui sont alors renvoyés vers la surface et la chauffent.
- Les activités humaines (notamment les productions énergétiques, industrielles et les transports) engendrent des **gaz à effet de serre**, tout particulièrement du dioxyde de carbone. L'augmentation de la concentration de ces gaz dans l'atmosphère contribue au réchauffement de l'atmosphère à l'origine d'un déréglement climatique. **[Activité 4]**

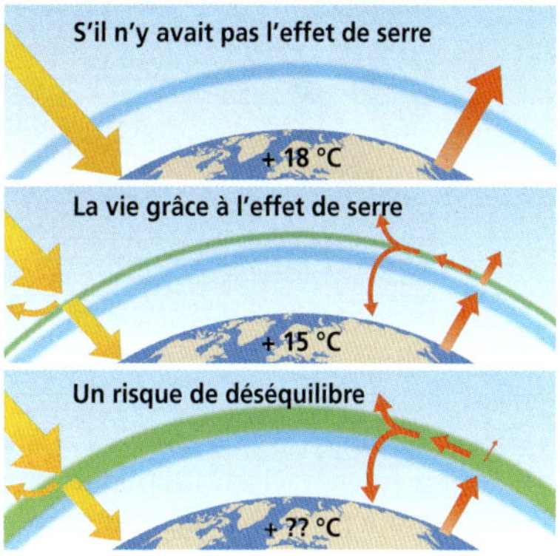

L'effet de serre et son renforcement

Mots clés du chapitre

Voir Dico p. 187

- Accumulateur
- Activité radioactive
- Déchet radioactif
- Décroissance radioactive
- Demi-vie radioactive
- Effet de serre
- Gaz à effet de serre
- Énergie chimique
- Ligne à haute tension
- Noyau radioactif
- Pile à combustible
- Radioactivité

EXERCICES

Tester ses connaissances

1 Qui suis-je ?

a. Je permets de stocker l'énergie électrique.
b. J'assure le transport de l'énergie électrique.
c. Je permets de maintenir une température moyenne autour de 15 °C sur la Terre.
d. Je suis un gaz rejeté par la combustion des énergies fossiles et responsable de l'augmentation de l'effet de serre.

2 QCM

Pour chaque proposition, identifier la (ou les) bonne(s) réponse(s).

1. Parmi les systèmes proposés, lesquels produisent de l'énergie électrique :
a. la pile à combustible.
b. la machine à vapeur.
c. les cellules photovoltaïques.
d. l'alternateur.

2. Quel système physique permet de transformer de l'énergie électrique en énergie chimique :
a. l'électrolyseur.
b. la pile.
c. la pile à combustible.

3. La radioactivité naturelle, c'est :
a. l'émission de particules par un noyau.
b. la désintégration spontanée d'un noyau.
c. un phénomène qui augmente au cours du temps.
d. un phénomène qui diminue au cours du temps.

4. La demi-vie T d'un échantillon radioactif, c'est :
a. la moitié du temps de la désintégration radioactive.
b. le temps mis pour que la moitié des noyaux de l'échantillon se soient désintégrés.
c. la moitié du temps avec lequel un être humain peut être en contact avec l'échantillon avant de mourir.
d. un temps qui est indépendant des noyaux de l'échantillon.

S'entraîner avec un exercice guidé

3 Les promesses de la voiture à hydrogène

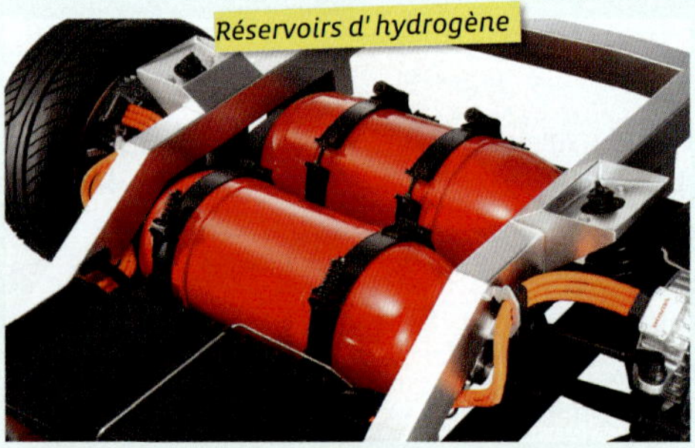

« Une voiture, un bus ou un camion à hydrogène est essentiellement un véhicule électrique alimenté par une pile à combustible dont le carburant est l'hydrogène. Dans une telle pile à combustible, une réaction électrochimique produit de l'énergie électrique en continu, à partir d'oxygène et d'hydrogène. [...]
Une pile à hydrogène opère suivant le principe inverse de l'électrolyse de l'eau qui consiste à faire circuler un courant électrique entre deux électrodes plongées dans l'eau où apparaissent des molécules d'oxygène (O_2) et d'hydrogène (H_2). Globalement, deux molécules d'eau (H_2O) se dissocient pour donner une molécule d'oxygène et deux d'hydrogène.
Un tel système convertit jusqu'à 55 pour cent de l'énergie du combustible en travail ; par comparaison, le rendement d'un moteur à explosion est d'environ 30 pour cent. »

D'après S. Aschley, « Voiture à hydrogène : la route sera longue », *Pour la Science*, avril 2005.

De plus en plus de prototypes de véhicules propulsés à l'hydrogène prennent la route, mais plusieurs obstacles techniques et économiques restent à franchir avant que la voiture propre ne se banalise.

Un peu d'aide

• **Saisir les informations dans le texte**
– Dans le cas de l'électrolyse de l'eau, retrouver les réactifs et les produits.
– Indiquer le rapport entre l'électrolyse de l'eau et la pile à combustible.
• **Mobiliser ses connaissances**
Déterminer la forme d'énergie libérée lors du fonctionnement de la pile, stockée dans l'hydrogène, utile pour la voiture.

1. Schématiser la chaîne énergétique mise en œuvre dans un véhicule à hydrogène.
2. Qu'est-ce que produit la réaction chimique dans une pile à hydrogène ?
3. L'hydrogène existe-t-il à l'état naturel ? Sa production est-elle consommatrice d'énergie ?
4. Argumenter sur le caractère polluant ou non de l'utilisation d'une pile à hydrogène.

Le principe d'un véhicule à hydrogène.

OBJECTIF BAC
page 182

4 Le nucléaire en France et dans le monde

Mettre en relation des informations

Dans un article intitulé « L'énergie nucléaire est en déclin en France et dans le monde » (*Le Monde*, 2 février 2011), l'auteur écrit : « On peut constater sur le site Web de l'industrie nucléaire (World nuclear news) que la part du nucléaire dans l'électricité mondiale décroît continuellement depuis huit ans, et est passée de 17 % à 13 %. Elle est largement devancée par exemple par l'hydroélectricité qui est à plus de 20 %. La production électrique des énergies renouvelables est donc bien plus importante que celle du nucléaire, contrairement à ce qui est souvent prétendu. »

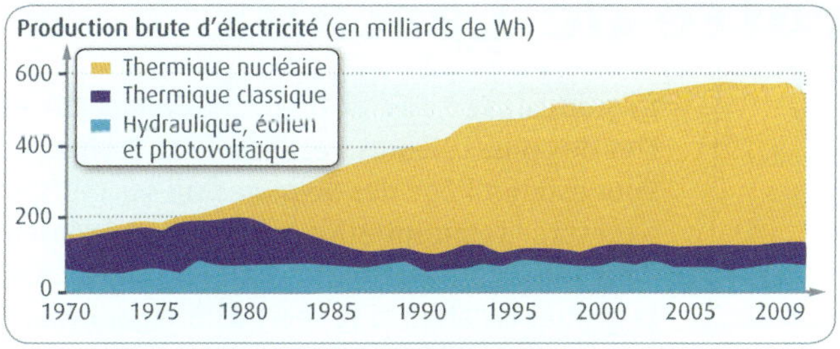

Évolution de la production d'électricité en France.

1. L'énergie nucléaire est-elle une énergie renouvelable ? Justifier.
2. Commenter l'évolution de la production d'électricité sur les 30 dernières années en France.
3. Comparer la place du nucléaire dans la production d'électricité en France et dans le monde. Justifier le titre de l'article du *Monde*.
4. Comparer les avantages et les inconvénients pour l'environnement de l'énergie nucléaire et d'une énergie renouvelable comme l'hydraulique.

5 Les déchets radioactifs

Saisir des informations et argumenter

• **Les déchets à vie courte, de faible et moyenne activité.** Ils représentent 90 % des déchets radioactifs produits en France. Au bout de 300 ans, ces déchets ont perdu presque toute leur activité. Ils sont compactés dans des fûts en acier ou en béton qui sont stockés dans des centres de stockage de surface, Il en existe deux en France, à La Hague (Manche) et à Soulaines (Aube).

• **Les déchets à vie longue et/ou de haute activité** (10 % du volume total). Leur décroissance radioactive s'étend sur plusieurs milliers, voire centaines de milliers d'années. Ils sont coulés dans du bitume ou du verre. En France, leur devenir fait l'objet d'une loi votée en 1991. L'une des options envisagées est le stockage en formation géologique profonde. Elle sera étudiée grâce à la réalisation de deux laboratoires souterrains. Les autres options sont leur transformation, en réacteur nucléaire, en déchets radioactifs à vie plus courte (cette opération s'appelle la transmutation), mais également l'étude des procédés de conditionnement et l'entreposage de longue durée en surface ou en subsurface (à quelques dizaines de mètres sous terre).

D'après le site Internet du CEA (Commissariat à l'énergie atomique)

Deux catégories de déchets radioactifs et leur devenir.

1. Le technétium 99 est un produit de fission dont la demi-vie (anciennement appelée période radioactive) vaut 211 100 ans. D'après le document 1, à quel type de déchets appartient-il ?
2. Définir le temps de demi-vie. Au bout de combien de temps ne restera-t-il plus qu'un quart des noyaux de technétium dans un échantillon ?
3. Pour traiter le technétium 99, on envisage de le transformer en technétium 100. Le technétium 100 est radioactif de demi-vie 15,8 s. Expliquer l'intérêt d'un tel procédé du point de vue du stockage des déchets.

6 Étude d'une centrale thermoélectrique

Saisir des informations et restituer des connaissances

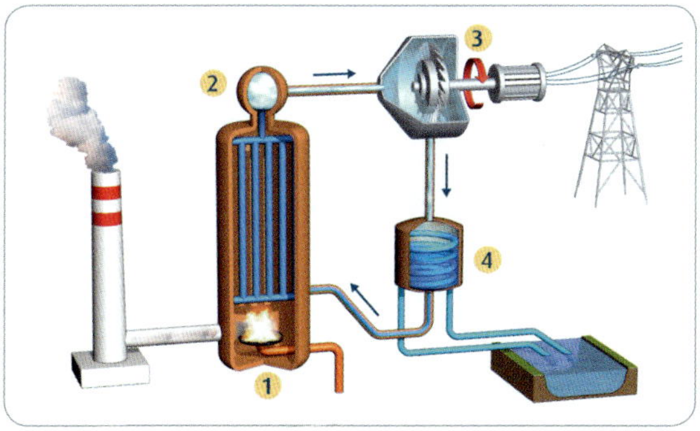

Schéma de fonctionnement d'une centrale thermoélectrique.

1. Expliquer sommairement le principe de fonctionnement d'une centrale thermoélectrique à partir du document en attribuant une légende à chaque numéro.
2. Quelles sont les différentes formes d'énergies utilisées dans une centrale ?
3. Représenter la chaîne énergétique de la centrale avec toutes les étapes intermédiaires.

La Science et vous

« L'ignorant affirme, le savant doute, le sage réfléchit. »

ARISTOTE (384-322 av. J.-C.), philosophe grec

Art et Science

La datation des peintures de la grotte de Lascaux

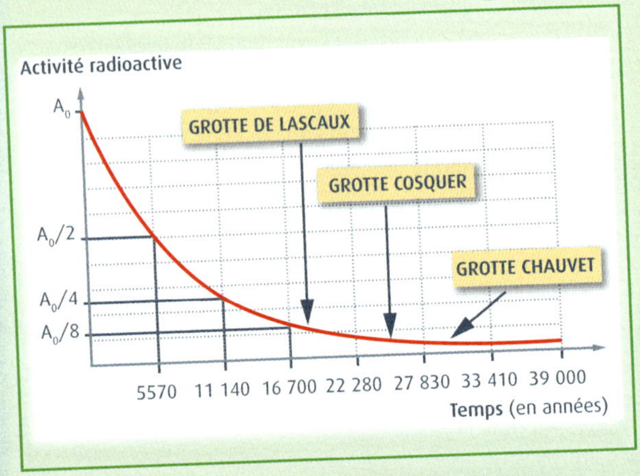

La grotte de Lascaux, en Dordogne (voir p. 46), est l'un des plus célèbres vestiges de la Préhistoire. Pour estimer l'âge des peintures sur ses murs, on a mesuré la concentration en carbone 14 contenu dans les ossements ou le charbon trouvés dans la grotte. En effet, à la mort d'un organisme, le carbone 14 se désintègre lentement en azote 14. Connaître la quantité de carbone 14 restante permet ainsi de dater les peintures rupestres.

1 **Menez des recherches sur la grotte de Lascaux pour décrire les principales peintures retrouvées et les matériaux utilisés.**

2 **Sur quoi repose le principe de la datation au carbone 14 ? Quel est son temps de demi-vie ?**

3 **Retrouvez d'autres exemples d'application de la datation au carbone 14.**

PLUS LOIN AVEC INTERNET B2i

- ✔ www.lascaux.culture.fr/#/fr/00.xml
- ✔ www.hominides.com

Science actualité

À quoi sert le pétrole ?

Quelques produits à base de pétrole.

1 À l'aide d'exemples, justifiez l'affirmation : « la pétrochimie est impliquée dans la totalité de ce que nous consommons désormais ».

2 Que vous inspire cette phrase au regard de l'épuisement des réserves de pétrole ?

« Les transports sont massivement dépendants du pétrole quels que soient les modes : [...]
– dans le domaine industriel, le pétrole sert avant tout à alimenter des chaudières, qui elles-mêmes servent soit à produire de l'électricité, soit à chauffer des matériaux en direct (par exemple des fours à verre), soit à produire de la vapeur qui va réchauffer de manière plus "douce" des composés divers (jusqu'aux pâtes pour faire des cosmétiques).
– le domaine non "énergétique" concerne l'utilisation comme matière première par la pétrochimie. Cette dernière [...] produit : des plastiques que l'on retrouve absolument partout [...]; des huiles, utilisées par toutes les machines industrielles, les véhicules terrestres, les avions, les bateaux ; et encore des cires, solvants, détergents, engrais azotés, bitume [...]. ■ »

D'après www.manicore.com

Débat

Un parc éolien au large des côtes

Le parc éolien en mer des Deux Côtes est le premier projet éolien le long du littoral français (voir p. 155). Ce projet consiste à installer 140 éoliennes d'une puissance de 5 MW chacune. Il devrait produire l'équivalent de la consommation électrique d'environ 900 000 personnes. En 2010, il a fait l'objet d'un débat public.

Les éoliennes seront installées à 14 km de la côte, entre Dieppe et le sud de la Baie de Somme (comme ici, au large du Tréport).

Vous êtes	Votre mission consiste à...
Industriel	... présenter le projet et le savoir faire de l'entreprise en matière d'éoliennes.
Pêcheur	... expliquer vos craintes concernant l'impact des éoliennes sur l'écosystème marin.
Riverain	... expliquer vos craintes sur l'aspect visuel des côtes et les dangers pour les usagers des mers.
Membre d'une association écologiste	... justifier l'intérêt de l'énergie éolienne pour l'environnement.
Acteur socio-économique	... discuter de l'impact possible de l'éolien sur le tourisme mais aussi l'intérêt en terme d'emplois.

Quelle place donner à l'éolien en France ?
Pour répondre à cette question, organisez à votre tour un débat en classe en vous répartissant les rôles.

POUR EN SAVOIR PLUS B2i

✔ À l'adresse suivante, retrouvez le compte rendu du débat public : www.debatpublic-eolien-en-mer.org.

Enquête

Pour ou contre l'extraction des gaz de schiste ?

Le monde recèle encore de grandes réserves d'énergie fossile : en Arctique, sous le fond des mers, dans les sables bitumineux d'Alberta... Mais leur extraction se fait à un coût toujours plus élevé et au prix de dégradations importantes de l'environnement. En France, le ministère en charge de l'énergie a accordé en 2010 trois permis de recherches de gaz de schiste dans plusieurs départements. Le projet de prospection a fait l'objet d'un moratoire en février 2011.

1. **Retrouvez sur Internet les caractéristiques du gaz de schiste et de son extraction.**
2. **Pourquoi rechercher du gaz de schiste ? Où la prospection est-elle prévue en France ?**
3. **Recherchez les impacts potentiels de l'extraction de ce gaz sur l'environnement.**
4. **Faut-il refuser un surcroît d'énergie au prix d'une destruction de l'environnement ?**

« Plusieurs milliers de personnes ont convergé samedi 26 février 2011 en Ardèche pour le premier rassemblement national contre l'exploitation du gaz de schiste. [...] Principales inquiétudes des opposants : la pollution des nappes phréatiques et les dégâts sur les activités rurales et touristiques. Pour extraire ce gaz, il faut effectivement forer des puits tous les 200 mètres et y injecter des millions de m^3 d'eau additionnée de sable et de produits chimiques. Pour José Bové, député européen Europe Écologie, l'exploitation de ces gisements pose la question du *"gaspillage énergétique"*. *"Il est temps de se demander comment on rend l'énergie plus efficace, renouvelable et non destructrice de l'environnement"*. [...] ■ »

Le Monde, 26 février 2011.

PLUS LOIN AVEC INTERNET B2i

✔ www.developpement-durable.gouv.fr/Pourquoi-rechercher-des-ressources.html
✔ www.nonaugazdeschiste.com/
✔ http://app.owni.fr/gaz/

1 Produire de l'hydrogène avec du charbon

Partie 2

Dans une centrale à charbon classique, la réaction de combustion permet de transformer l'eau liquide en vapeur qui fait tourner une turbine-générateur. Les centrales de nouvelle génération nommées CCGI (pour cycle combiné à gazéification intégré) permettront de réduire les émissions de CO_2, tout en produisant de l'hydrogène.

« Dans une centrale CCGI, le charbon est d'abord réduit en grains, puis injecté dans un gazéificateur en présence d'oxygène et de vapeur d'eau. Par combustion partielle, le charbon y est converti en un gaz, le syngas, constitué de monoxyde de carbone et de dihydrogène. Puis, le syngas est mélangé à de la vapeur d'eau de façon à produire un mélange de dihydrogène et de dioxyde de carbone. Ce dernier peut alors être extrait et enfoui dans le sous-sol. Le syngas, désormais riche en dihydrogène, alimente une chaudière connectée à une turbine à vapeur. »

« Rendre propre le charbon », Dossier hors série « Énergies à volonté », *Pour la Science*, n° 69, octobre-novembre 2010.

Le principe d'une centrale CCGI.

1. Le charbon est-il une ressource énergétique renouvelable ? De quel type de ressource s'agit-il ?
2. Utiliser les données du document pour proposer une chaîne énergétique expliquant la production d'énergie électrique à partir d'une centrale à charbon de nouvelle génération.
3. Quelle est le combustible produit à partir du charbon dans cette centrale ? À l'aide de vos connaissances, indiquer en quoi il peut permettre un stockage de l'énergie.
4. Discuter des avantages et des inconvénients de l'exploitation du charbon dans une centrale de nouvelle génération comparée à une centrale classique.

2 Scénarios énergétiques

Partie 2

À partir d'études de prospective, l'association de scientifiques et d'experts *Global Chance* retient deux visions contrastées pour la production d'électricité en France, l'une privilégiant l'efficacité énergétique et les économies d'énergie et conduisant à une division par 4 d'ici 2050 des émissions de gaz à effet de serre (GES) (scénario 1), l'autre à une poursuite de la progression de la consommation d'énergie d'ici 2050 (scénario 2).

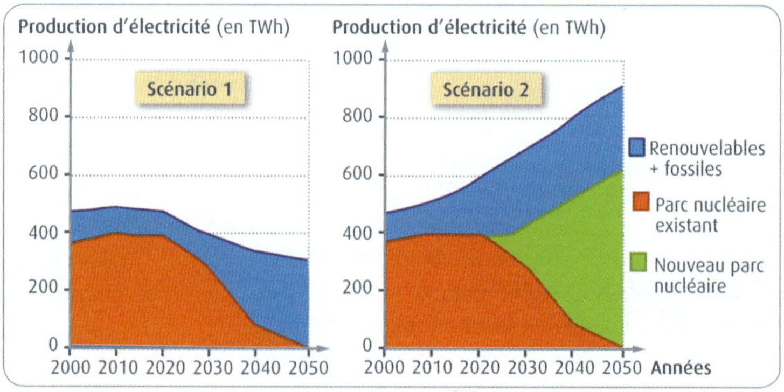

Deux scénarios énergétiques pour la production d'électricité en France.

Pour chaque proposition, identifier la ou les bonnes réponse(s) :

1. 300 TWh vaut 300.10^9 kWh, c'est-à-dire :
   a. une énergie de 300.10^9 J.
   b. une énergie de $1{,}08.10^{15}$ J.
   c. une puissance de 300.10^9 $J.s^{-1}$.
   d. une énergie de $1{,}08.10^{15}$ $J.s^{-1}$.
2. Associer à chaque moyen de production d'électricité cité (a, b, c) un qualificatif (A, B, C) et un déchet (D, E) :
   a. hydrocarbures. **A.** ressource fissile.
   b. nucléaire. **B.** ressource renouvelable.
   c. hydraulique. **C.** ressource fossile.
   D. gaz à effet de serre. **E.** déchets radioactifs.
3. En 2050 :
   a. Le besoin de nucléaire serait nul dans le scénario 2.
   b. Le parc nucléaire ne serait pas renouvelé dans le scénario 1.
   c. La consommation en énergies fossiles et renouvelables augmenterait dans les deux scénarios.
   d. Le besoin complémentaire d'électricité renouvelable ou fossile s'élèverait à 300 TWh dans le scénario 2.
4. Comparer, en justifiant vos réponses, les avantages et les inconvénients des deux scénarios.